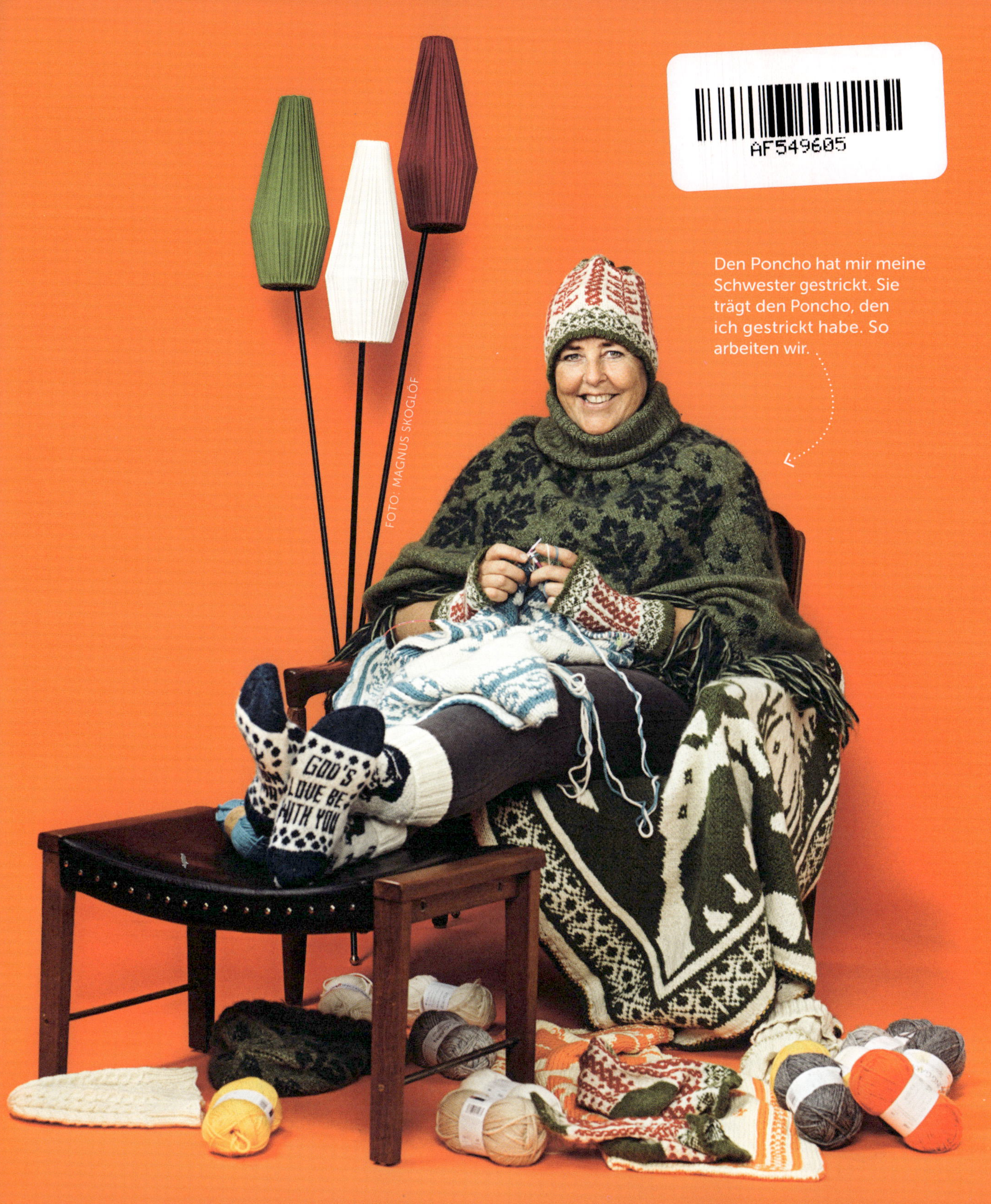

Den Poncho hat mir meine Schwester gestrickt. Sie trägt den Poncho, den ich gestrickt habe. So arbeiten wir.

FOTO: MAGNUS SKOGLÖF

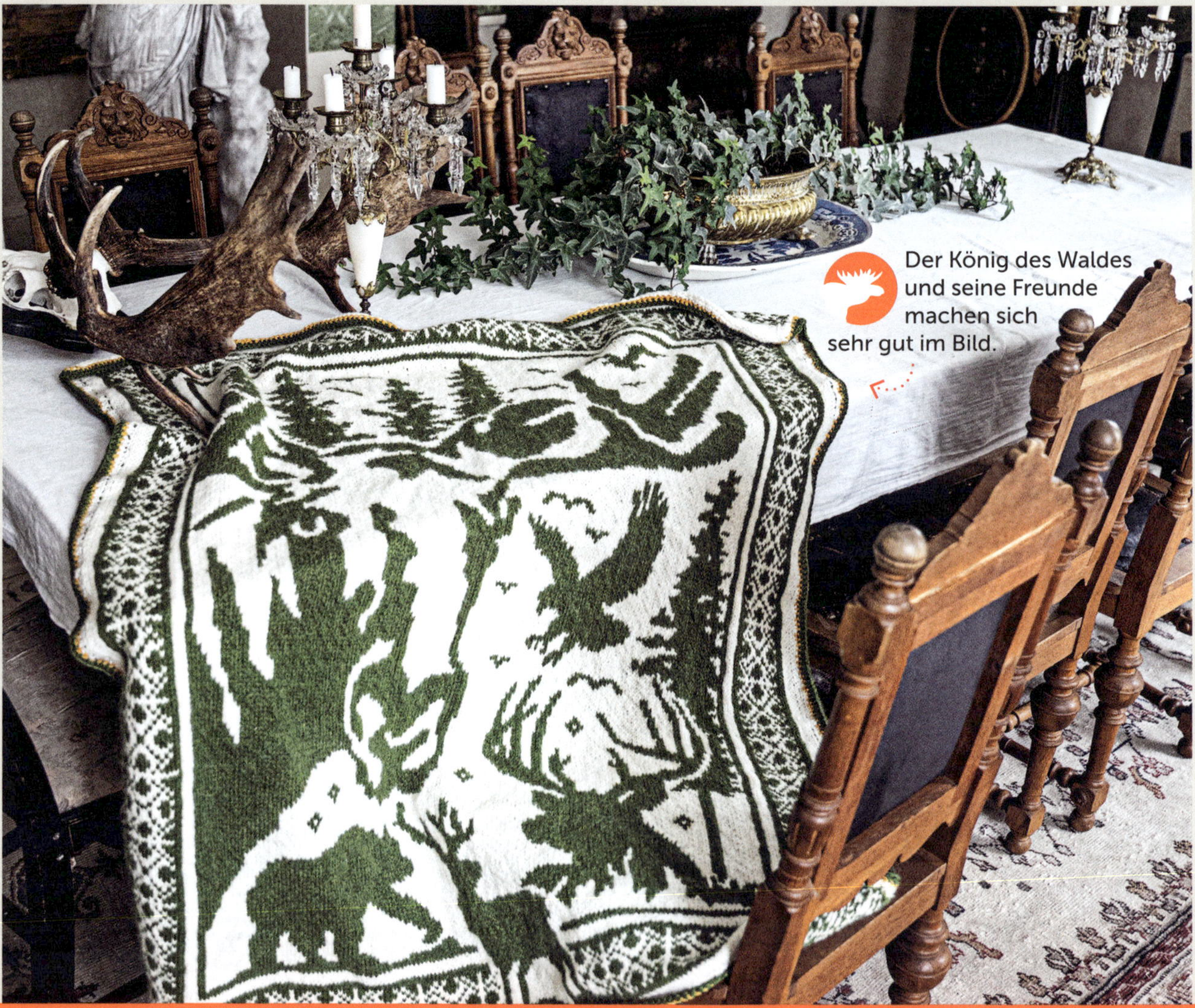

Der König des Waldes und seine Freunde machen sich sehr gut im Bild.

Für die deutsche Ausgabe:
Verlagsleitung Monika Schlitzer
Programmleitung Heike Faßbender
Projektbetreuung Doreen Wolff
Herstellungsleitung Dorothee Whittaker
Herstellungskoordination Claudia Rode
Herstellung Jenny Kolbe

Übersetzung Vera Bahlk
Lektorat Annette Ostlaender

Titel der schwedischen Originalausgabe: Sticka nytt med Knitting Lotta.

Der Originaltitel erschien 2023 in Schweden bei Bokförlaget Semic, Sundbyberg.

Text und Modelle © Lotta Lundin 2023
Design und Layout © Lotta Lundin 2023
Fotografie Lotta Lundin, außer Umschlag: Magnus Skoglöf

ISBN 978-3-8310-4960-8

Druck und Bindung TBB, a.s., Slowakei

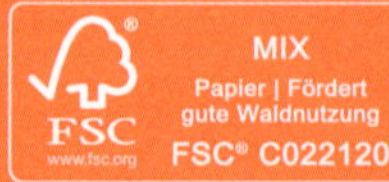

www.dk-verlag.de

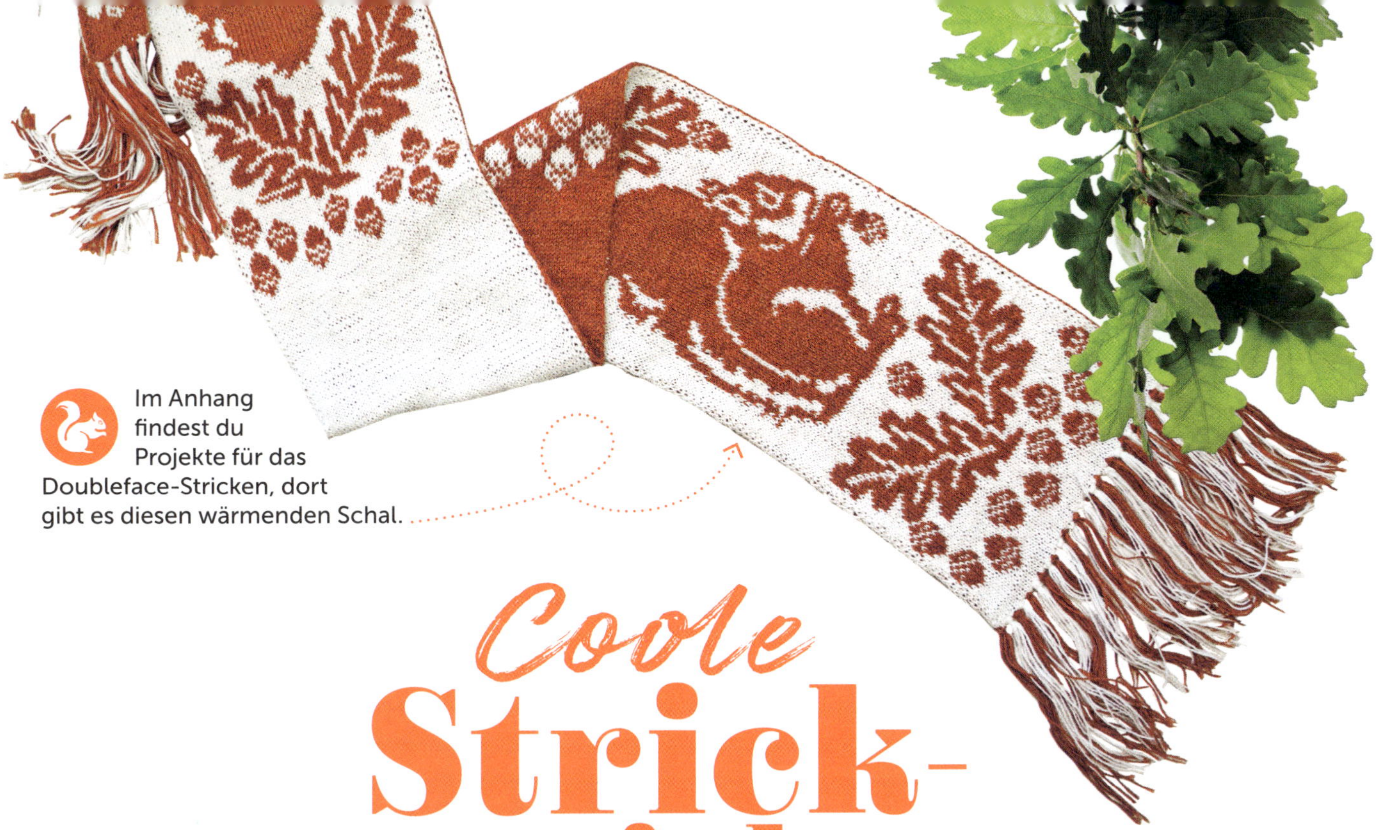

Im Anhang findest du Projekte für das Doubleface-Stricken, dort gibt es diesen wärmenden Schal.

Coole Strick-projekte für kalte Tage

24 AUSGEFALLENE MOTIVE FÜR WÄRMENDE ACCESSOIRES

TEXT & FOTO **LOTTA LUNDIN**

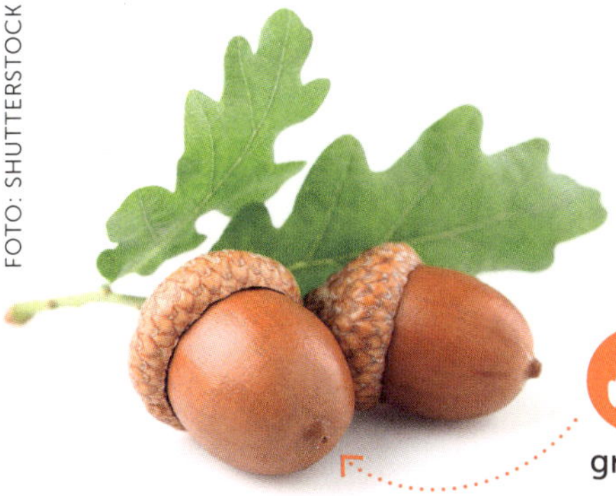

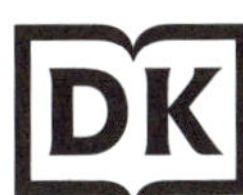

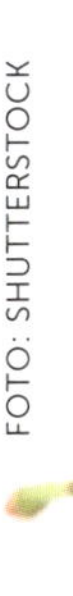

Der mittelschwedische Fluss Dalälven gilt als die natürliche Wachstumsgrenze der Eiche. Die wenigen nördlich davon wachsenden Eichen werden nicht so groß wie die im Süden und tragen selten Eicheln.

Socken, Ponchos, Decken, Stulpen – alles, was das Herz erwärmt. Einige Projekte gibt es auch in zueinander passenden Sets, sodass du mehrere Accessoires im gleichen Muster stricken kannst. Ich hoffe, du wirst diesem Buch viele Stunden widmen, denn ich habe es getan.

Inhalt

8 **STRICKEN – EIN HEISSER TREND.** Stricken und neue Freunde finden.

10 **EIN LEBEN ALS DACKEL.** Dieses kurzbeinige Schätzchen gibt es jetzt auch als Kissen.

16 **KEIN UNBESCHRIEBENES BLATT.** *Poncho.* Dieses mit Eichenblättern verzierte Set zieht alle Blicke auf sich.

22 **KEIN UNBESCHRIEBENES BLATT.** *Mütze.*

26 **KEIN UNBESCHRIEBENES BLATT.** *Pulswärmer.*

30 **PINGUINLEBEN.** *Socken.* Eis, Fisch und Pinguine halten dich warm.

36 **PINGUINLEBEN.** *Mütze.*

40 **PINGUINLEBEN.** *Pulswärmer.*

44 **EYE OF THE TIGER** *Socken.* Fahre deine Krallen aus!

50 **EYE OF THE TIGER.** *Pulswärmer.*

54 **WEIHNACHTLICH SCHICK.** *Socken.* Auf dem Weihnachtsmarkt und beim Schlagen des Weihnachtsbaums ist die richtige Kleidung wichtig.

60 **WEIHNACHTLICH SCHICK.** *Mütze.*

64 **WEIHNACHTLICH SCHICK.** *Pulswärmer.*

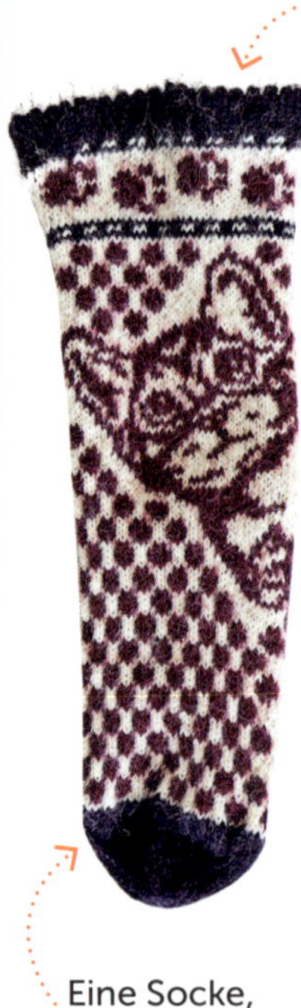

Eine Socke, aber nicht einfach nur eine Socke – eine Katzensocke!

68 **GUTSHAUSLEBEN.** Poliere die Schätze mit schön gekleideten Händen.

74 **ALLES FÜR DIE KATZ.** Das beliebteste Haustier wärmt deine Füße.

80 **SPACE ODDITY.** David Bowie ist zurück – als Socke.

86 **LOVE IS ALL YOU NEED.** Die Liebesbotschaft der Beatles auf Socken.

92 **ZOPF UM ZOPF.** *Beinstulpen.* Klassisches Zopfmuster –einfacher, als es aussieht.

96 **ZOPF UM ZOPF.** *Mütze.*

99 **ZOPF UM ZOPF.** *Poncho.*

102 **LERNE DAS DOUBLEFACE-STRICKEN.** Nur rechte und linke Maschen, mehr nicht.

106 **DER SCHLAUE FUCHS.** Erwartest du ein Kind oder Enkelkind? Dann ist diese Decke ein Muss.

110 **DER BAUM DES LEBENS.** Mythischer Baum mit langer Geschichte.

114 **MON AMI.** Wickle dir einen wärmenden Schal um den Hals.

118 **DER KÖNIG DES WALDES.** Naturabenteuer, aber auf dem Sofa.

126 **HINTER DEN KULISSEN.** So geht es dort zu.

10 EIN LEBEN ALS DACKEL. Der Dackel kann trotz seiner geringen Größe ziemlich laut bellen. Schließlich ist er auch ein Jagdhund.

FOTO: SHUTTERSTOCK

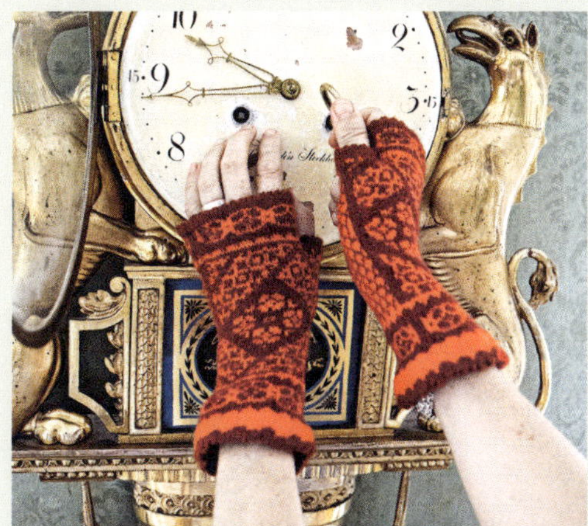

68 GUTSHAUSLEBEN. Ziehe die Wanduhr stilecht auf.

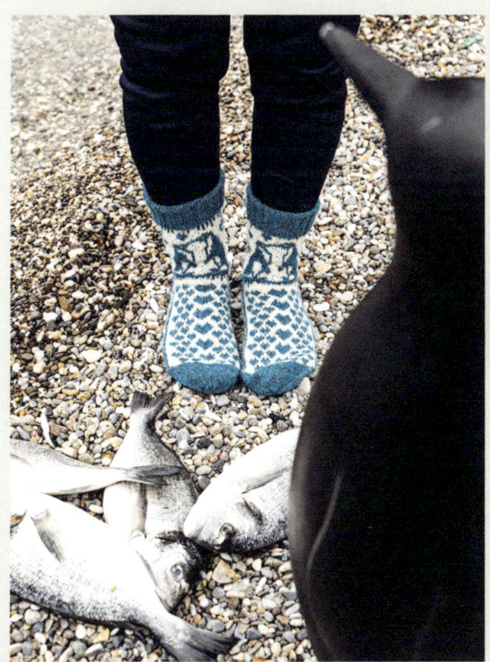

30 PINGUINLEBEN. Socken und Pinguine kommen paarweise. Das war schon immer so!

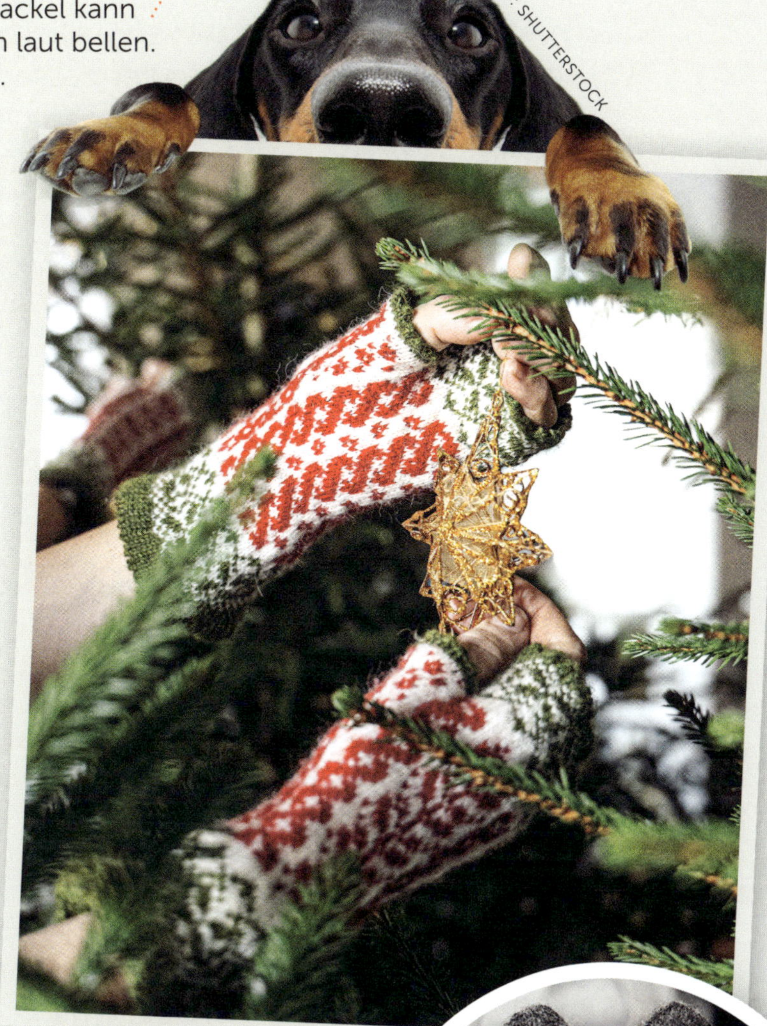

54 WEIHNACHTLICH SCHICK. Schon alle Geschenke zusammen?

44 EYE OF THE TIGER. Endlich kann man die Füße auf den Tisch legen, ohne sich zu schämen.

Es ist das Weihnachtsgeschenk des Jahres, und auch Promis zeigen ihre Kreationen – Stricken ist trendiger denn je. Und ich weiß warum!

Stricken – ein heißer Trend

Wer hätte gedacht, dass ausgerechnet ich, eine nur wenig modebewusste Frau mittleren Alters, es geschafft hat, plötzlich trendy zu werden. Seit fast fünf Jahrzehnten laufe ich in Jeans und T-Shirt herum. Zugegebenermaßen waren es verschiedene Modelle – Schlaghosen in den 70ern, stonewashed in den 80ern, baggy in den 90ern, mit tiefer Taille in den 00ern und jetzt aufgrund zunehmenden Alters und Körpergewichts mit Stretch.

STRICKEN IST ANGESAGT wie nie zuvor, das Vorurteil, nur alte Leute würden stricken, hat schon lange keine Daseinsberechtigung mehr. In den letzten Jahren haben wir gesehen, dass *Björn Ulvaeus* von ABBA einen Pippi-Langstrumpf-Pullover gestrickt und für wohltätige Zwecke versteigert hat, *Michelle Obama* erzählt uns, dass sie durch das Stricken ausgeglichener wurde. Stars wie *Julia Roberts*, *Madonna*, *Kate Moss* und *Sarah Jessica Parker* zeigen ihre eigenen Strickkreationen.

Stricken bietet nicht nur Entspannung. Wenn man möchte, findet man dabei auch viele neue Freunde.

Du findest bei einigen Anleitungen QR-Codes zu Videos, in denen ich verschiedene Schritte zeige. Es ist zwar auf Schwedisch, aber ich hoffe, es hilft dir trotzdem.

Strickcafés, Strickreisen, Strickevents – die Konzepte sind vielfältig, und die Leute strömen dorthin und machen mit.

WIE KOMMT DAS EIGENTLICH? Ich bin mir ziemlich sicher, dass ich die Antwort habe. Die Welt des Strickens ist weich, schön und warm wie feinstes Wollgarn. Wer strickt, ist fürsorglich, hilfsbereit und interessiert sich für seine Mitstricker – alles Eigenschaften, die im Streben nach Geld und Status verloren gegangen sind. Ich bin immer wieder fasziniert, wenn ich sehe, wie sich Menschen zum Stricken versammeln. Sie kommen allein oder zu zweit, setzen sich unter Fremde, nehmen das Strickzeug zur Hand und beginnen ein Gespräch.

Wenn das Treffen vorbei ist, wurden bereits viele Telefonnummern ausgetauscht, Stricktreffs per Zoom erstellt und neue Freunde gewonnen. Das ist in meinen Augen etwas ganz Besonderes! Ob trendig oder nicht, ich bin unglaublich stolz darauf, Teil dieser wunderbaren Gemeinschaft zu sein. Strickerinnen sind die Besten!

FOTO: JESSICA SEGERBERG

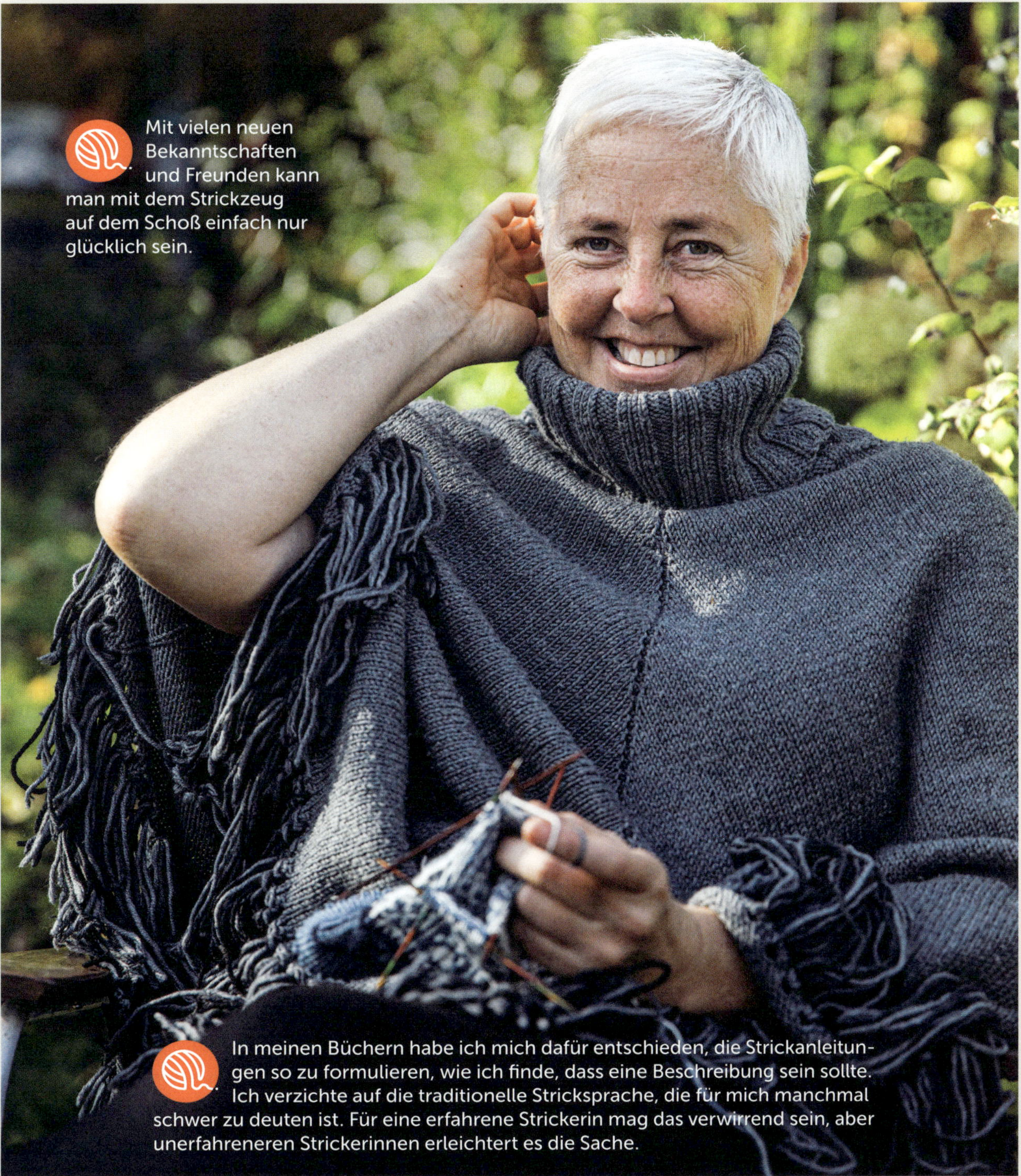

Mit vielen neuen Bekanntschaften und Freunden kann man mit dem Strickzeug auf dem Schoß einfach nur glücklich sein.

In meinen Büchern habe ich mich dafür entschieden, die Strickanleitungen so zu formulieren, wie ich finde, dass eine Beschreibung sein sollte. Ich verzichte auf die traditionelle Stricksprache, die für mich manchmal schwer zu deuten ist. Für eine erfahrene Strickerin mag das verwirrend sein, aber unerfahreneren Strickerinnen erleichtert es die Sache.

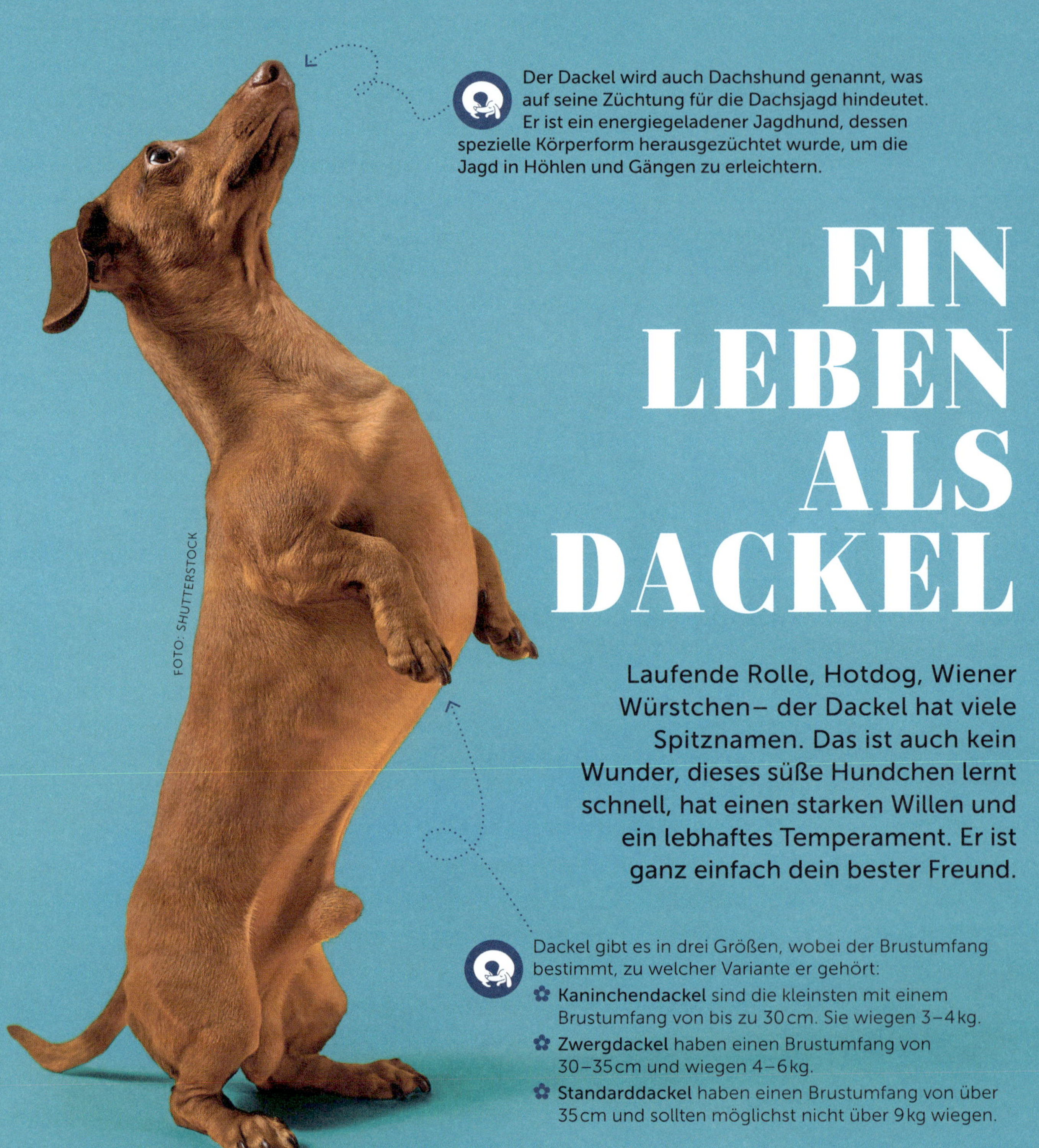

Der Dackel wird auch Dachshund genannt, was auf seine Züchtung für die Dachsjagd hindeutet. Er ist ein energiegeladener Jagdhund, dessen spezielle Körperform herausgezüchtet wurde, um die Jagd in Höhlen und Gängen zu erleichtern.

EIN LEBEN ALS DACKEL

Laufende Rolle, Hotdog, Wiener Würstchen– der Dackel hat viele Spitznamen. Das ist auch kein Wunder, dieses süße Hundchen lernt schnell, hat einen starken Willen und ein lebhaftes Temperament. Er ist ganz einfach dein bester Freund.

Dackel gibt es in drei Größen, wobei der Brustumfang bestimmt, zu welcher Variante er gehört:

- **Kaninchendackel** sind die kleinsten mit einem Brustumfang von bis zu 30 cm. Sie wiegen 3–4 kg.
- **Zwergdackel** haben einen Brustumfang von 30–35 cm und wiegen 4–6 kg.
- **Standarddackel** haben einen Brustumfang von über 35 cm und sollten möglichst nicht über 9 kg wiegen.

FOTO: SHUTTERSTOCK

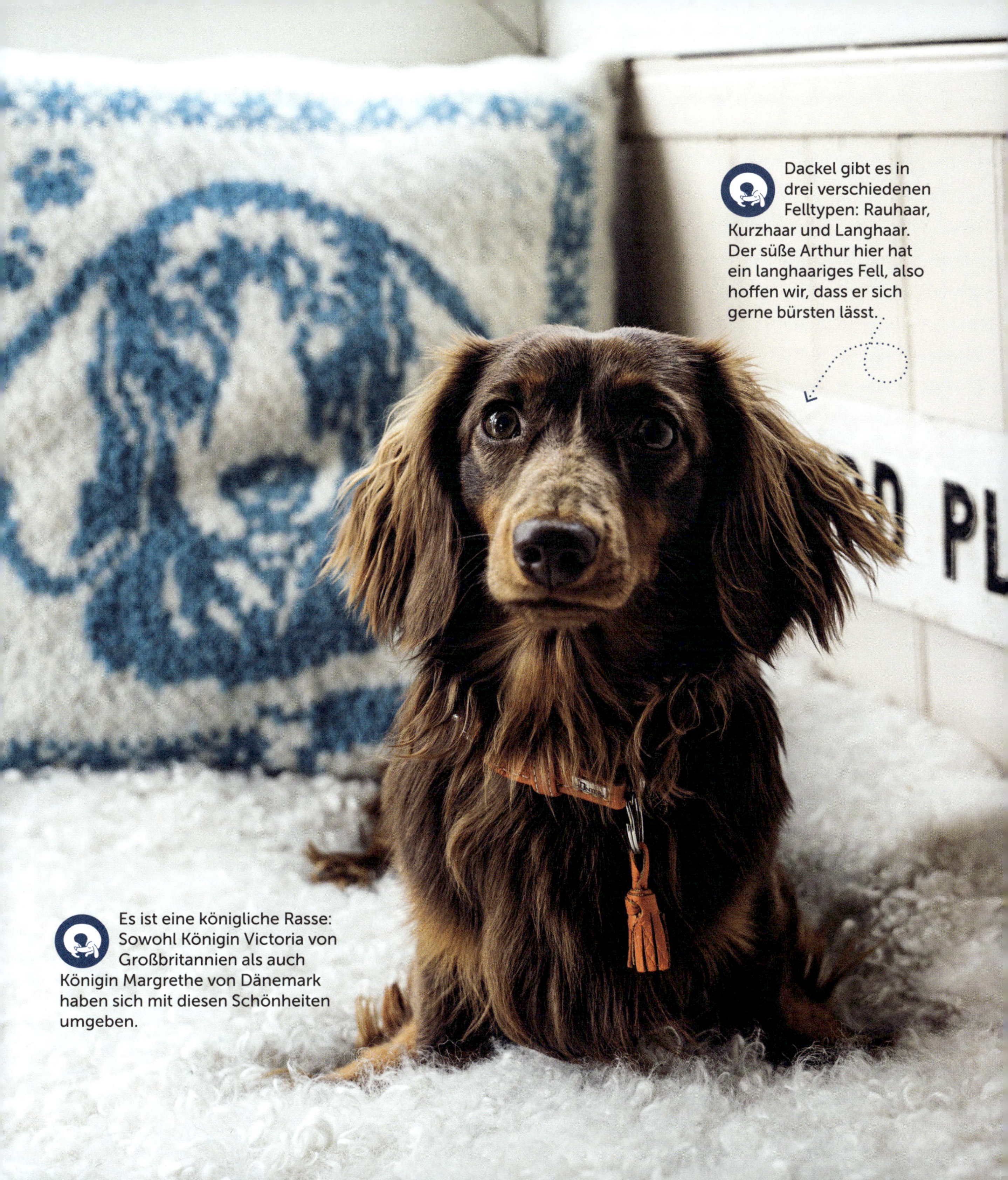

Dackel gibt es in drei verschiedenen Felltypen: Rauhaar, Kurzhaar und Langhaar. Der süße Arthur hier hat ein langhaariges Fell, also hoffen wir, dass er sich gerne bürsten lässt.

Es ist eine königliche Rasse: Sowohl Königin Victoria von Großbritannien als auch Königin Margrethe von Dänemark haben sich mit diesen Schönheiten umgeben.

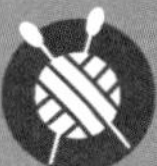

MASCHENPROBE:
20 Maschen = 10 cm.
Mit dieser Maschenprobe wird das Kissen 50 × 50 cm groß. Wähle Garn und Maschenprobe entsprechend der gewünschten Größe deines Kissens.

GARNVORSCHLAG:
Drops Nepal Farbe 0100,
Drops Nepal Farbe 8911

STRICKNADELN:
Rundstricknadel Stärke 4–5, je nach Maschenprobe, 80–100 cm lang

GARNVERBRAUCH:
5 Knäuel der Hintergrundfarbe und 4 Knäuel der Musterfarbe

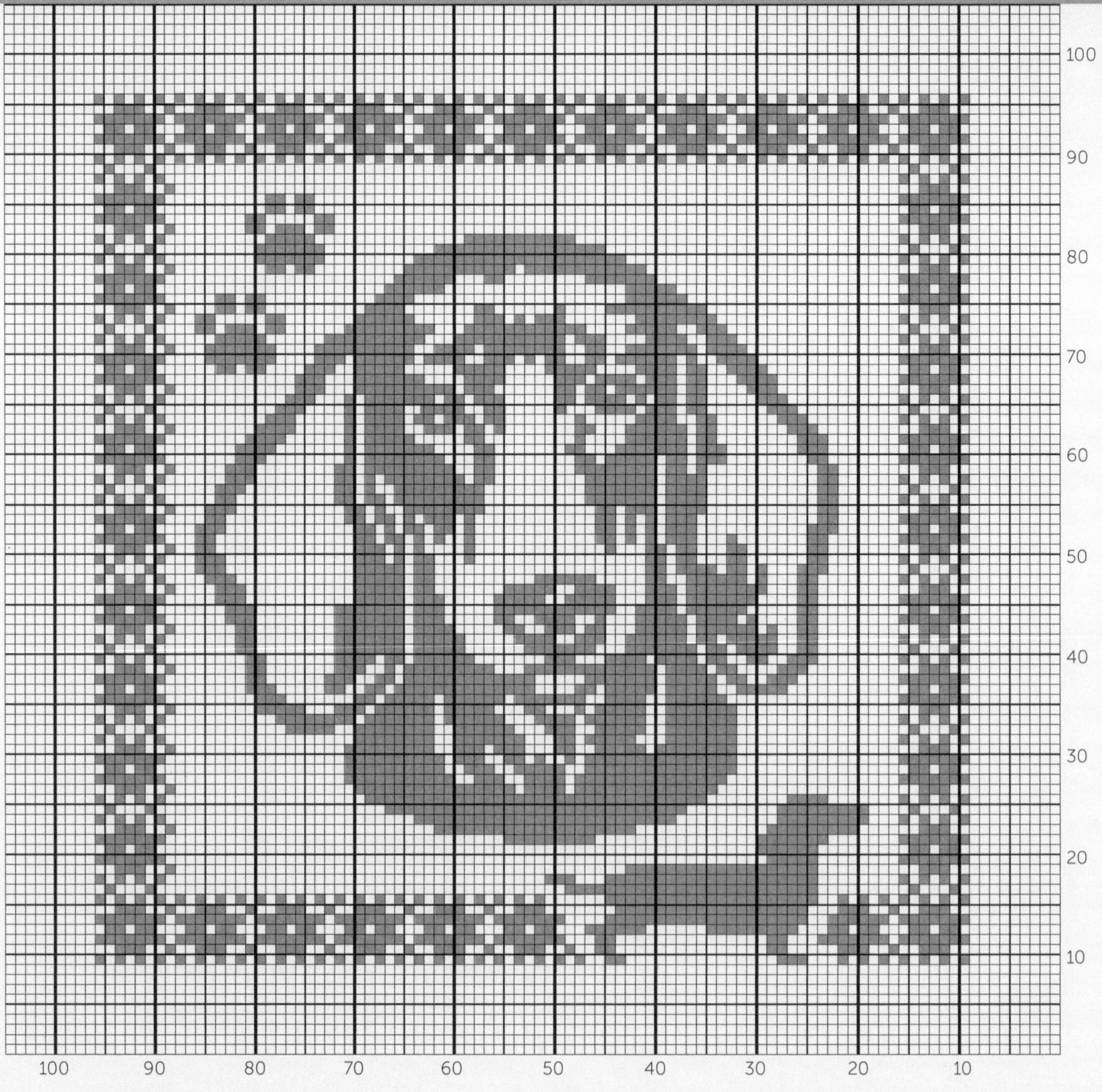

SO WIRD'S GEMACHT:

✿ 210 Maschen mit der Rundstricknadel anschlagen.

✿ Nach der Strickschrift glatt rechts stricken. Zum Schluss unsichtbar abketten. Scanne den QR-Code, um ein Video darüber zu sehen.

✿ Den Kissenbezug im Wollwaschprogramm in der Maschine waschen.

✿ Drei Seiten von links zusammennähen.

✿ Ein Innenkissen in geeigneter Größe einziehen. Die Öffnung zusammenhäkeln.

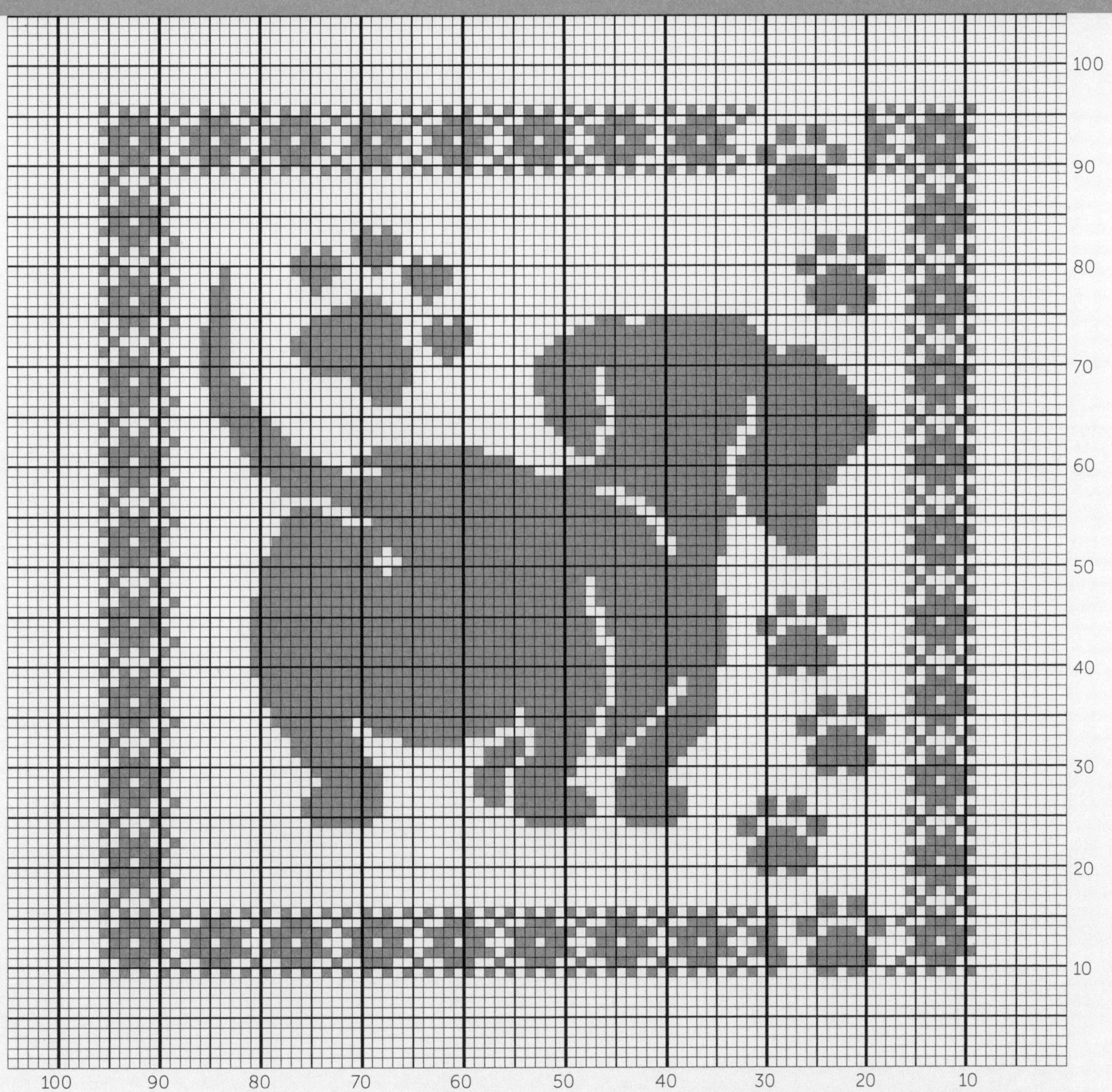

Wie scannt man einen QR-Code? Halte die Kamera deines Smartphones an den QR-Code und tippe auf den angezeigten Link. Kinderleicht!

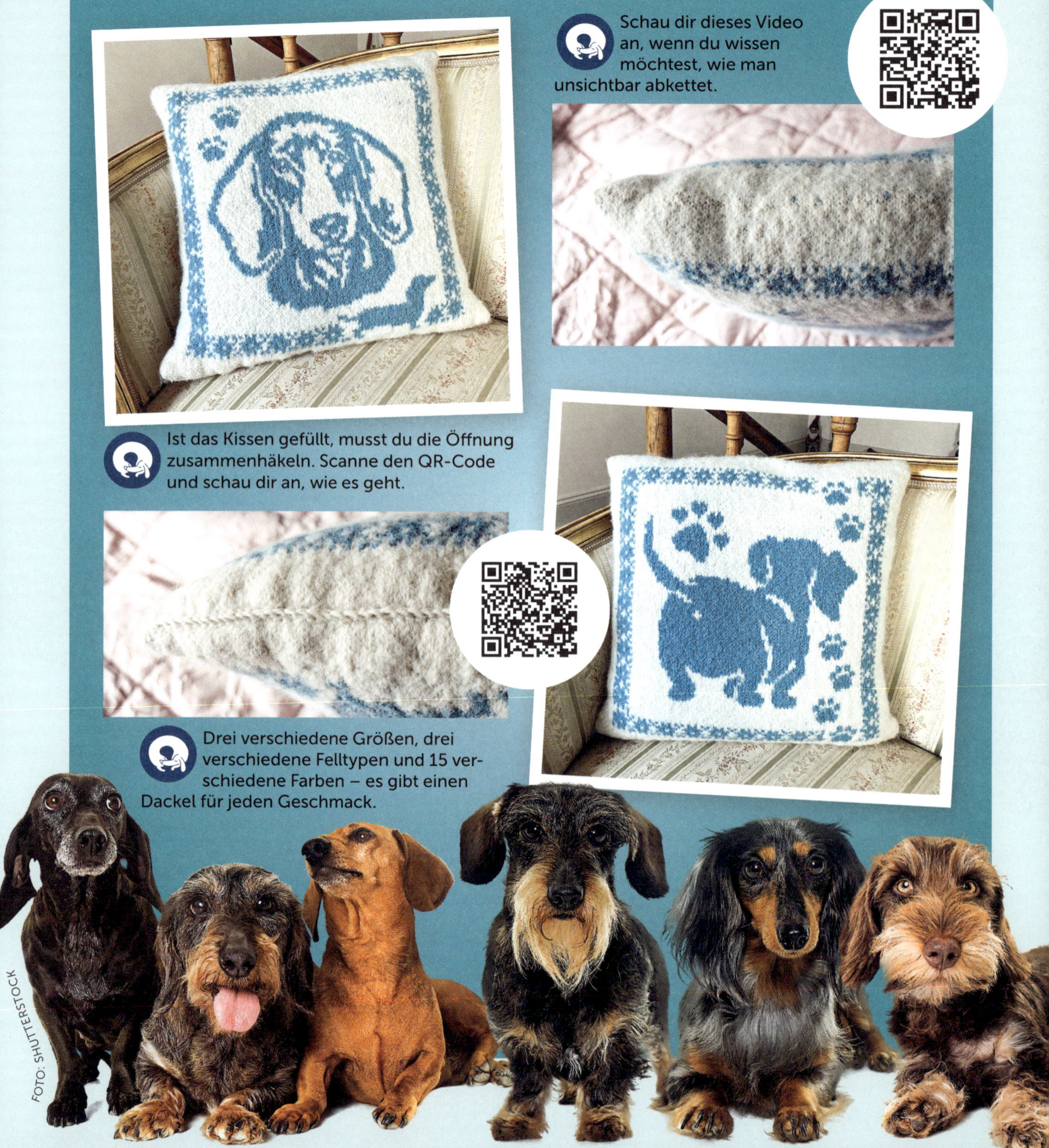

Schau dir dieses Video an, wenn du wissen möchtest, wie man unsichtbar abkettet.

Ist das Kissen gefüllt, musst du die Öffnung zusammenhäkeln. Scanne den QR-Code und schau dir an, wie es geht.

Drei verschiedene Größen, drei verschiedene Felltypen und 15 verschiedene Farben – es gibt einen Dackel für jeden Geschmack.

FOTO: SHUTTERSTOCK

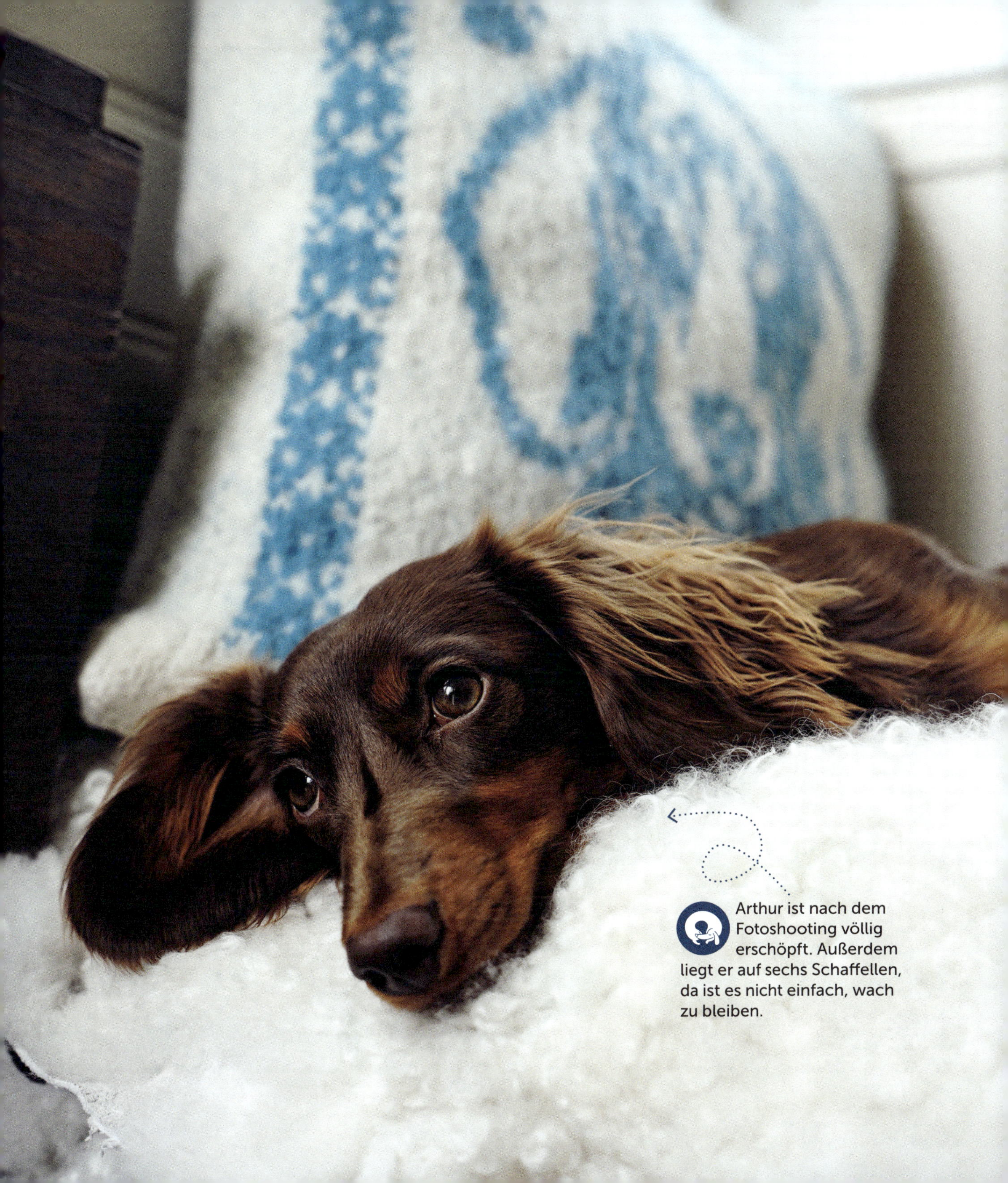

Arthur ist nach dem Fotoshooting völlig erschöpft. Außerdem liegt er auf sechs Schaffellen, da ist es nicht einfach, wach zu bleiben.

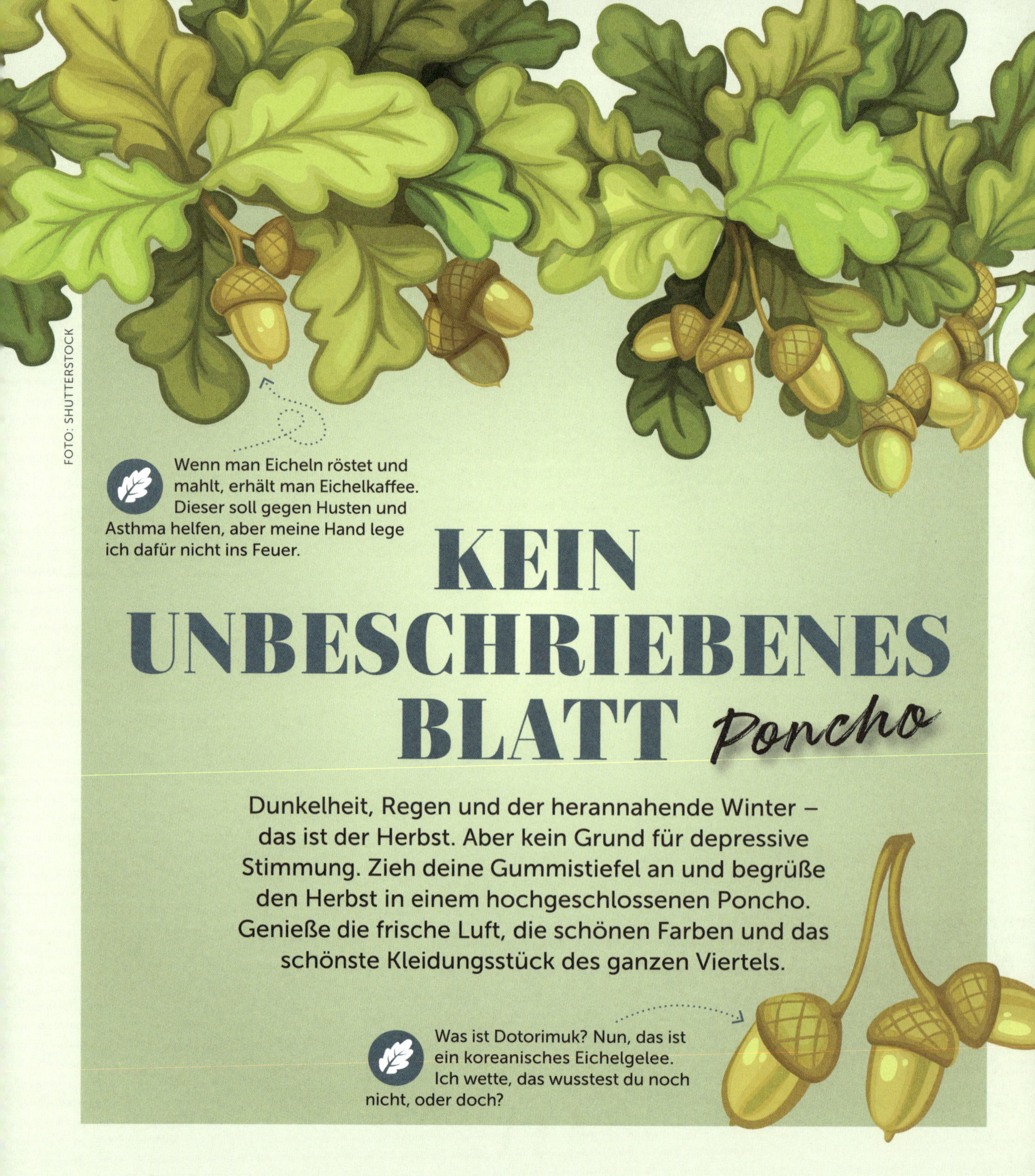

FOTO: SHUTTERSTOCK

Wenn man Eicheln röstet und mahlt, erhält man Eichelkaffee. Dieser soll gegen Husten und Asthma helfen, aber meine Hand lege ich dafür nicht ins Feuer.

KEIN UNBESCHRIEBENES BLATT

Poncho

Dunkelheit, Regen und der herannahende Winter – das ist der Herbst. Aber kein Grund für depressive Stimmung. Zieh deine Gummistiefel an und begrüße den Herbst in einem hochgeschlossenen Poncho. Genieße die frische Luft, die schönen Farben und das schönste Kleidungsstück des ganzen Viertels.

Was ist Dotorimuk? Nun, das ist ein koreanisches Eichelgelee. Ich wette, das wusstest du noch nicht, oder doch?

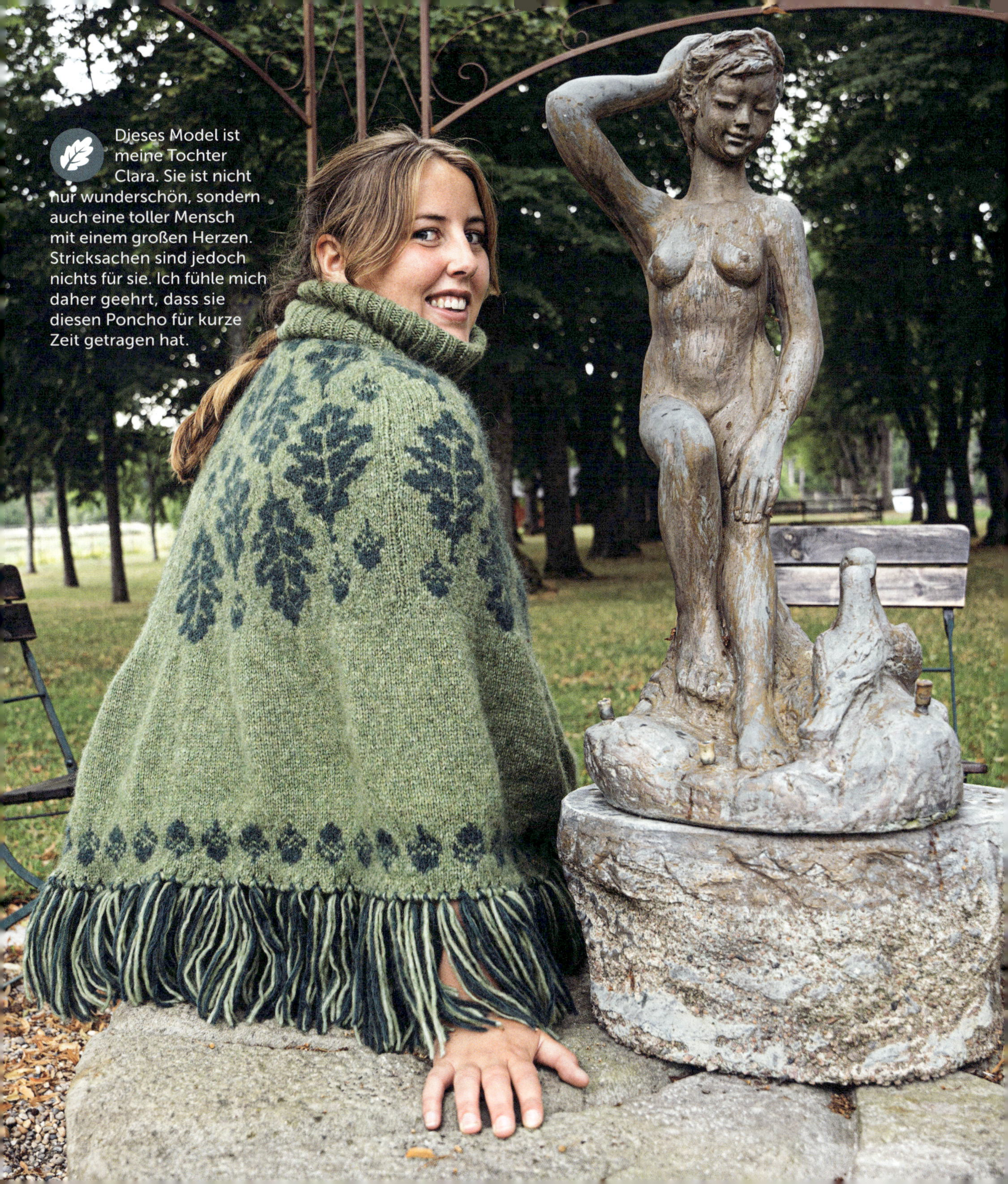

Dieses Model ist meine Tochter Clara. Sie ist nicht nur wunderschön, sondern auch eine toller Mensch mit einem großen Herzen. Stricksachen sind jedoch nichts für sie. Ich fühle mich daher geehrt, dass sie diesen Poncho für kurze Zeit getragen hat.

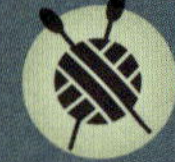

MASCHENPROBE:
24 Maschen = 10 cm

STRICKNADELN:
Rundstricknadel oder Nadelspiel
Stärke 5, je nach Maschenprobe

GARNVORSCHLAG:
Drops Air Farbe 12
Drops Air Farbe 19
50 g/150 m

GARNVERBRAUCH:
Etwa 7 Knäuel von der Hintergrundfarbe und 3 Knäuel von der Musterfarbe

Der Poncho hat eine Einheitsgröße. Die Größe, auf der die Maschenprobe basiert, ist M/L, wenn du kleiner bist, wähle dünnere Nadeln, bist du größer, nimm dickere Nadeln. Passe die Länge an deine Armlänge an.

So wird's gemacht

KRAGEN

✿ 100 Maschen mit dem Nadelspiel anschlagen. Gleichmäßig auf die vier Nadeln verteilen. Rippenmuster stricken, zwei rechts und zwei links, etwa 26 cm.

SCHULTERPARTIE

✿ Zu einer geeigneten Rundstricknadel wechseln und glatt rechts stricken. Nach jeweils 25 Maschen (vordere Mitte, hintere Mitte und Schulterlinien) einen Maschenmarkierer setzen. Die Maschen vor den Markierern immer links stricken, sie sind in der Strickschrift nicht abgebildet. Mit einem Mustersatz beginnen und das Muster 4-mal wiederholen (eine Runde). Die Zunahmen erfolgen vor und nach den markierten linken Maschen. Bis zur roten Linie stricken. Es sollten nun 236 Maschen in Runde 35 sein und die Schulterpartie sollte eine Länge von etwa 16 cm haben.

PONCHO

✿ Jetzt aus beiden Mustersätzen stricken. Da an den Schultern keine Maschen mehr zugenommen werden, werden die linken Maschen nun rechts gestrickt, um eine Linie zu vermeiden. Wenn das Muster zu Ende gestrickt ist, mit der Hintergrundfarbe fortfahren und an der hinteren und vorderen Mitte in jeder 2. Reihe je zwei Maschen zunehmen, 4 Maschen pro Runde. Bis zur gewünschten Länge fortfahren.

Mir gefällt es, wenn der Poncho ohne Fransen etwa am Handgelenk endet. In meinem Fall – ich bin 174 cm groß – misst er ab der letzten Zunahme im Schulterbereich 56 cm.

EICHELN

✿ Wenn noch 8 cm bis zur endgültigen Länge fehlen, kannst du eine Bordüre mit Eicheln arbeiten und diesen Mustersatz so

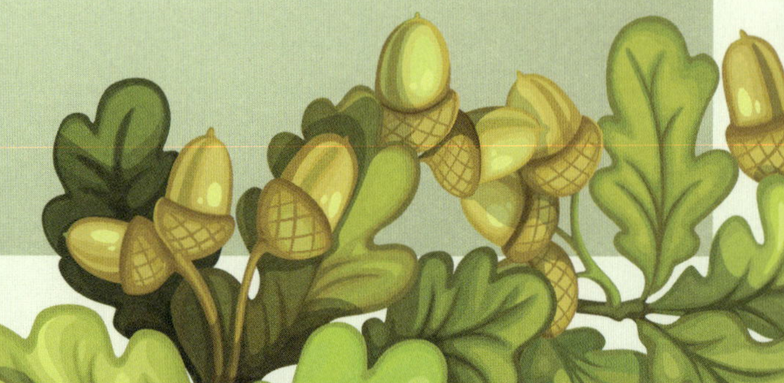

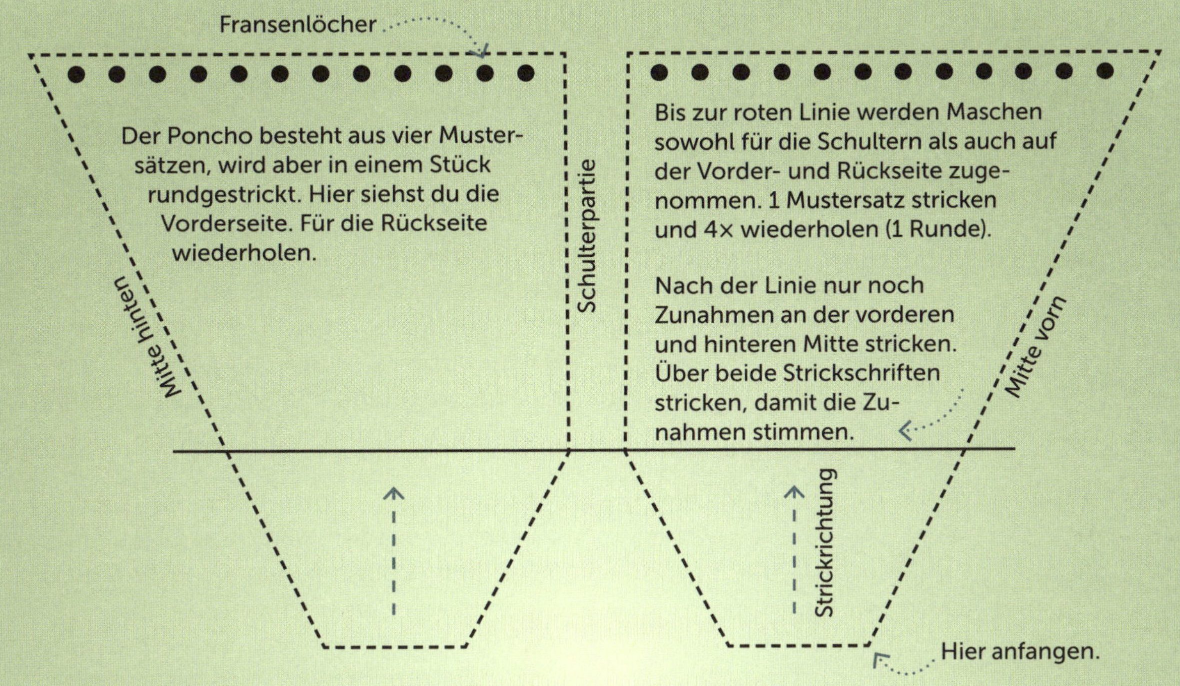

oft wiederholen, wie er Platz findet. Nach der Eichelbordüre noch 3 Runden in der Hintergrundfarbe stricken.

LOCHREIHE

✿ Um die Fransen ordentlich befestigen zu können, brauchst du eine Reihe mit Löchern. Die strickst du wie folgt: *1 Masche rechts stricken, dann 2 Maschen rechts zusammenstricken, gefolgt von einem Umschlag.* Dies für den Rest der Runde wiederholen.

Weitere 2 Runden glatt rechts stricken. Abketten. Ich weiß nicht, wie viele Maschen du jetzt auf der Nadel hast, aber es dürften sehr viele sein.

✿ Vor dem Einknüpfen der Fransen empfehle ich, den Poncho zu waschen und an den Nähten und Rändern leicht zu bügeln.

FRANSEN

✿ Bei meinen Fransen habe ich die beiden Farben gemischt. 35 cm abmessen und vier Fäden abschneiden (2 von jeder Farbe). Doppelt zusammenlegen, die Schlaufe durch das Loch fädeln, Fäden durchführen und festziehen. Herzlichen Glückwunsch zu deinem Poncho, der dich garantiert warm hält!

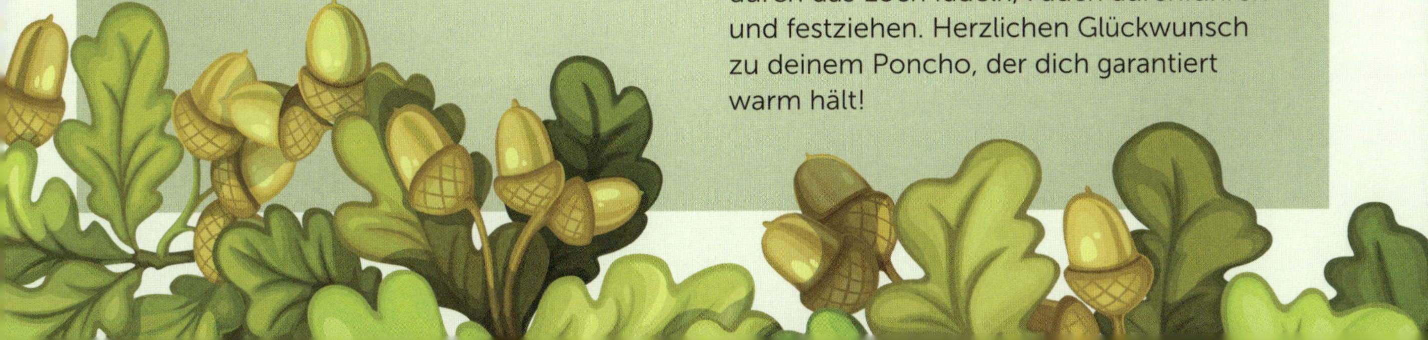

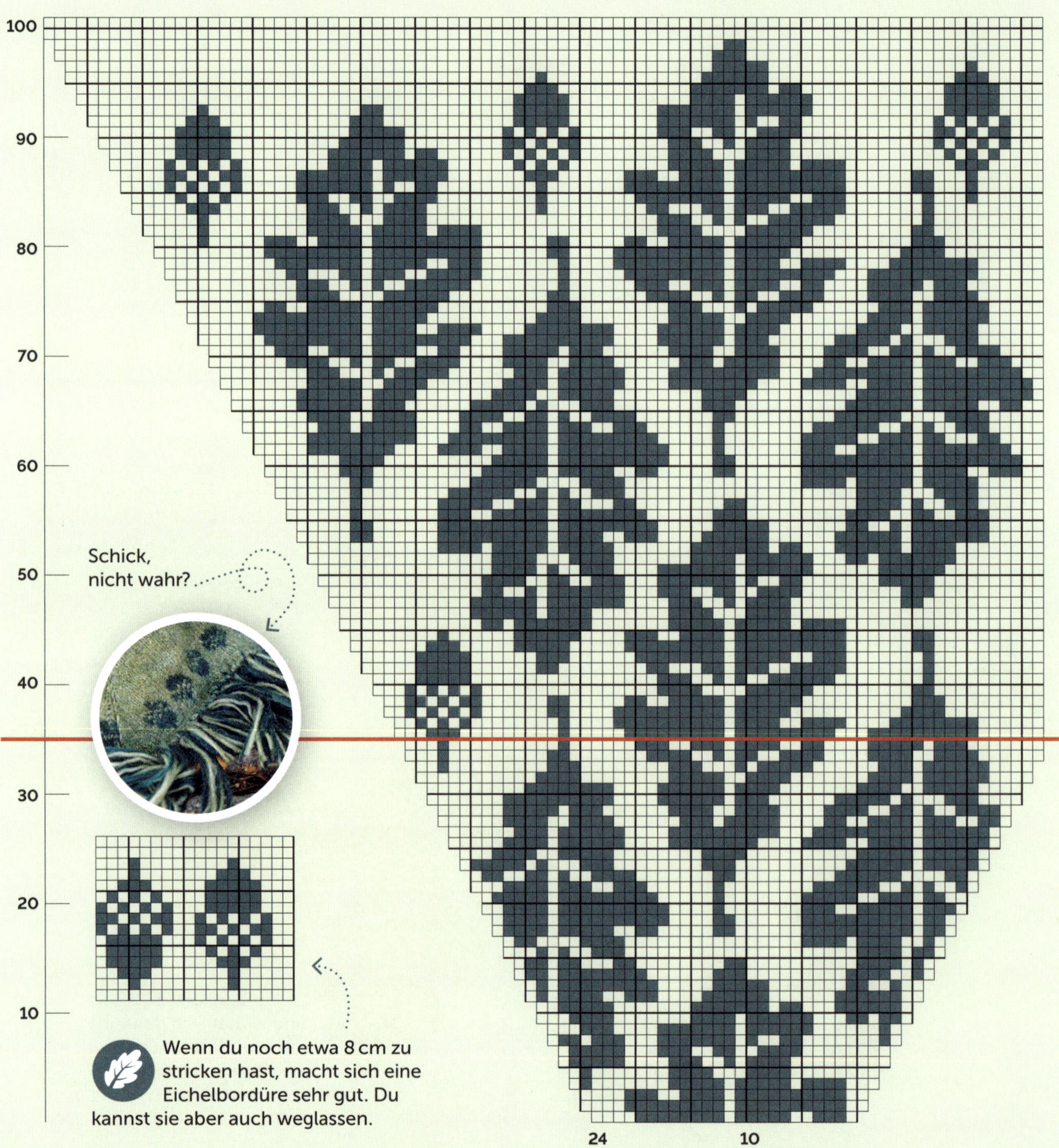

Wenn du noch etwa 8 cm zu stricken hast, macht sich eine Eichelbordüre sehr gut. Du kannst sie aber auch weglassen.

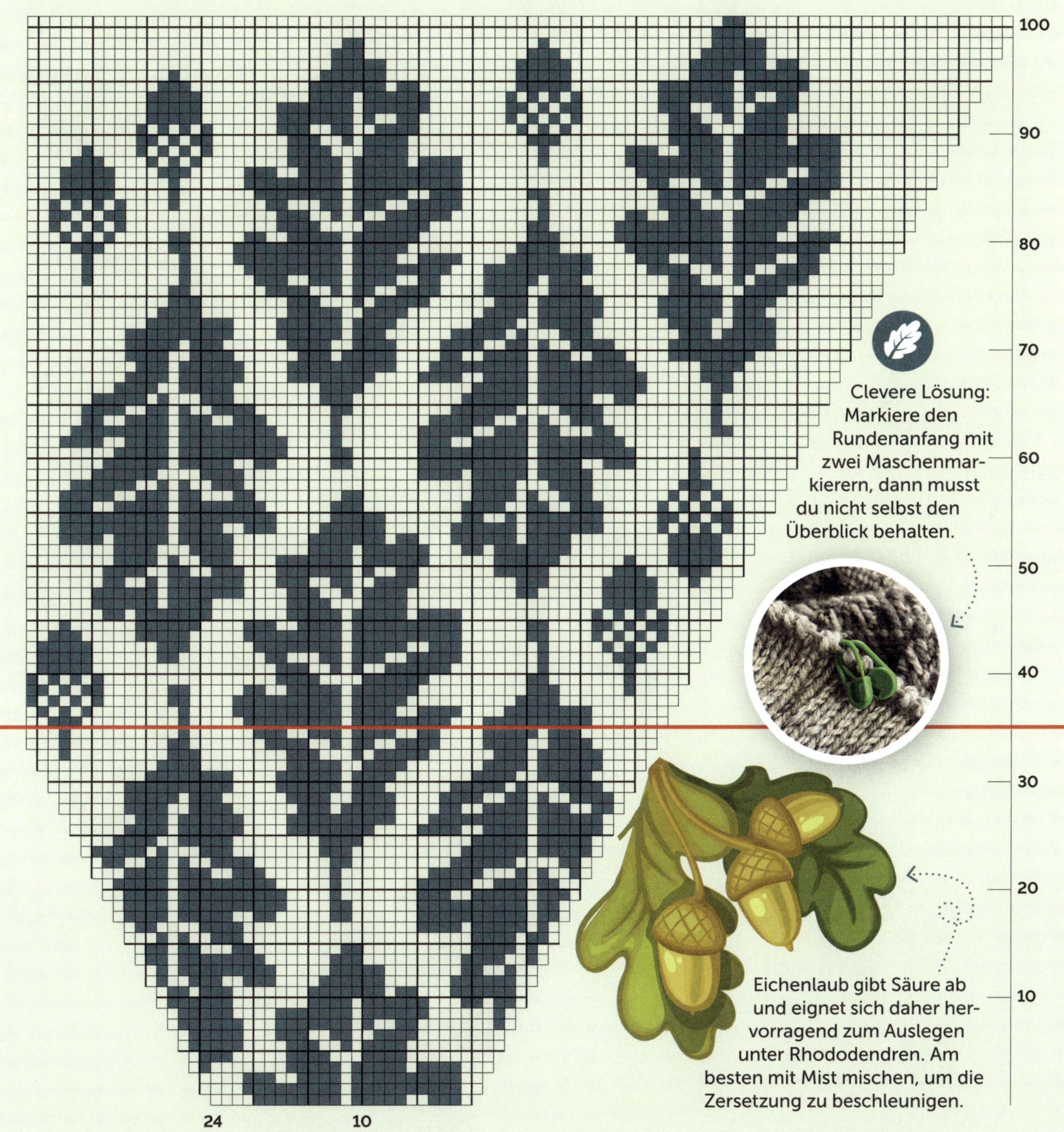
100
90
80
70
60
50
40
30
20
10
24
10
Clevere Lösung: Markiere den Rundenanfang mit zwei Maschenmarkierern, dann musst du nicht selbst den Überblick behalten.
Eichenlaub gibt Säure ab und eignet sich daher hervorragend zum Auslegen unter Rhododendren. Am besten mit Mist mischen, um die Zersetzung zu beschleunigen.

Mütze

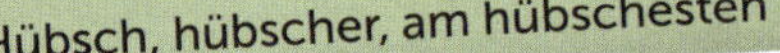

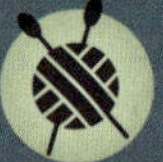

MASCHENPROBE:
24 Maschen = 10 cm

STRICKNADELN:
Rundstricknadel oder Nadelspiel Stärke 4, je nach Maschenprobe

GARNVORSCHLAG:
Drops Air Farbe 12
Drops Air Farbe 19
50 g/150 m

GARNVERBRAUCH:
Etwa 2 Knäuel von der Hintergrundfarbe und 1 Knäuel von der Musterfarbe

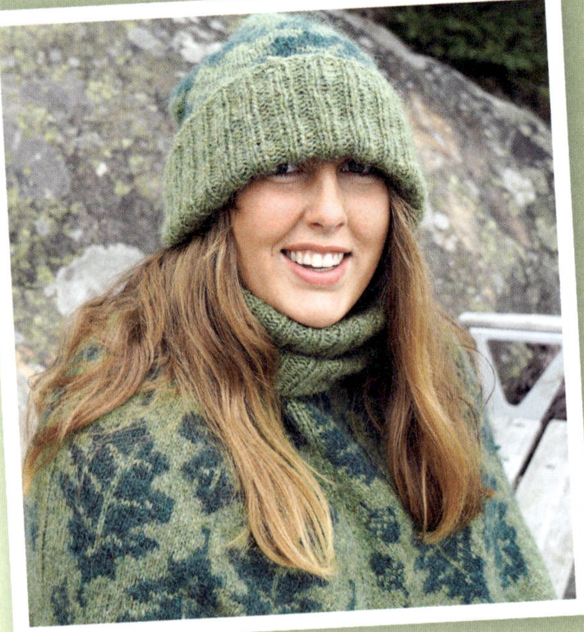

Hast du noch Wolle vom Poncho übrig? Dann stricke dir eine dazu passende große, kuschelige Mütze.

So wird's gemacht

- 100 Maschen auf einer kurzen Rundstricknadel oder einem Nadelspiel aufnehmen, wähle die Variante, die dir am besten gefällt.
- Rippenmuster stricken, 2 Maschen rechts, 2 Maschen links, etwa 16 cm. Ich mag meine Mützen besonders groß und lang. Wenn du einen kürzeren Umschlag wünschst, passe die Länge nach deinem Geschmack an.
- Das Muster nach der Strickschrift S. 24–25 stricken.
- Beginne an der rosa Linie mit dem Abnehmen. Wenn noch 20 Maschen übrig sind, den Faden durch die restlichen Maschen führen, zusammenziehen und innen fest vernähen.
- Zieh deine Mütze an und fühle dich wie ein echter Weihnachtsmann.

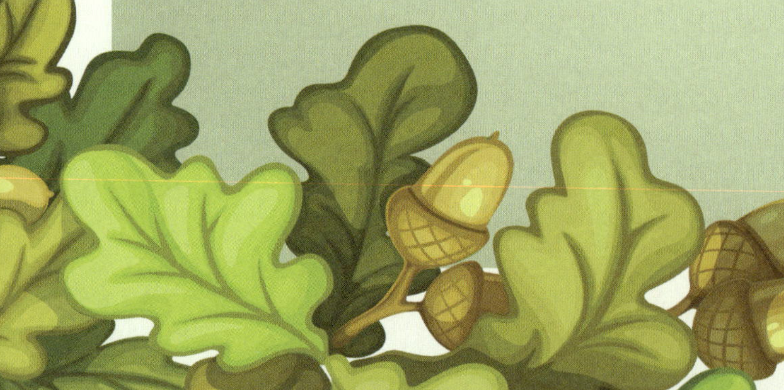

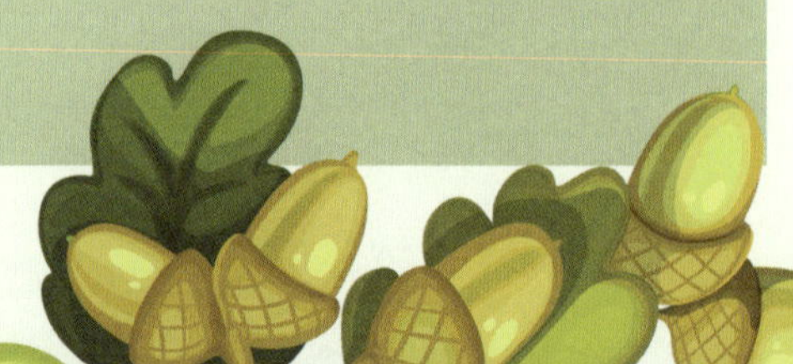

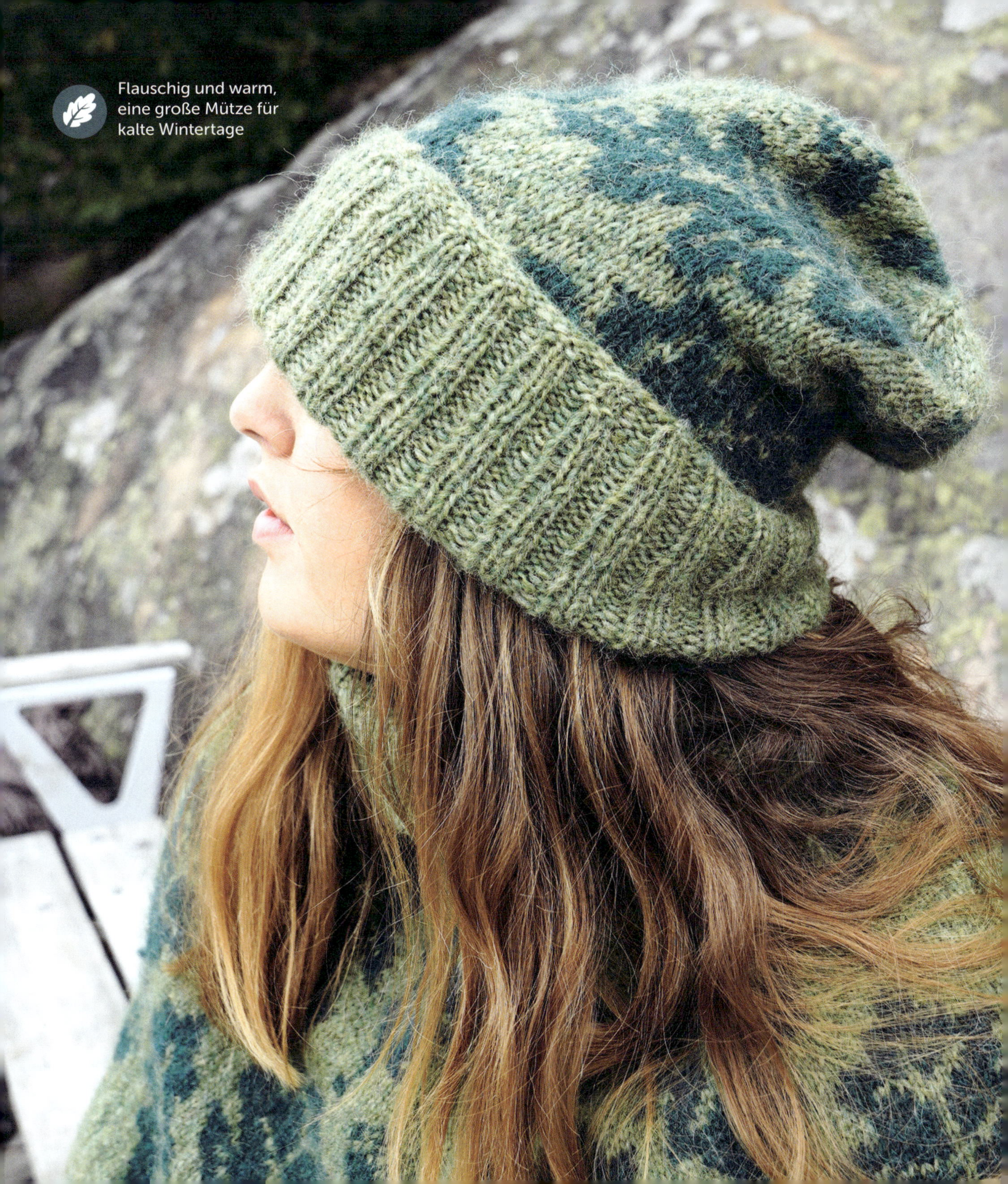

Flauschig und warm, eine große Mütze für kalte Wintertage

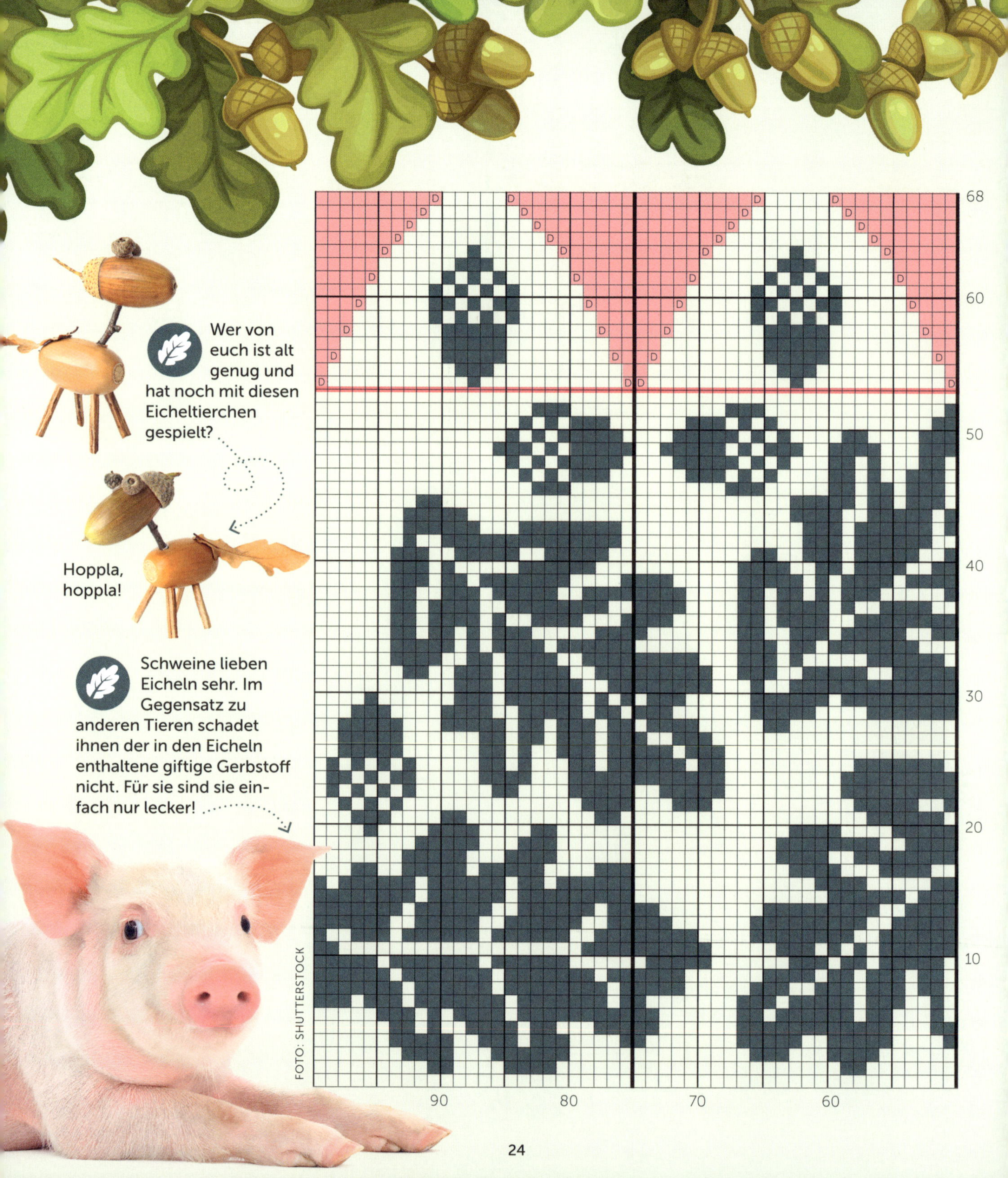
Wer von euch ist alt genug und hat noch mit diesen Eicheltierchen gespielt?
Hoppla, hoppla!
Schweine lieben Eicheln sehr. Im Gegensatz zu anderen Tieren schadet ihnen der in den Eicheln enthaltene giftige Gerbstoff nicht. Für sie sind sie einfach nur lecker!
68
60
50
40
30
20
10
90
80
70
60
FOTO: SHUTTERSTOCK

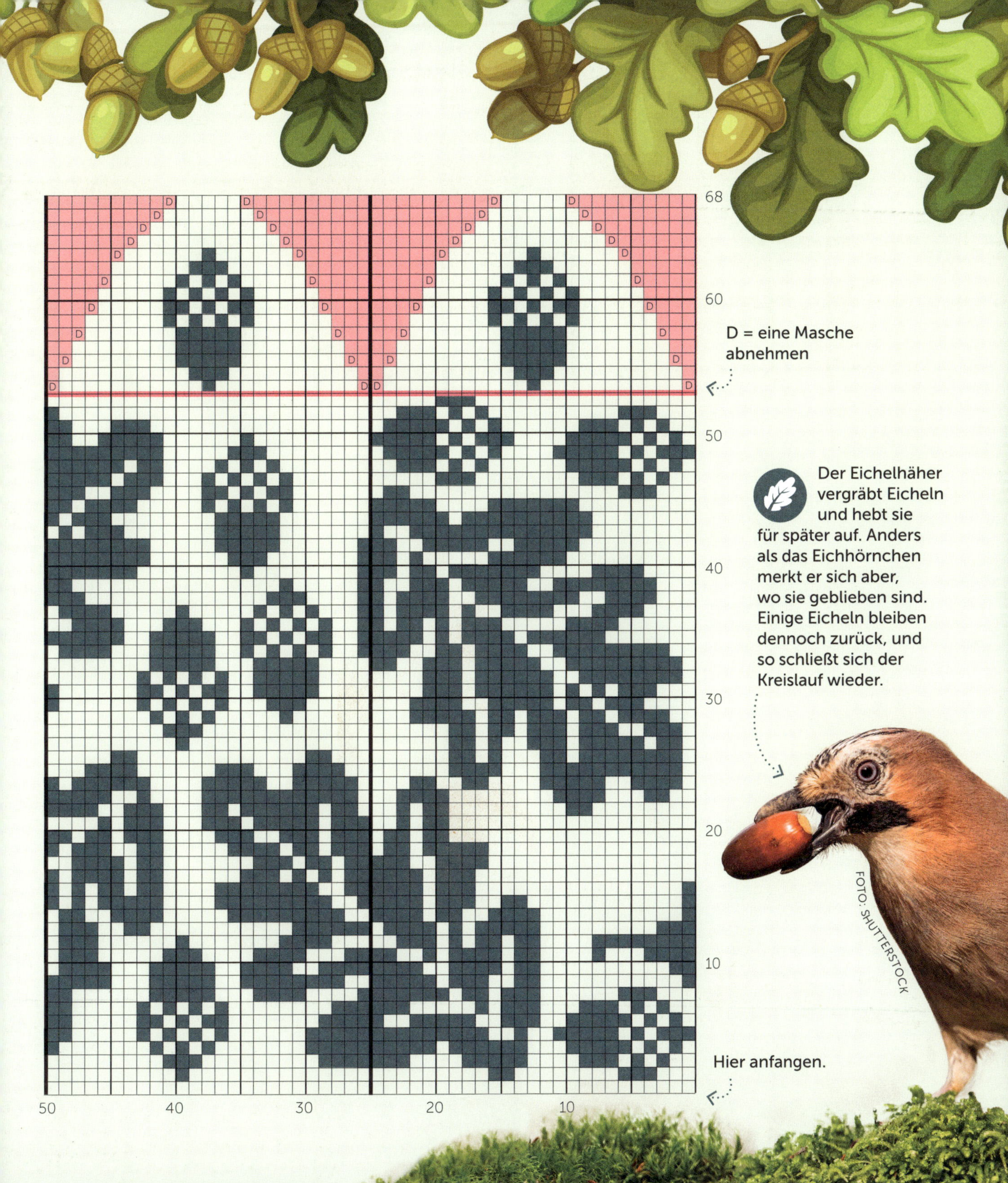

Der Eichelhäher vergräbt Eicheln und hebt sie für später auf. Anders als das Eichhörnchen merkt er sich aber, wo sie geblieben sind. Einige Eicheln bleiben dennoch zurück, und so schließt sich der Kreislauf wieder.

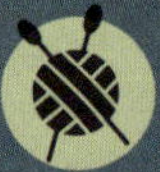

Pulswärmer

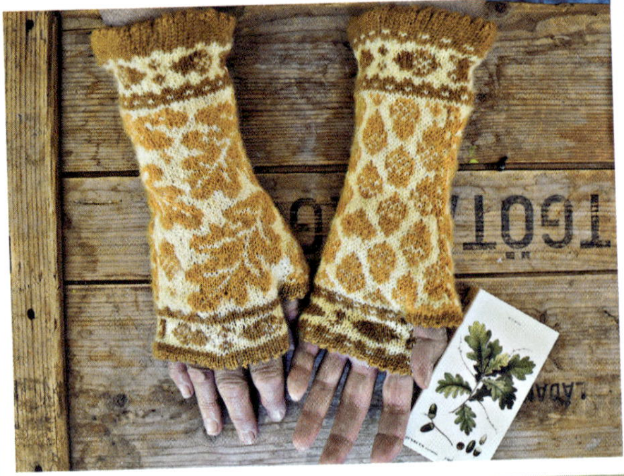

MASCHENPROBE:
40 Maschen = 10 cm

STRICKNADELN:
Nadelspiel 2,00–2,75, je nach Maschenprobe

GARNVORSCHLAG:
Filcolana Arwetta Farbe 136
Järbo Junior Raggi Farbe 68430
Järbo Junior Raggi Farbe 68431
50 g/200 m

GARNVERBRAUCH:
1 Knäuel von jeder Farbe

So wird's gemacht

✿ 72 Maschen mit der dunklen Farbe anschlagen und auf die Nadeln verteilen. Zur Runde schließen.

✿ **Runde 1–8:** Glatt rechts.

✿ **Runde 9:** *1 Umschlag, dann 2 Maschen rechts zusammenstricken*, für die ganze Runde wiederholen. Das ergibt eine Lochreihe. Wenn du dann zum Schluss die zuerst gestrickten 8 Runden umklappst und annähst, entsteht eine Spitzenkante (Picotkante).

✿ **Runde 10–16:** Glatt rechts.

✿ **Runde 17–67:** Nach der Strickschrift arbeiten.

✿ **Runde 68–85:** Die markierten Maschen stilllegen, die beiden Randmaschen zusammenstricken und im Muster bis zum Ende des Mustersatzes weiterstricken.

✿ **Runde 86–88:** Glatt rechts mit der dunklen Farbe stricken.

✿ **Runde 89:** Runde 9 wiederholen.

✿ **Reihe 90–96:** Glatt rechts.

✿ **Runde 97:** Abketten.

✿ Die stillgelegten Maschen auf die Nadeln verteilen und 4 zusätzliche Maschen aufnehmen. Mit der dunklen Farbe zwei Runden stricken, Runde 9 wiederholen, 6 Runden stricken, abketten.

✿ Die Ränder einklappen und vernähen.

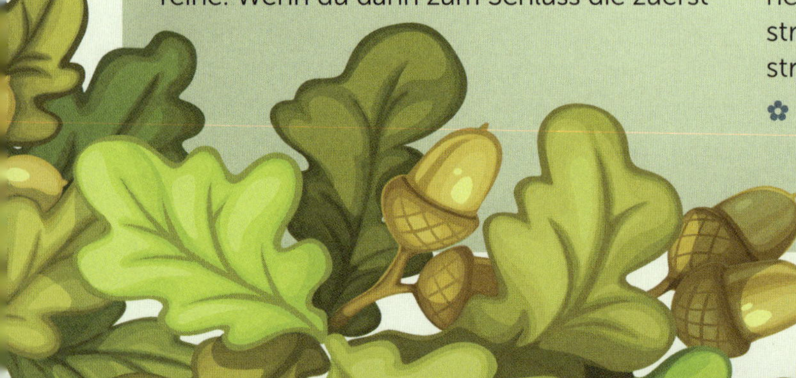

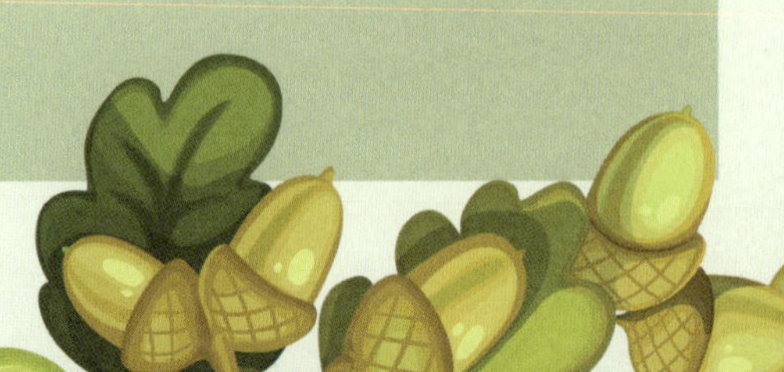

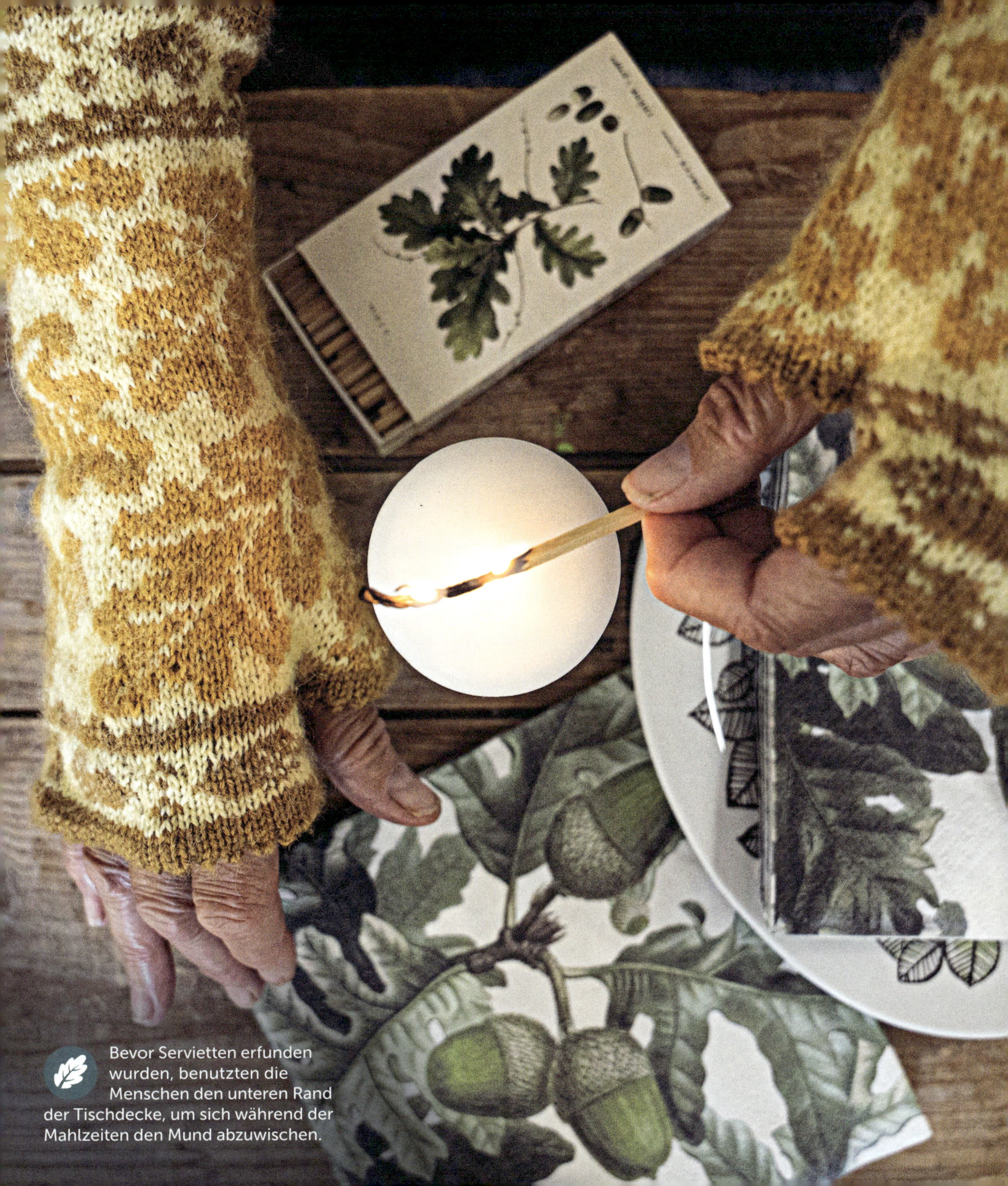

Bevor Servietten erfunden wurden, benutzten die Menschen den unteren Rand der Tischdecke, um sich während der Mahlzeiten den Mund abzuwischen.

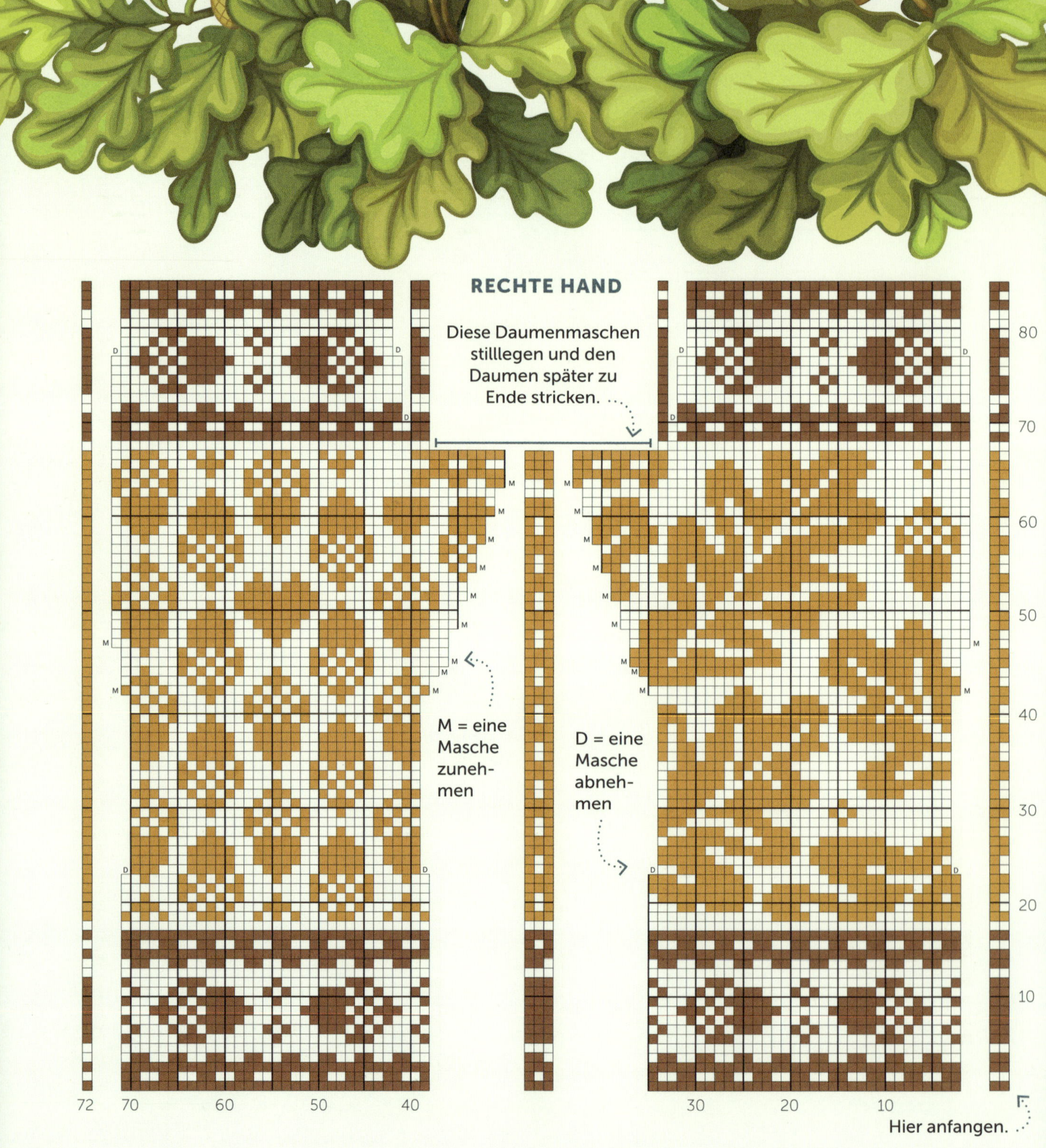
RECHTE HAND
Diese Daumenmaschen stilllegen und den Daumen später zu Ende stricken.
M = eine Masche zuneh- men
D = eine Masche abneh- men
Hier anfangen.
72
70
60
50
40
30
20
10
80
70
60
50
40
30
20
10

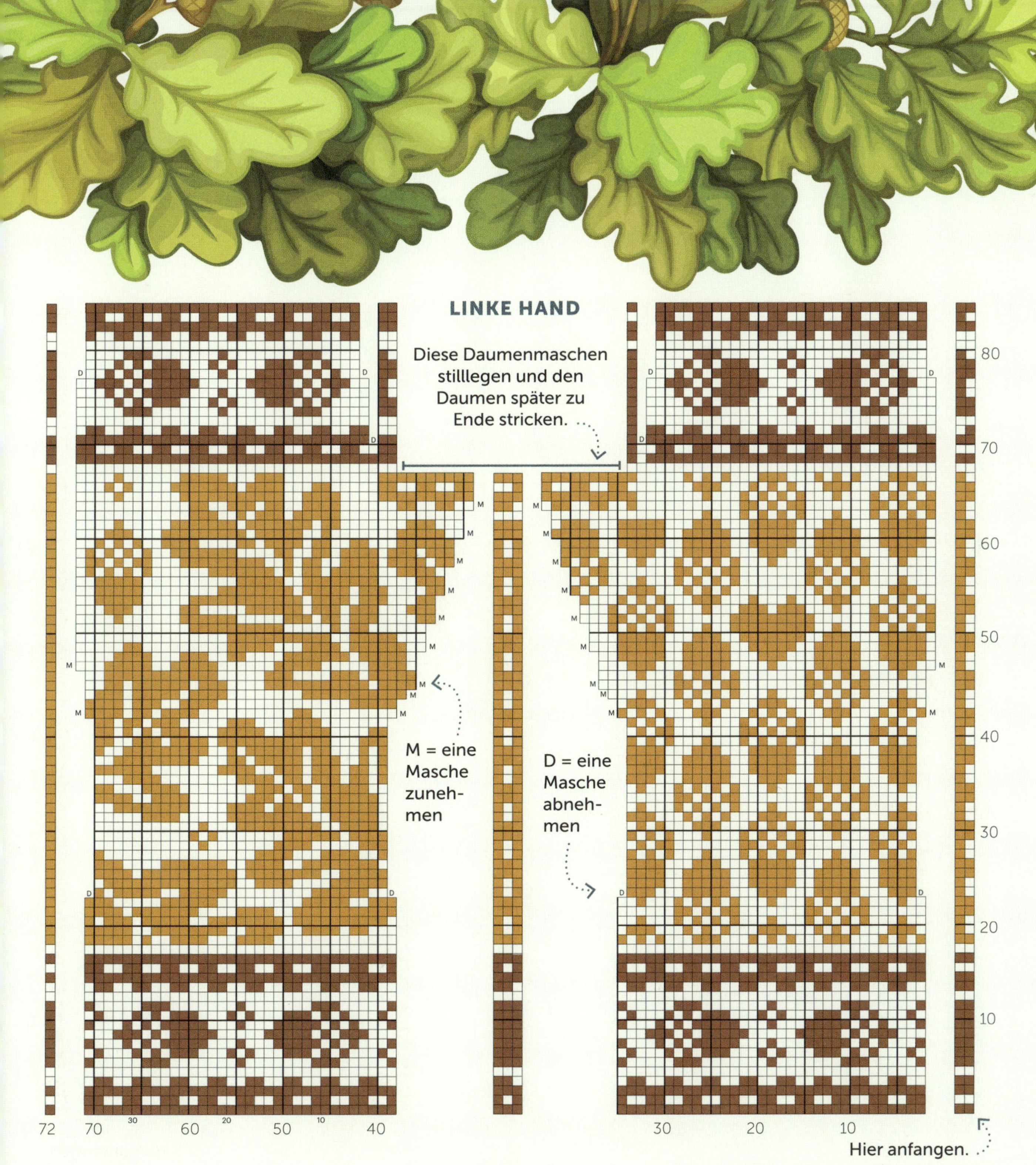
LINKE HAND
Diese Daumenmaschen stilllegen und den Daumen später zu Ende stricken.
M = eine Masche zuneh-men
D = eine Masche abneh-men
Hier anfangen.
80
70
60
50
40
30
20
10
72
70
30
60
20
50
10
40
30
20
10

Diese flugunfähigen Vögel im Frack verzaubern jeden, im wirklichen Leben wie auf der Leinwand. Sie haben in *Happy Feet* getanzt, waren in *Die Pinguine aus Madagascar* unaufhaltsam und haben uns auf YouTube unterhalten. Lassen Sie sich nun an kalten Wintertagen von den süßen Tieren aufwärmen.

PINGUIN-LEBEN Socken

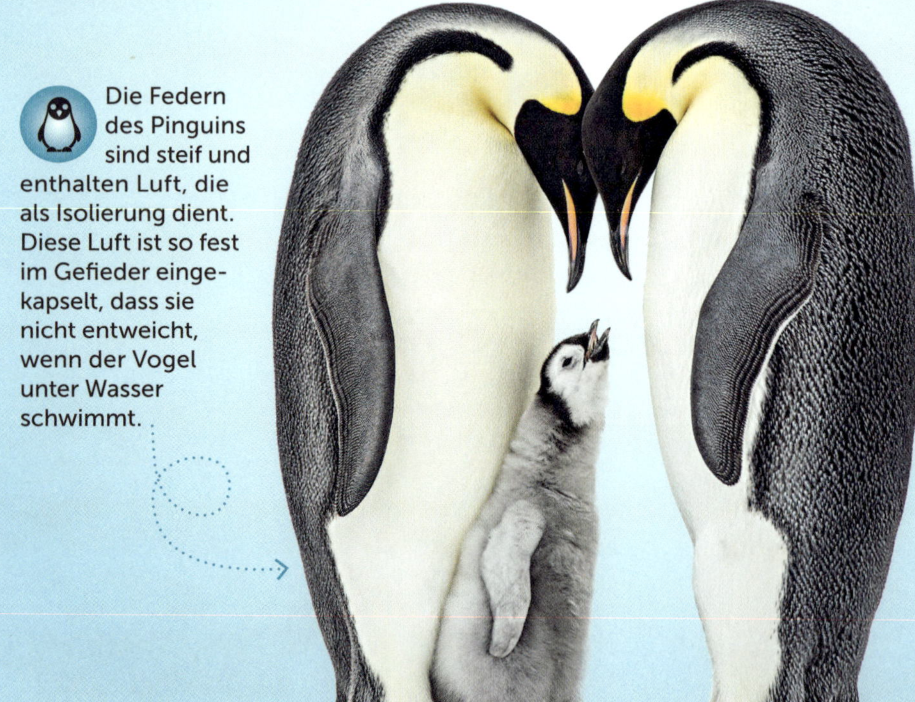

Die Federn des Pinguins sind steif und enthalten Luft, die als Isolierung dient. Diese Luft ist so fest im Gefieder eingekapselt, dass sie nicht entweicht, wenn der Vogel unter Wasser schwimmt.

Es mag wie eine Familienidylle aussehen, aber man kann sich da nicht sicher sein, denn das Küken kann gestohlen sein. Pinguine stehlen sich nämlich gegenseitig Eier und Küken. Stille Wasser …

FOTO: SHUTTERSTOCK

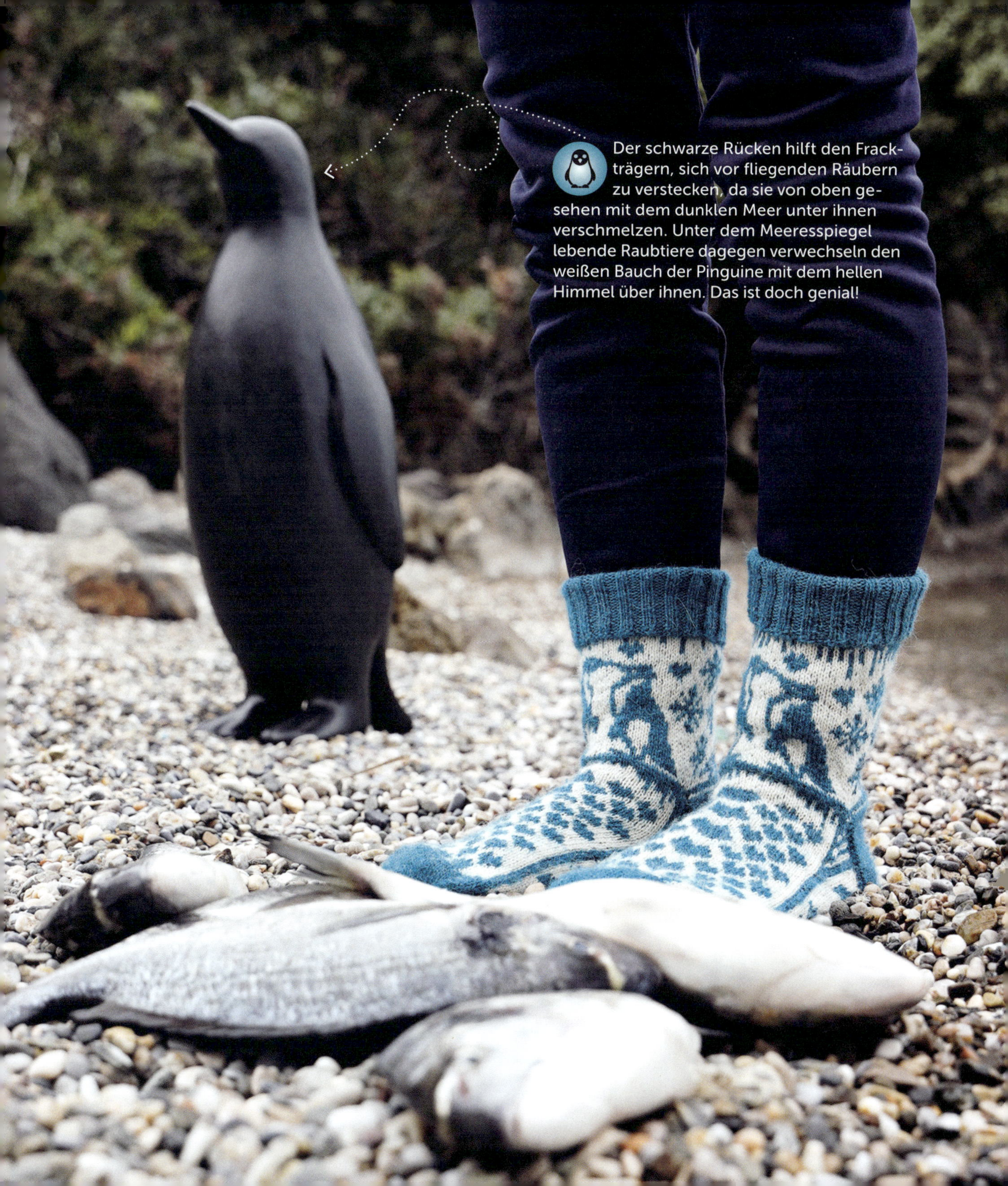

Der schwarze Rücken hilft den Frackträgern, sich vor fliegenden Räubern zu verstecken, da sie von oben gesehen mit dem dunklen Meer unter ihnen verschmelzen. Unter dem Meeresspiegel lebende Raubtiere dagegen verwechseln den weißen Bauch der Pinguine mit dem hellen Himmel über ihnen. Das ist doch genial!

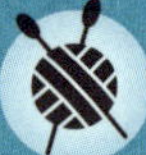

MASCHENPROBE:
30 Maschen = 10 cm

STRICKNADELN:
Nadelspiel Stärke 2,25–2,75, je nach Maschenprobe

GARNVORSCHLAG:
Drops Nord Farbe 06
Drops Nord Farbe 08
50 g/170 m

GARNVERBRAUCH:
2 Knäuel von der Musterfarbe und
1 Knäuel von der Hintergrundfarbe

So wird's gemacht

✿ 80 Maschen locker anschlagen und gleichmäßig auf die Nadeln verteilen. Die erste Runde rechts verschränkt stricken. Das Bündchen in der gewünschten Länge im Rippenmuster (2 Maschen rechts und 2 Maschen links) stricken.

✿ Für das Muster glatt rechts nach der Strickschrift bis zur rosa Linie stricken.

FERSENKAPPE

✿ Die Maschen, die nicht rosa markiert sind, ruhen lassen. Die rosa markierten 38 Maschen bilden die Fersenkappe. Um eine schöne Kante an der Fersenkappe zu erhalten, die erste Masche auf jeder Seite abheben. Die 38 Maschen in Reihen stricken, bis die Fersenkappe eine Länge von etwa 7 cm hat und mit einer rechten Reihe enden.

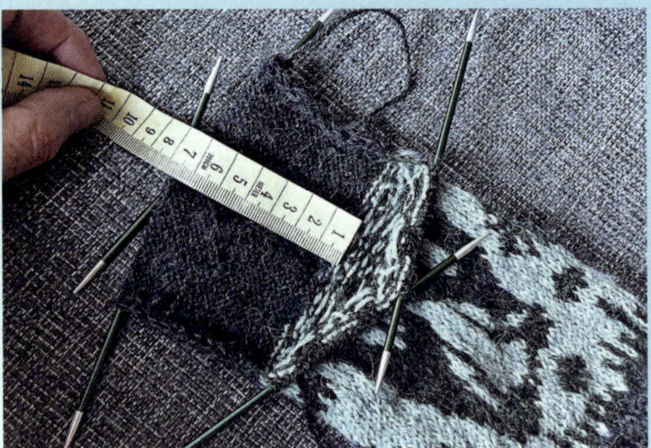

Wenn die Fersenkappe etwa 7 cm misst, ist es Zeit für die Rundung.

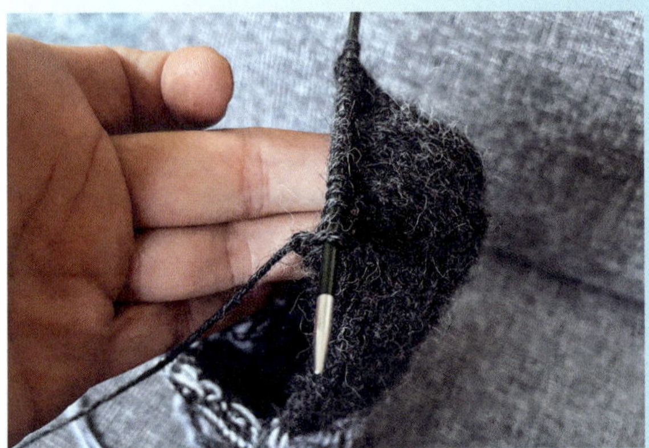

Die Fersenrundung sieht dann so aus, wenn sie fertig ist.

FERSENRUNDUNG

✿ **Reihe 1 (Rückreihe):** 1 Masche abheben, 21 Maschen links stricken, 2 Maschen links zusammenstricken, 1 Masche links. Wenden.

✿ **Reihe 2:** 1 Masche abheben, 7 Maschen rechts stricken, 2 Maschen rechts verschränkt zusammenstricken, 1 Masche rechts. Wenden. Durch die verkürzte Reihe entsteht ein Loch zur Vorreihe, das aber beim Stricken verschwindet. Versuche, den Faden so fest wie möglich anzuziehen.

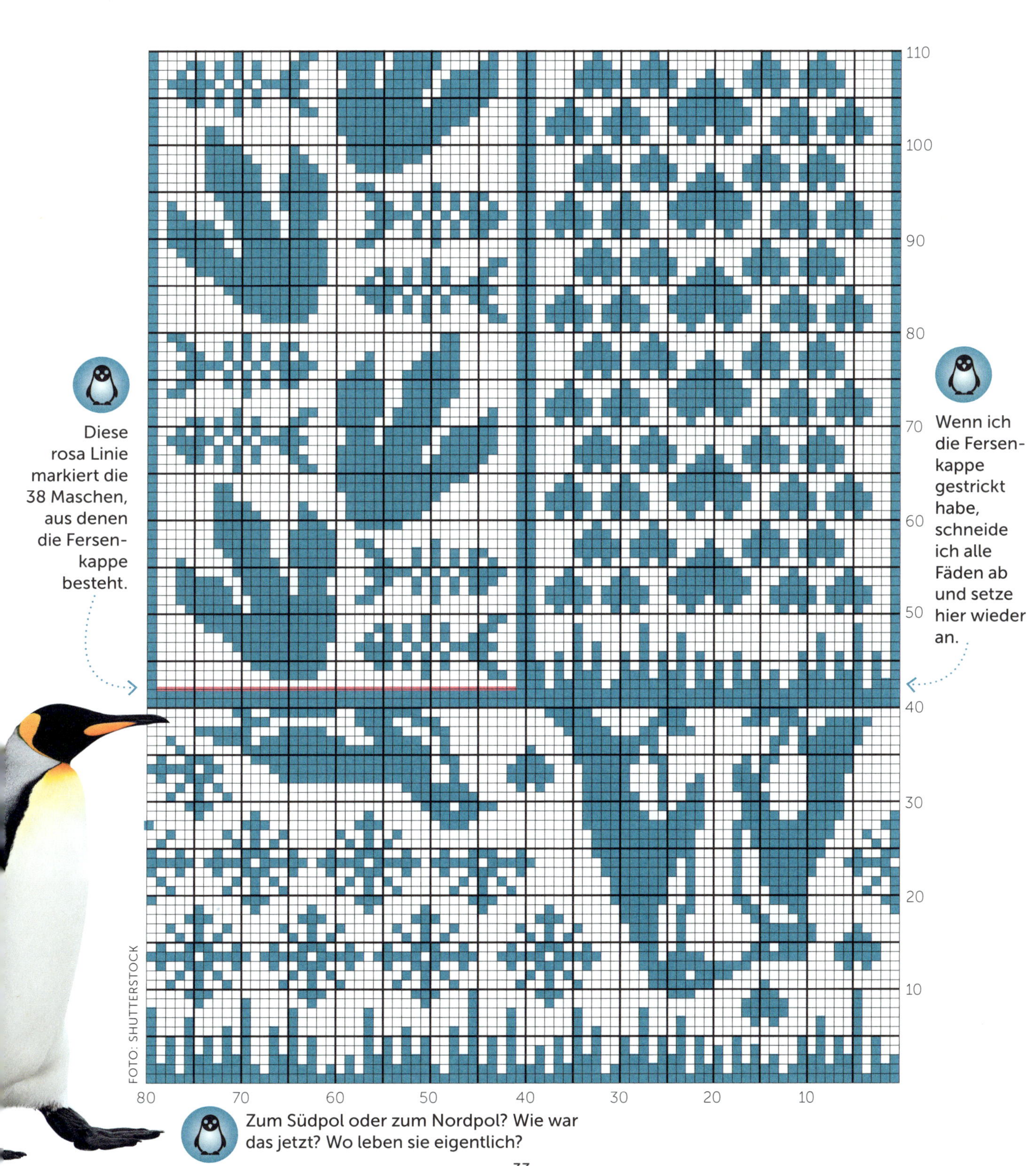

Zum Südpol oder zum Nordpol? Wie war das jetzt? Wo leben sie eigentlich?

✿ **Reihe 3:** 1 Masche abheben, bis zur letzten Masche vor dem Zwischenraum links stricken. Die beiden Maschen vor und nach dem Zwischenraum links zusammenstricken, 1 Masche links stricken. Wenden.

✿ **Reihe 4:** 1 Masche abheben, bis zur letzten Masche vor dem Zwischenraum rechts stricken. Die beiden Maschen vor und nach dem Zwischenraum rechts verschränkt zusammenstricken. 1 Masche rechts stricken. Wenden.

✿ Reihen 3–4 wiederholen, bis du nur noch 22 Maschen auf der Nadel hast. Solltest du eine andere Anzahl haben, kannst du dies beim Aufnehmen der Maschen korrigieren.

MASCHEN AUFNEHMEN

✿ Verteile die 22 Maschen auf zwei Nadeln, jeweils 11, nimm etwa 15–19 Maschen aus den Randmaschen der Fersenkappe auf (je größer der Fuß, desto mehr Maschen). Nimm auch 1 der 42 stillgelegten Maschen mit. Du hast nun 11+15 (bis 19)+1 Masche = 27 (bis 31) Maschen auf der ersten Nadel. 20 Maschen werden für das Muster verwendet, die anderen Maschen bilden den Keil. Ich setze meist einen Markierer an die Stelle, an der der Keil beginnt, um besser zu erkennen, welches die Keilmaschen sind. Nimm die gleiche Anzahl Maschen auf der anderen Seite der Fersenkappe auf. Nun wieder in Runden stricken.

FERSENKEIL

✿ Die Abnahmen erfolgen in jeder 2. Reihe mit je 1 Masche an jedem Keil. Nimm die Maschen ab, die der Oberseite der Socke

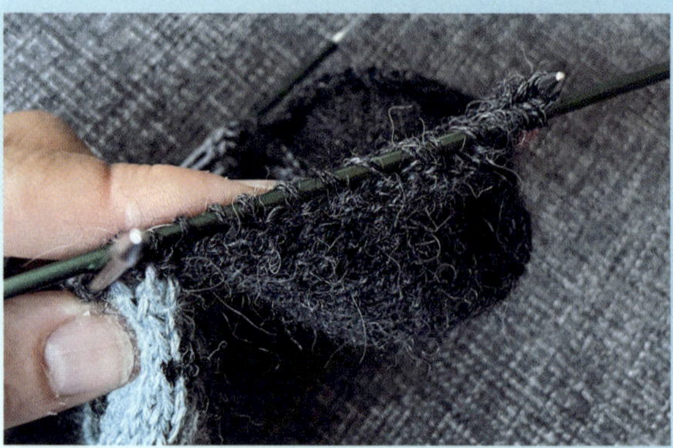

Nimm etwa 15–19 Maschen auf. Je breiter der Fuß, desto mehr Maschen.

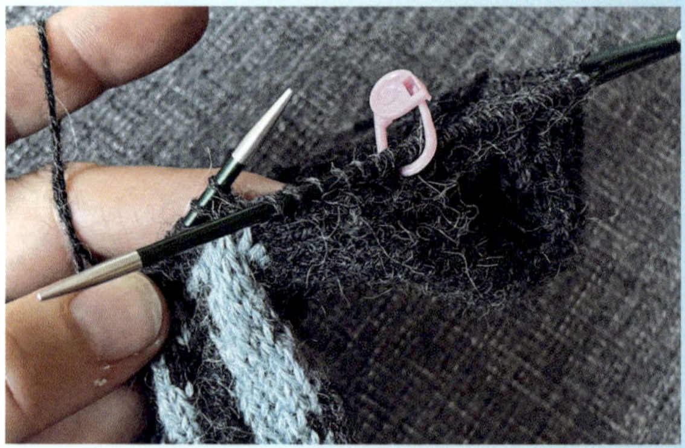

Bring einen Markierer an, um leicht zu erkennen, wo der Keil ist.

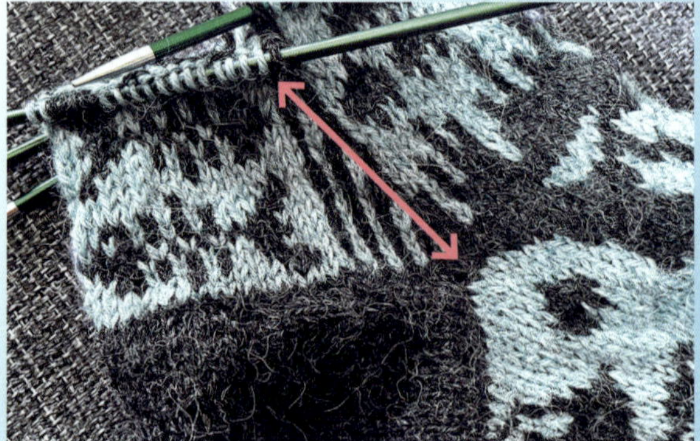

Für den Fersenkeil verwende ich die Farben abwechselnd, er kann aber auch einfarbig gestrickt werden. Die Maschen werden entlang der rosa Linie abgenommen.

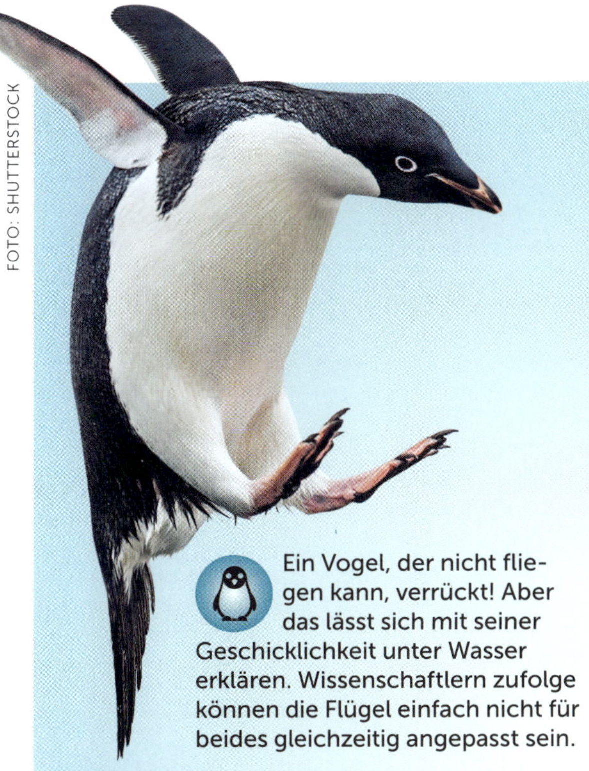

FOTO: SHUTTERSTOCK

Ein Vogel, der nicht fliegen kann, verrückt! Aber das lässt sich mit seiner Geschicklichkeit unter Wasser erklären. Wissenschaftlern zufolge können die Flügel einfach nicht für beides gleichzeitig angepasst sein.

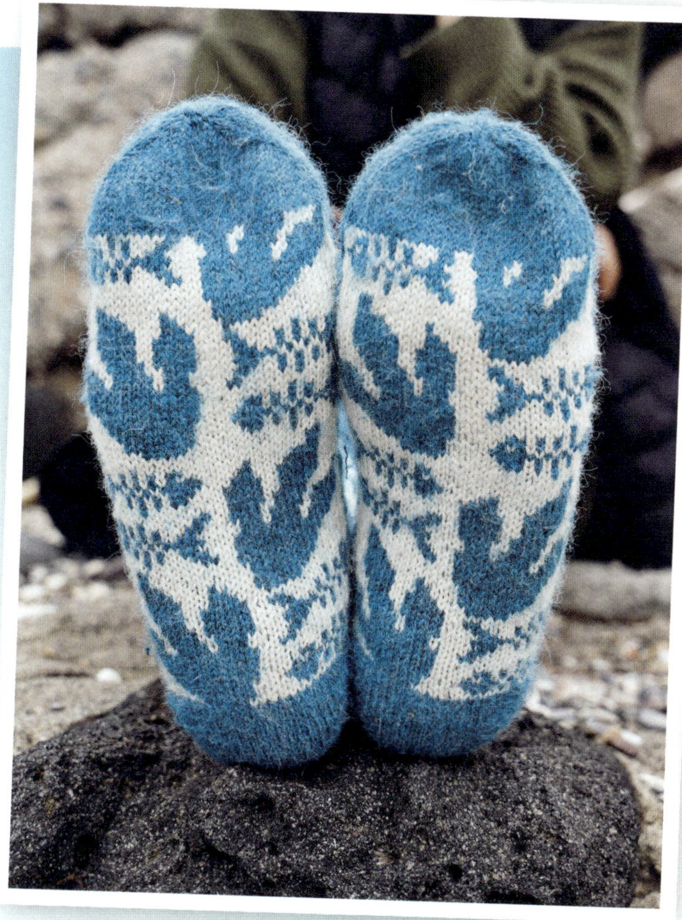

am nächsten sind. Auf der linken Seite der Socke (stell dir vor, dass du die Socke von oben siehst, wenn sie angezogen ist) nimmst du überzogen ab: 1 Masche abheben, 1 Masche rechts stricken, die abgehobene Masche über die gestrickte ziehen. So neigt sich die Masche in die richtige Richtung und sieht schön aus. Auf der anderen Seite 2 Maschen rechts zusammenstricken. Fahre mit dem Muster fort und beginne mit der Fußspitze, wenn noch etwa 5 cm bis zur fertigen Socke fehlen.

FUSSSPITZE

✿ Zeit, die Socke fertigzustellen. In den ersten 10 Runden nimmst du in jeder 2. Runde 4 Maschen ab.

✿ **Abnehmen:** 1 Masche stricken, dann 2 Maschen überzogen zusammenstricken.

Stricke die Socken so lang, wie du möchtest, beende das Muster an der gewünschten Stelle und lass dabei den letzten Pinguin-Fußabdruck einfach abbrechen.

Bis zur anderen Fußseite weiterstricken, bis noch 3 Maschen übrig sind, dann 2 Maschen rechts zusammenstricken und 1 Masche rechts. Das Gleiche für die Fußunterseite wiederholen. Nach den ersten 10 Runden die Abnahmen in jeder Runde fortsetzen, bis insgesamt nur noch 20 Maschen übrig sind. Den Faden abschneiden, durch die restlichen Maschen fädeln und zusammenziehen. Dann den Faden nach innen führen und vernähen. Glückwunsch, die erste Socke ist fertig!

Mütze

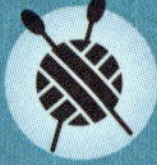

MASCHENPROBE:
24 Maschen = 10 cm

STRICKNADELN:
Rundstricknadel, 40 cm,
Stärke 2,25–2,75, je nach Maschenprobe

GARNVORSCHLAG:
Drops Nord Farbe 01
Drops Nord Farbe 08
50 g/170 m

GARNVERBRAUCH:
2 Knäuel von der Hintergrundfarbe und
1 Knäuel von der Musterfarbe

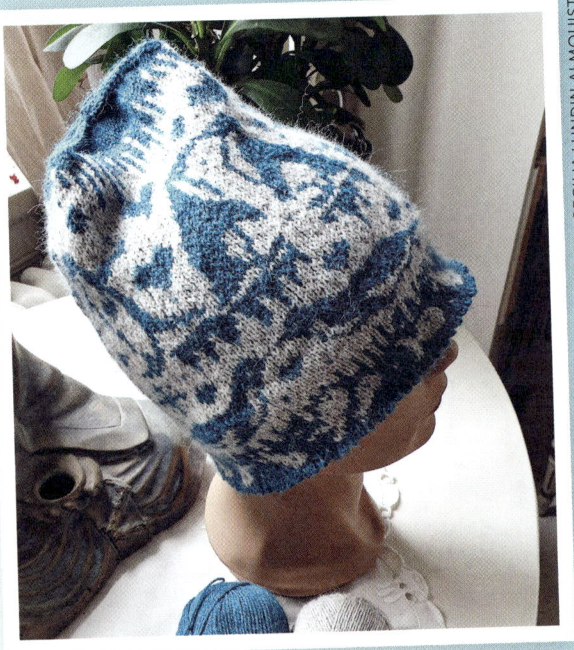

FOTO: CECILIA LUNDIN ALMQUIST

So wird's gemacht

✿ 160 Maschen auf der Rundstricknadel anschlagen. Wenn du lieber mit einem Nadelspiel stricken möchtest, geht das natürlich auch.

✿ Zur Runde schließen und die erste Runde rechts verschränkt stricken. Weiter geht es mit 29 Reihen glatt rechts (das ist ein bisschen langweilig, aber der Bund der Mütze wird schöner, wenn man viele Reihen strickt). In Reihe 30 dann immer 1 Umschlag und danach 2 Maschen rechts zusammenstricken – bis zum Ende der Reihe. Du erhältst dadurch eine Lochreihe. Fahre mit 5 Runden rechts fort. Wenn du anstatt der Spitzenkante eine glatte Kante bevorzugst, strickst du die 30. links. Für das Muster nun glatt rechts nach der Strickschrift bis zum Ende arbeiten.

✿ **Abnehmen:** Nach jeder 40. Masche einen Maschenmarkierer anbringen.

✿ **Runde 1:** *2 r zus., 36 M., 2 r zus.*

✿ **Runde 2:** *2 r zus., 34 M., 2 r zus.* und so weiter, bis noch 6 Maschen zwischen den Markierern übrig sind. Den Faden abschneiden und durch die restlichen Maschen ziehen. Den Faden gut vernähen, die untere Kante nach innen umschlagen und unsichtbar festnähen.

FOTO: JESSICA SEGERBERG

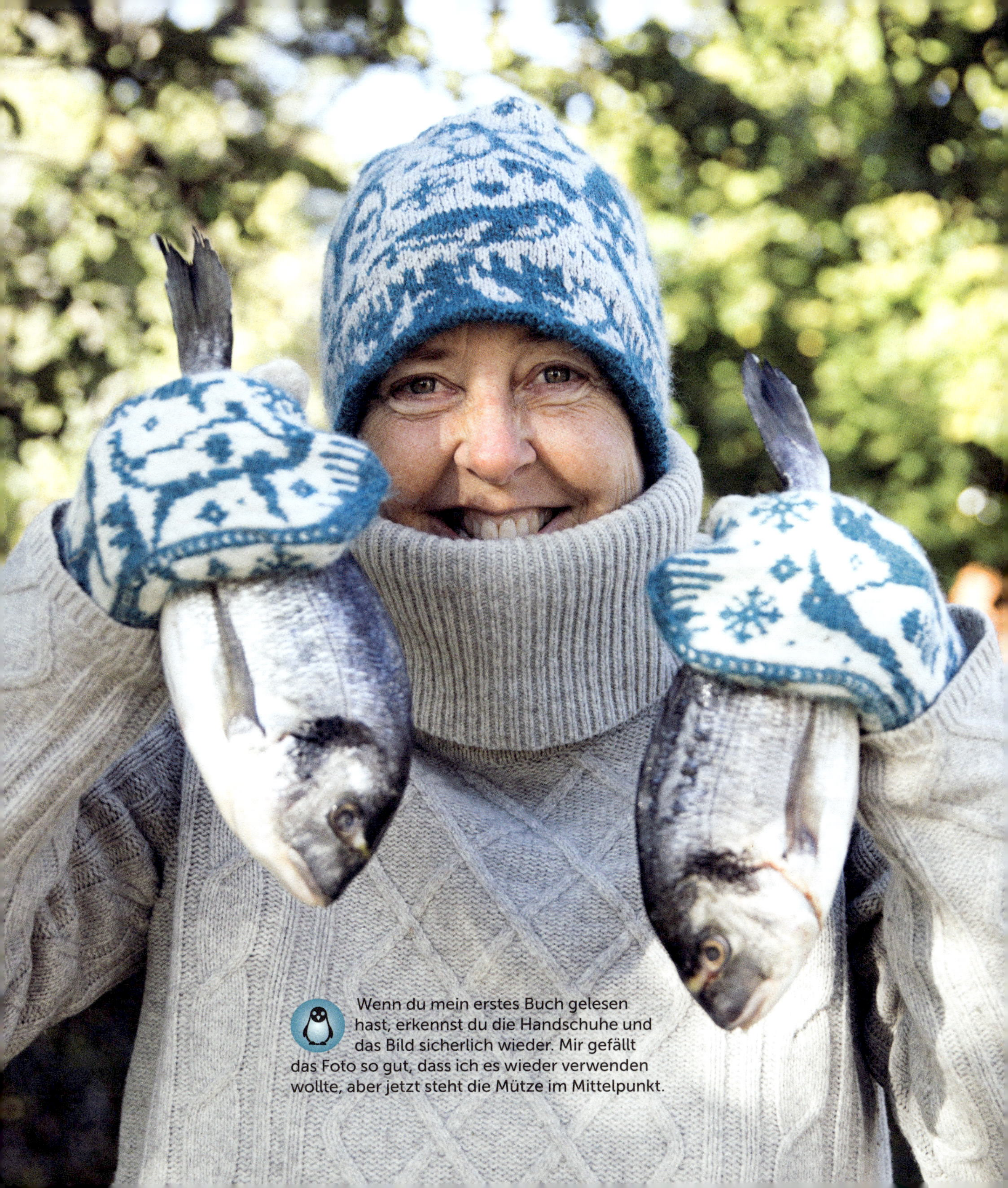

Wenn du mein erstes Buch gelesen hast, erkennst du die Handschuhe und das Bild sicherlich wieder. Mir gefällt das Foto so gut, dass ich es wieder verwenden wollte, aber jetzt steht die Mütze im Mittelpunkt.

Kalte Füße? Die Füße des Pinguins sind kalt – nur wenige Grad über null, während die Körpertemperatur etwa 40 Grad beträgt. Das ist aber kein Problem, da die Füße hauptsächlich aus Sehnengewebe bestehen und völlig kälteunempfindlich sind.

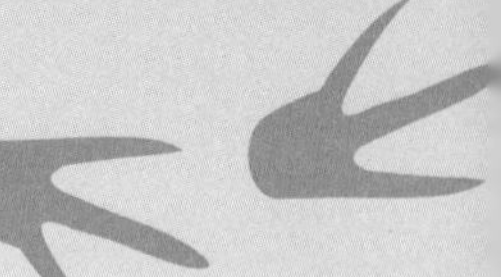

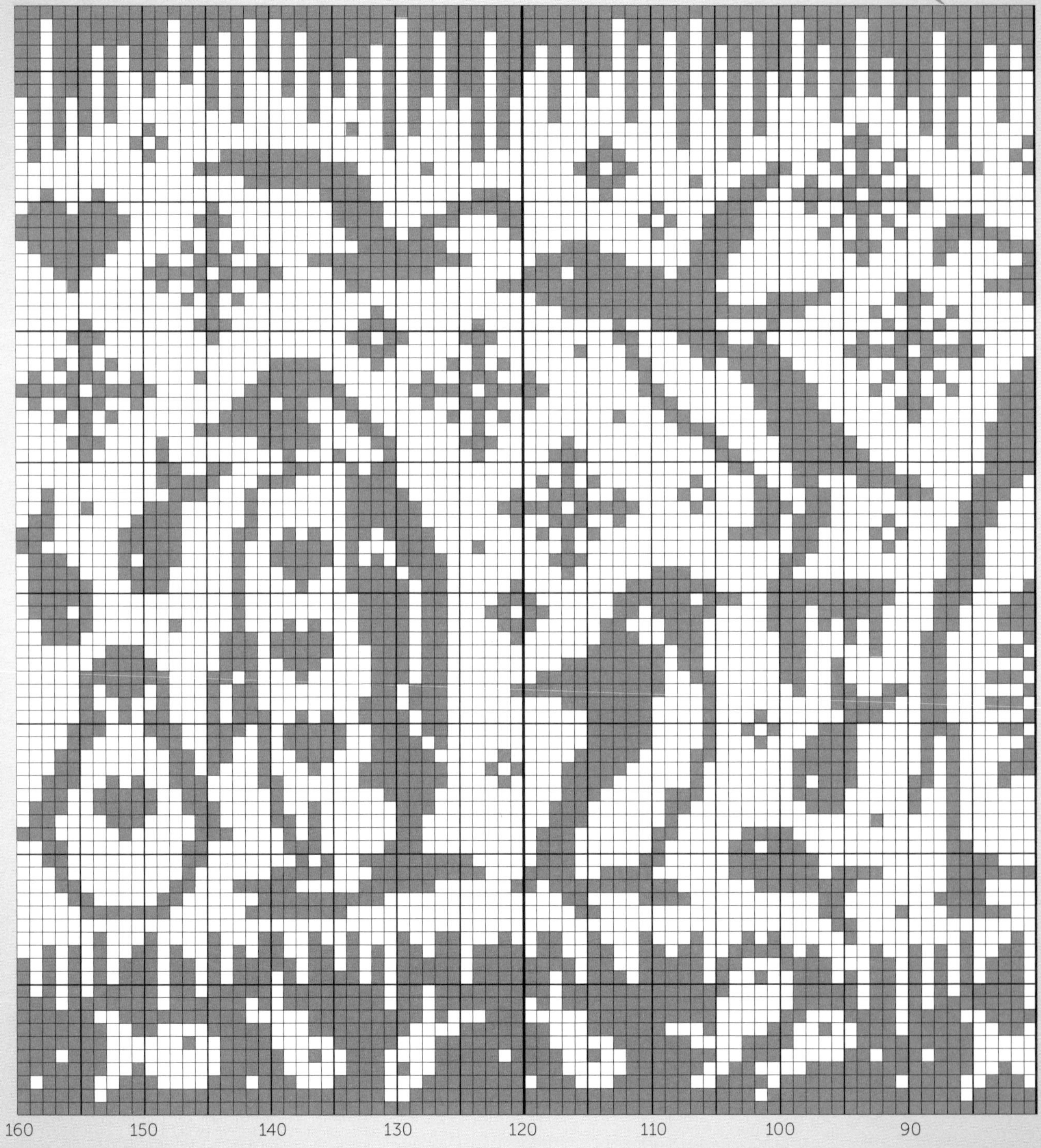

160 150 140 130 120 110 100 90

80
70
60
50
40
30
20
10

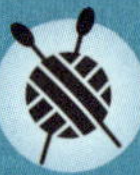

Pulswärmer

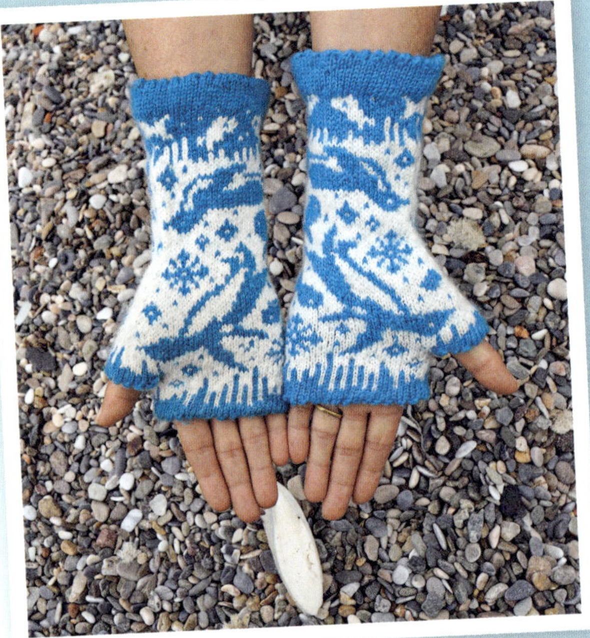

MASCHENPROBE:
40 Maschen = 10 cm

STRICKNADELN:
Nadelspiel Stärke 2,00–2,75, je nach Maschenprobe

GARNVORSCHLAG:
Filcolana Arwetta Farbe 199
Filcolana Arwetta Farbe 101
50 g/210 m

GARNVERBRAUCH:
1 Knäuel von jeder Farbe

So wird's gemacht

- 72 Maschen mit der dunklen Farbe anschlagen, auf die Nadeln verteilen und zur Runde schließen.
- **Runde 1–8:** Glatt rechts.
- **Runde 9:** 1 Umschlag, 2 Maschen rechts zusammenstricken. Dies die ganze Runde wiederholen. So entsteht eine Lochreihe. Wenn man dann das erste Stück umschlägt und annäht, erhält man eine Spitzenkante.
- **Runde 10–16:** Glatt rechts.
- **Runde 17–63:** Das Muster glatt rechts stricken.
- **Runde 64–80:** Die markierten Maschen stilllegen, die Randmaschen rechts zusammenstricken und das Muster weiterstricken.
- **Runde 81:** Runde 9 wiederholen.
- **Runde 82–89:** Glatt rechts.
- **Runde 90:** Abketten.

Die stillgelegten Daumenmaschen auf die Nadeln verteilen und 4 zusätzliche Maschen aufnehmen. Zwei Runden stricken, Runde 9 wiederholen, 6 Runden stricken, abketten.

- Die Ränder umklappen und annähen.

Wenn man nicht fliegen kann, muss man laufen, und das machen Kaiserpinguine gerne. Um zu ihrem Nistplatz zu gelangen, laufen sie etwa 50–120 km.

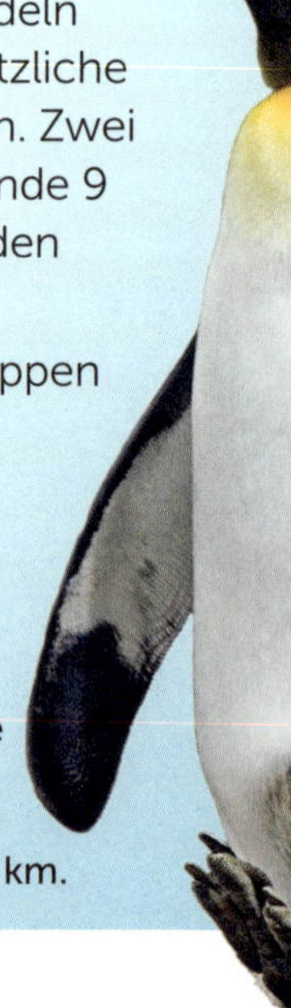

FOTO: SHUTTERSTOCK

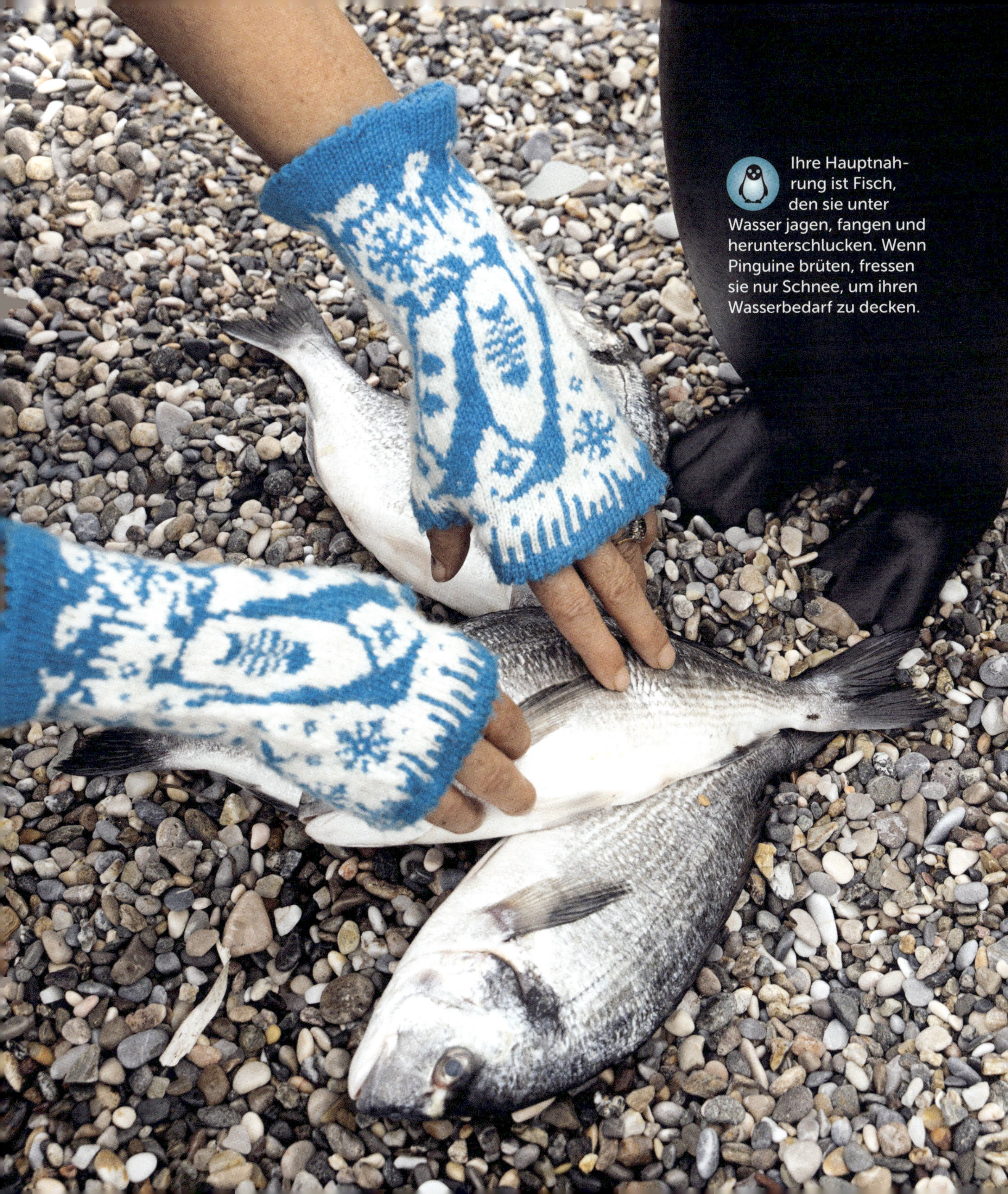

Ihre Hauptnahrung ist Fisch, den sie unter Wasser jagen, fangen und herunterschlucken. Wenn Pinguine brüten, fressen sie nur Schnee, um ihren Wasserbedarf zu decken.

FOTO: SHUTTERSTOCK

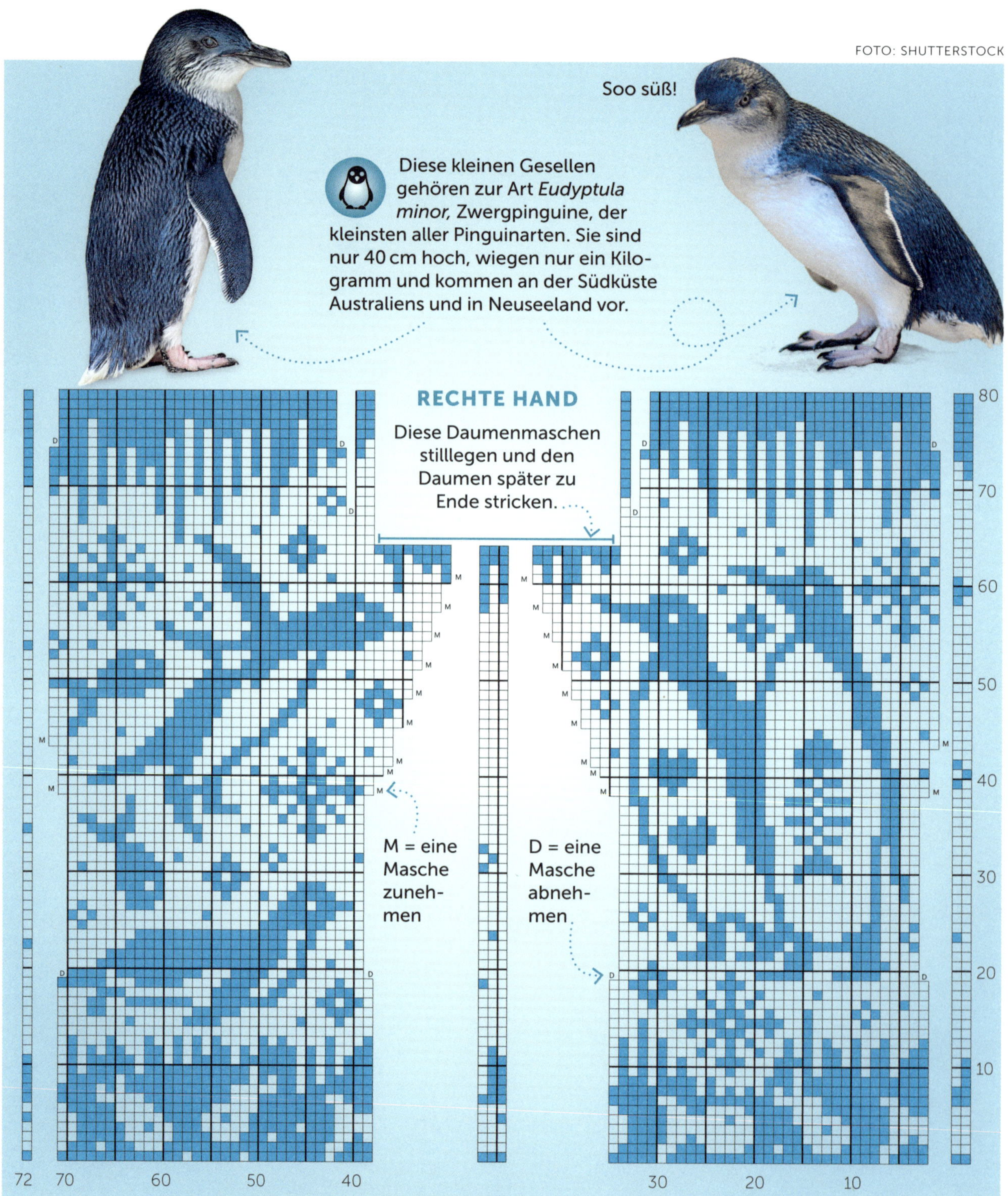

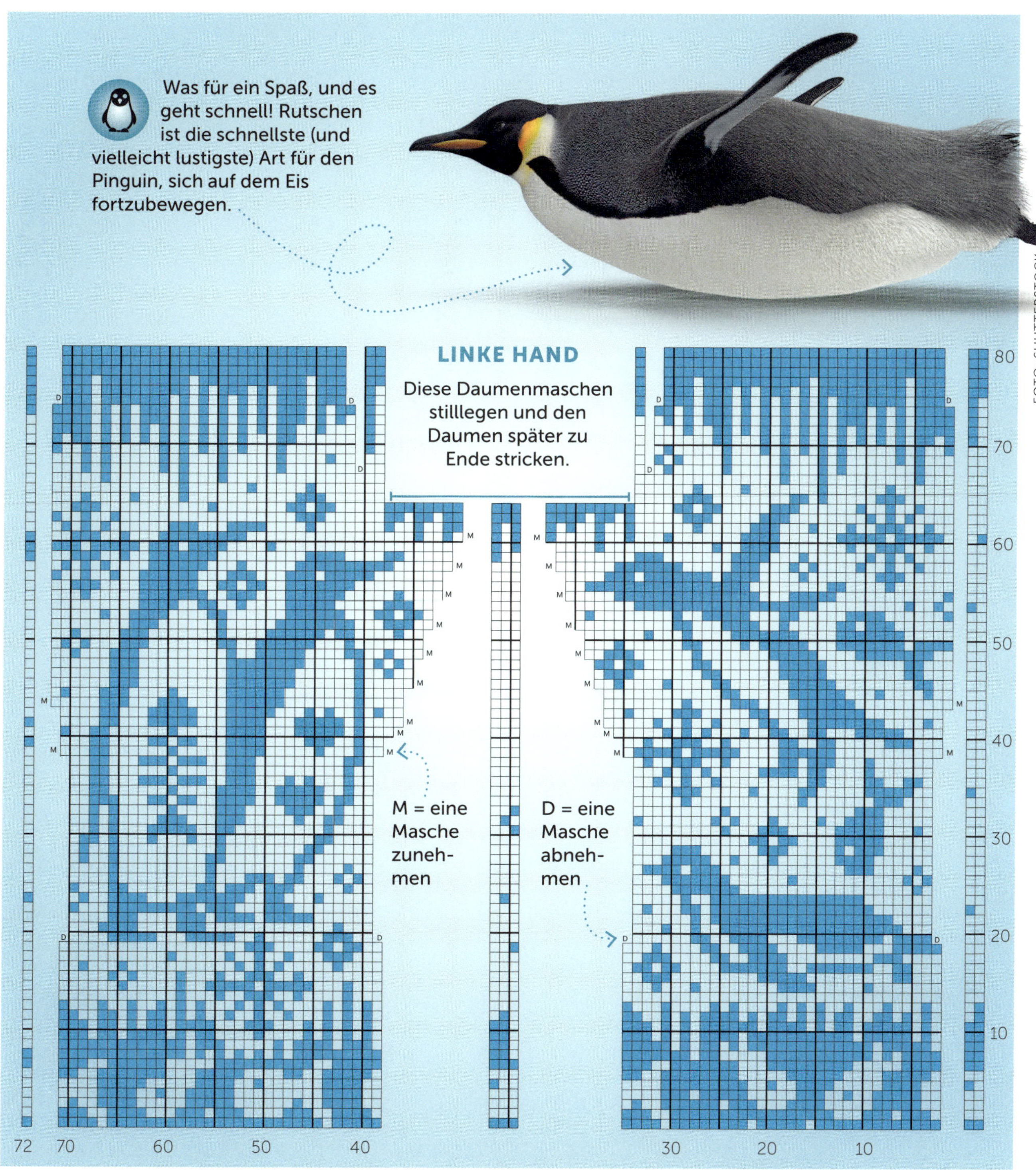
Was für ein Spaß, und es geht schnell! Rutschen ist die schnellste (und vielleicht lustigste) Art für den Pinguin, sich auf dem Eis fortzubewegen.
FOTO: SHUTTERSTOCK
LINKE HAND
Diese Daumenmaschen stilllegen und den Daumen später zu Ende stricken.
M = eine Masche zunehmen
D = eine Masche abnehmen
72
70
60
50
40
30
20
10
80
70
60
50
40
30
20
10

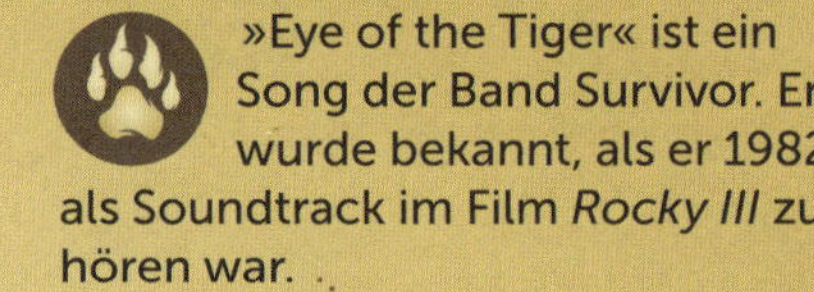

»Eye of the Tiger« ist ein Song der Band Survivor. Er wurde bekannt, als er 1982 als Soundtrack im Film *Rocky III* zu hören war.

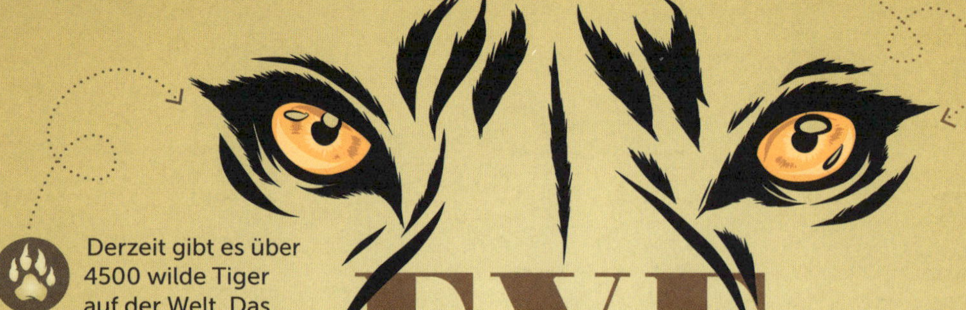

Derzeit gibt es über 4500 wilde Tiger auf der Welt. Das ist ein starker Anstieg, der der umfangreichen Arbeit zur Erhaltung ihrer Art zu verdanken ist. Hurra!

EYE OF THE TIGER

Nur wenige Tiere sind so faszinierend wie der Tiger. Schön, geschmeidig und absolut lebensgefährlich. Die Streifen dienen nicht nur der Tarnung, sondern sind auch modisch. Stricke dir die schärfsten Socken des Winters – sie halten nicht nur warm, sondern sind auch stylish.

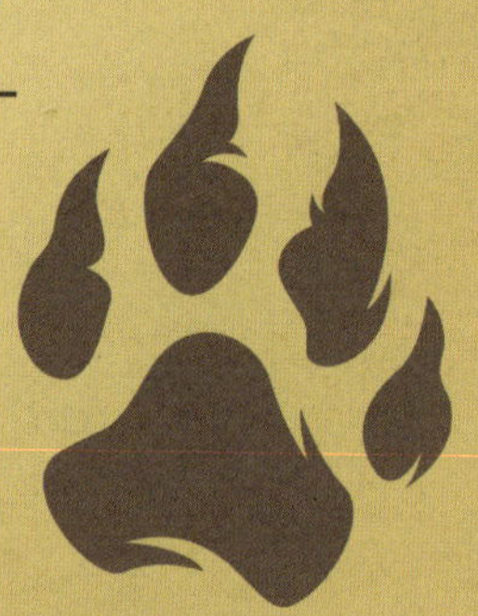

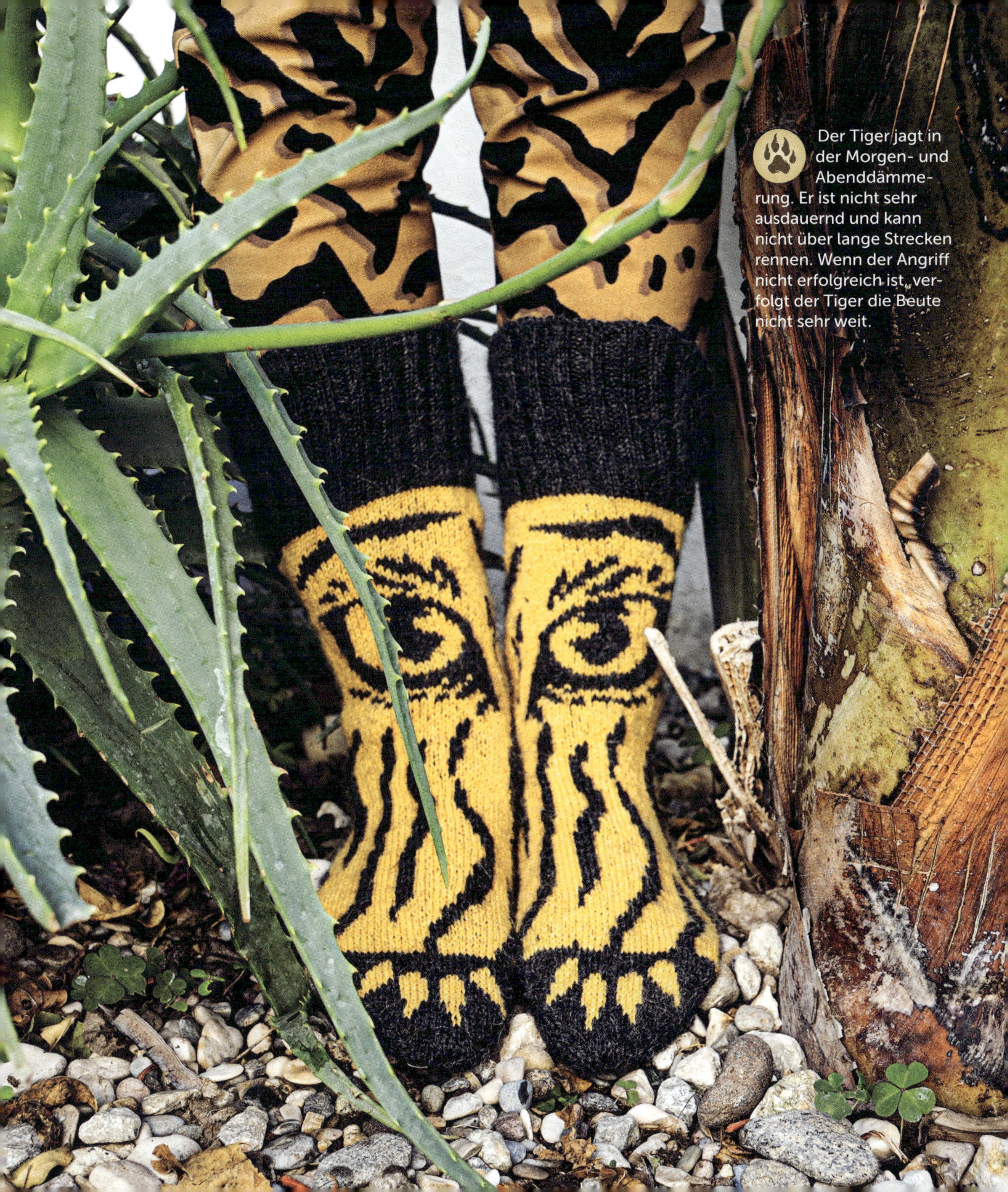

Der Tiger jagt in der Morgen- und Abenddämmerung. Er ist nicht sehr ausdauernd und kann nicht über lange Strecken rennen. Wenn der Angriff nicht erfolgreich ist, verfolgt der Tiger die Beute nicht sehr weit.

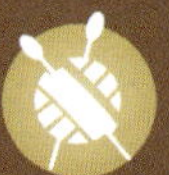

MASCHENPROBE:
30 Maschen = 10 cm

STRICKNADELN:
Nadelspiel Stärke 2,25–2,75 je nach Maschenprobe

GARNVORSCHLAG:
Drops Nord Farbe 06
Drops Nord Farbe 18
50 g/170 m

GARNVERBRAUCH:
2 Knäuel von jeder Farbe

Bei den Pinguinsocken (siehe Seite 32) kannst du auf Bildern sehen, wie man eine Ferse strickt.

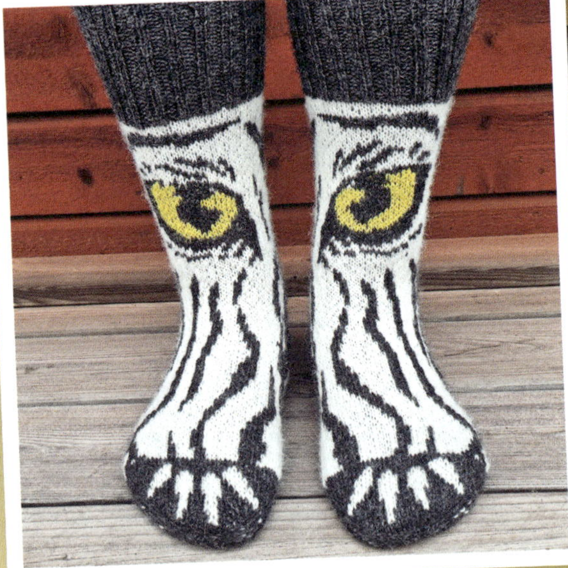

FOTO: JESSIE SÄRNBLAD

Wenn du cool bist und gerne mit drei Farben strickst, dann machst du es genau wie meine Probestrickerin Jessie hier.

So wird's gemacht

✿ 80 Maschen locker anschlagen, auf die Nadeln verteilen und zur Runde schließen. Die erste rechts verschränkt stricken. Das Bündchen in der gewünschte Länge im Rippenmuster (2 Maschen rechts und 2 Maschen links) stricken.

✿ Für das Muster glatt rechts nach der Strickschrift bis zur rosa Linie stricken.

FERSENKAPPE

✿ Die Maschen, die nicht rosa markiert sind, ruhen lassen. Die rosa markierten 38 Maschen bilden die Fersenkappe. Um eine schöne Kante an der Fersenkappe zu erhalten, die erste Masche auf jeder Seite abheben. Die 38 Maschen in Reihen stricken, bis die Fersenkappe eine Länge von etwa 7 cm hat. Mit einer rechten Reihe enden.

FERSENRUNDUNG

✿ **Reihe 1 (Rückreihe):** 1 Masche abheben, 21 Maschen links stricken, 2 Maschen links zusammenstricken, 1 Masche links. Wenden.

✿ **Reihe 2:** 1 Masche abheben, 7 Maschen rechts stricken, 2 Maschen rechts verschränkt zusammenstricken, 1 Masche rechts. Wenden. Durch die verkürzte Reihe entsteht ein Loch zur Vorreihe, das aber beim Stricken verschwindet. Versuche, den Faden so fest wie möglich anzuziehen.

✿ **Reihe 3:** 1 Masche abheben, bis zur letzten Masche vor dem Zwischenraum links stricken. Die beiden Maschen vor und nach dem Zwischenraum links zusammenstricken, 1 Masche links stricken. Wenden. →

RECHTER FUSS

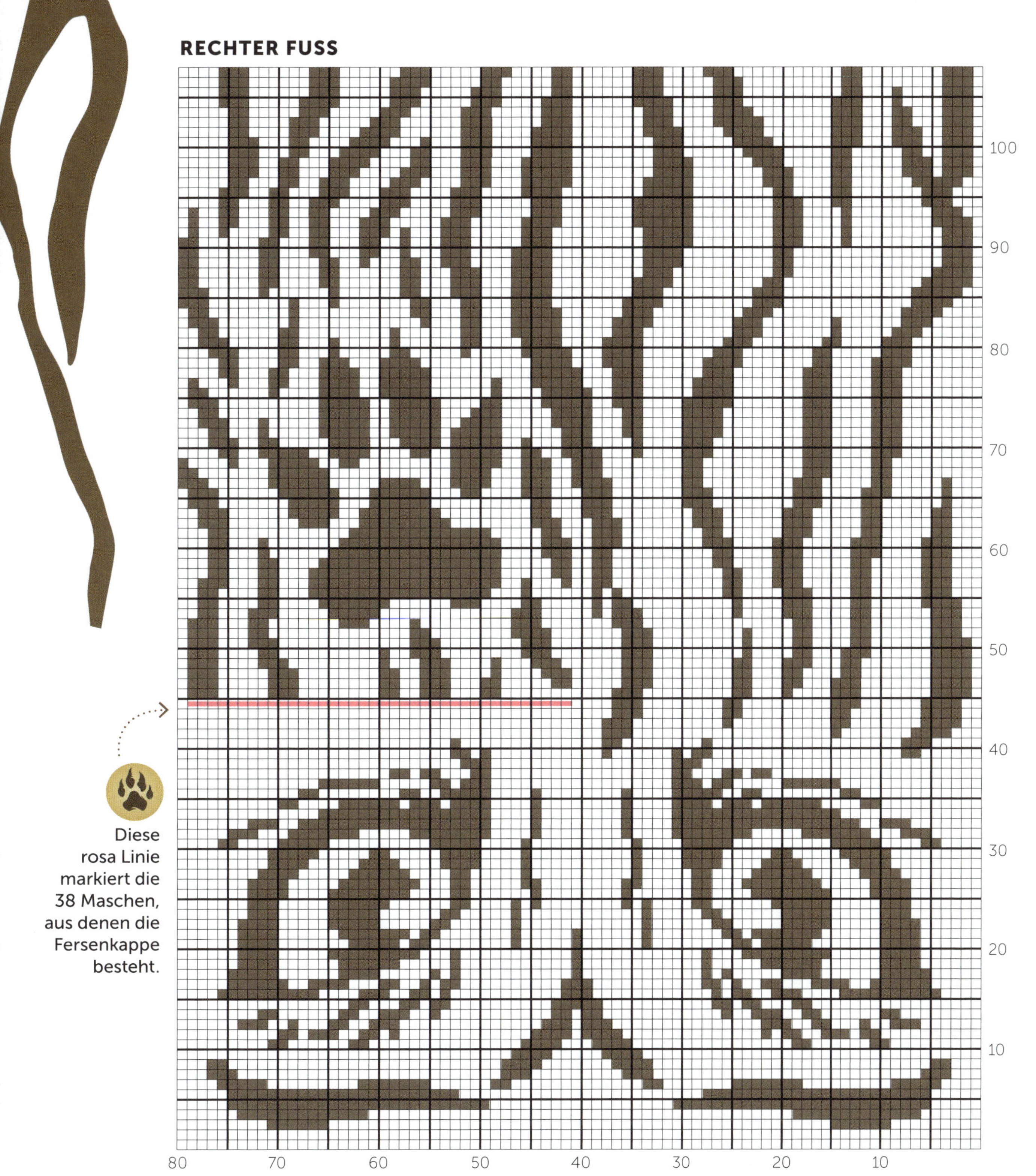

Diese rosa Linie markiert die 38 Maschen, aus denen die Fersenkappe besteht.

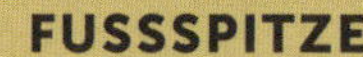

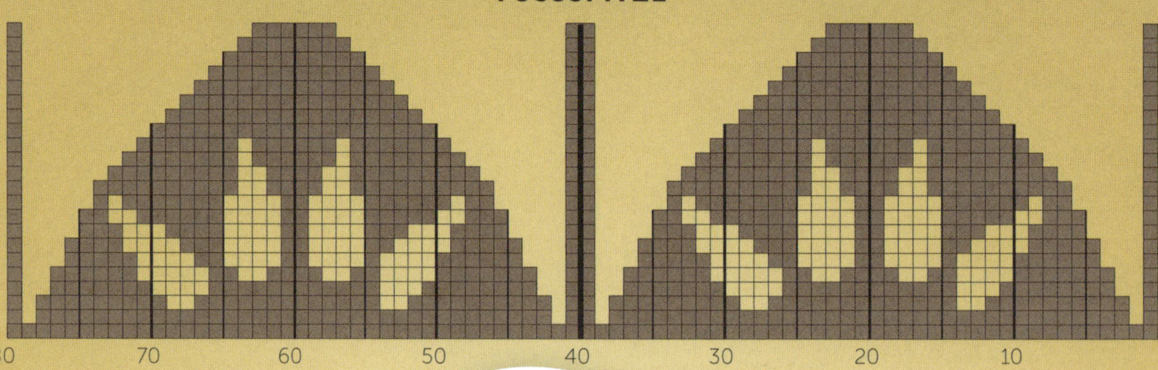

➡ ✿ **Reihe 4:** 1 Masche abheben, bis zur letzten Masche vor dem Zwischenraum rechts stricken. Die beiden nächsten Maschen rechts verschränkt zusammenstricken. 1 Masche rechts stricken. Wenden.

✿ Reihen 3–4 wiederholen, bis du nur noch 22 Maschen auf der Nadel hast. Solltest du eine andere Anzahl haben, kannst du dies beim Aufnehmen der Maschen korrigieren.

MASCHEN AUFNEHMEN

✿ Verteile die 22 Maschen auf zwei Nadeln, jeweils 11, nimm etwa 15–19 Maschen aus den Randmaschen der Fersenkappe auf (je größer der Fuß, desto mehr Maschen). Nimm auch 1 der 42 stillgelegten Maschen mit. Du hast nun 11+15 (bis 19)+1 Masche = 27 (bis 31) Maschen auf der ersten Nadel. 20 Maschen werden für das Muster verwendet, die anderen Maschen bilden den Keil. Ich setze meist einen Markierer an diese Stelle. Nimm die gleiche Anzahl Maschen auf der anderen Seite der Fersenkappe auf. Nun wieder in Runden stricken.

FERSENKEIL

✿ Die Abnahmen erfolgen in jeder 2. Reihe mit je 1 Masche an jedem Keil. Nimm die Maschen ab, die der Oberseite der Socke am nächsten sind. Auf der linken Seite der Socke (stell dir vor, dass du die Socke von oben siehst, wenn sie angezogen ist) nimmst du überzogen ab: 1 Masche abheben, 1 Masche rechts stricken, die abgehobene Masche über die gestrickte ziehen. So neigt sich die Masche in die richtige Richtung und sieht schön aus. Auf der anderen Seite 2 Maschen rechts zusammenstricken. Fahre währenddessen mit dem Muster fort und beginne mit der Fußspitze, wenn noch etwa 5 cm bis zur fertigen Socke fehlen.

FUSSSPITZE

✿ Zeit, die Socke fertigzustellen. Folge der Strickschrift oben und freu dich, dass du bald fertig bist. Wie du die Abnahmen strickst, kannst du bei der Pinguinsocke nachlesen. Schneide den Faden ab, fädele ihn durch die restlichen Maschen und ziehe sie zusammen. Dann den Faden nach innen führen und vernähen. Fertig!

LINKER FUSS

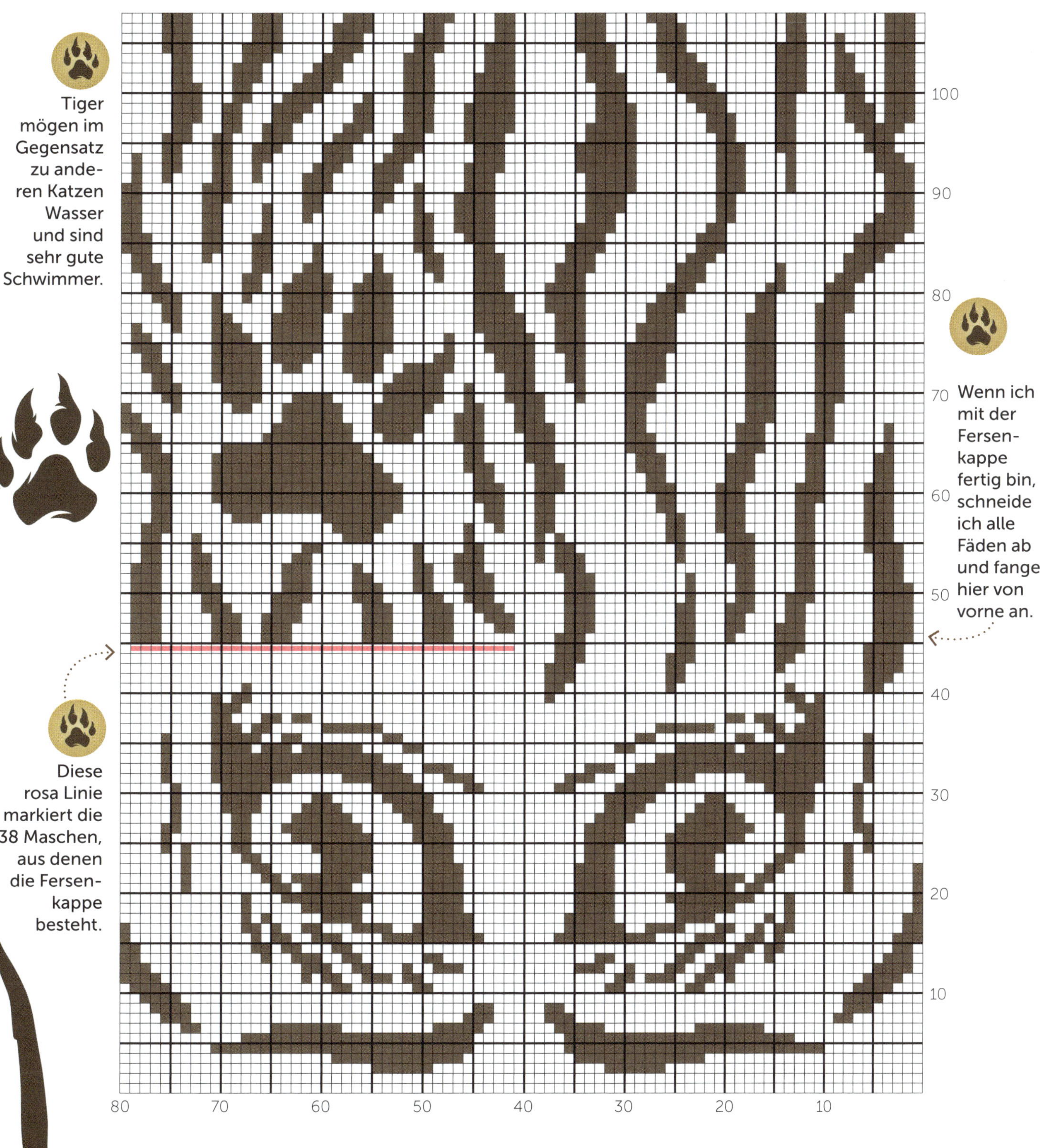

Tiger mögen im Gegensatz zu anderen Katzen Wasser und sind sehr gute Schwimmer.

Wenn ich mit der Fersenkappe fertig bin, schneide ich alle Fäden ab und fange hier von vorne an.

Diese rosa Linie markiert die 38 Maschen, aus denen die Fersenkappe besteht.

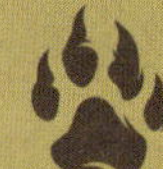

Pulswärmer

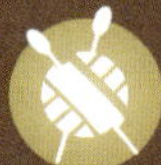

MASCHENPROBE:
40 Maschen = 10 cm

STRICKNADELN:
Nadelspiel Stärke 2,00–2,75, je nach Maschenprobe

GARNVORSCHLAG:
Filcolana Arwetta Farbe 135
Filcolana Arwetta Farbe 352
50 g/210 m

GARNVERBRAUCH:
1 Knäuel von jeder Farbe

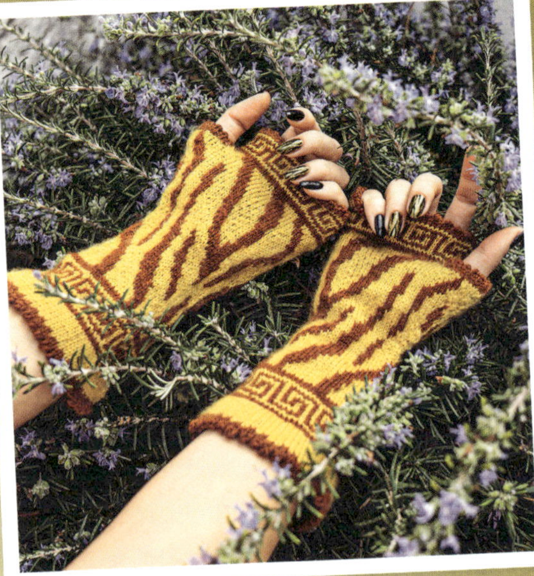

Wähle selbst, welche Seite du auf dem Handrücken oder der Handfläche haben möchtest. Ich hätte wahrscheinlich die Tatze für die Handfläche gewählt, aber meine Freundin war anderer Meinung.

So wird's gemacht

- 72 Maschen der dunklen Farbe anschlagen, auf die Nadeln verteilen und zur Runde schließen.
- **Runde 1–8:** Glatt rechts.
- **Runde 9:** Für die Lochreihe *1 Umschlag, 2 Maschen rechts zusammenstricken*. Dies die ganze Runde wiederholen. Wenn man dann das erste Stück umschlägt und annäht, erhält man eine Spitzenkante.
- **Runde 10–11:** Glatt rechts.
- **Runde 12:** Die Maschen abwechselnd mit der hellen und dunklen Farbe stricken.
- **Runde 13–19:** Glatt rechts mit der hellen Farbe.
- **Runde 20–63:** Nach der Strickschrift stricken und mit Runde 1 beginnen.
- **Runde 64–80:** Die Daumenmaschen stilllegen, die beiden Randmaschen rechts zusammenstricken und das Muster weiterstricken.
- **Runde 81:** Runde 9 wiederholen.
- **Runde 82–89:** Glatt rechts.
- **Runde 90:** Abketten.
- Die stillgelegten Daumenmaschen auf die Nadeln verteilen und 4 zusätzliche Maschen aufnehmen. Zwei Runden stricken, Runde 9 wiederholen, 6 Runden stricken, abketten.
- Die Ränder umklappen und annähen.

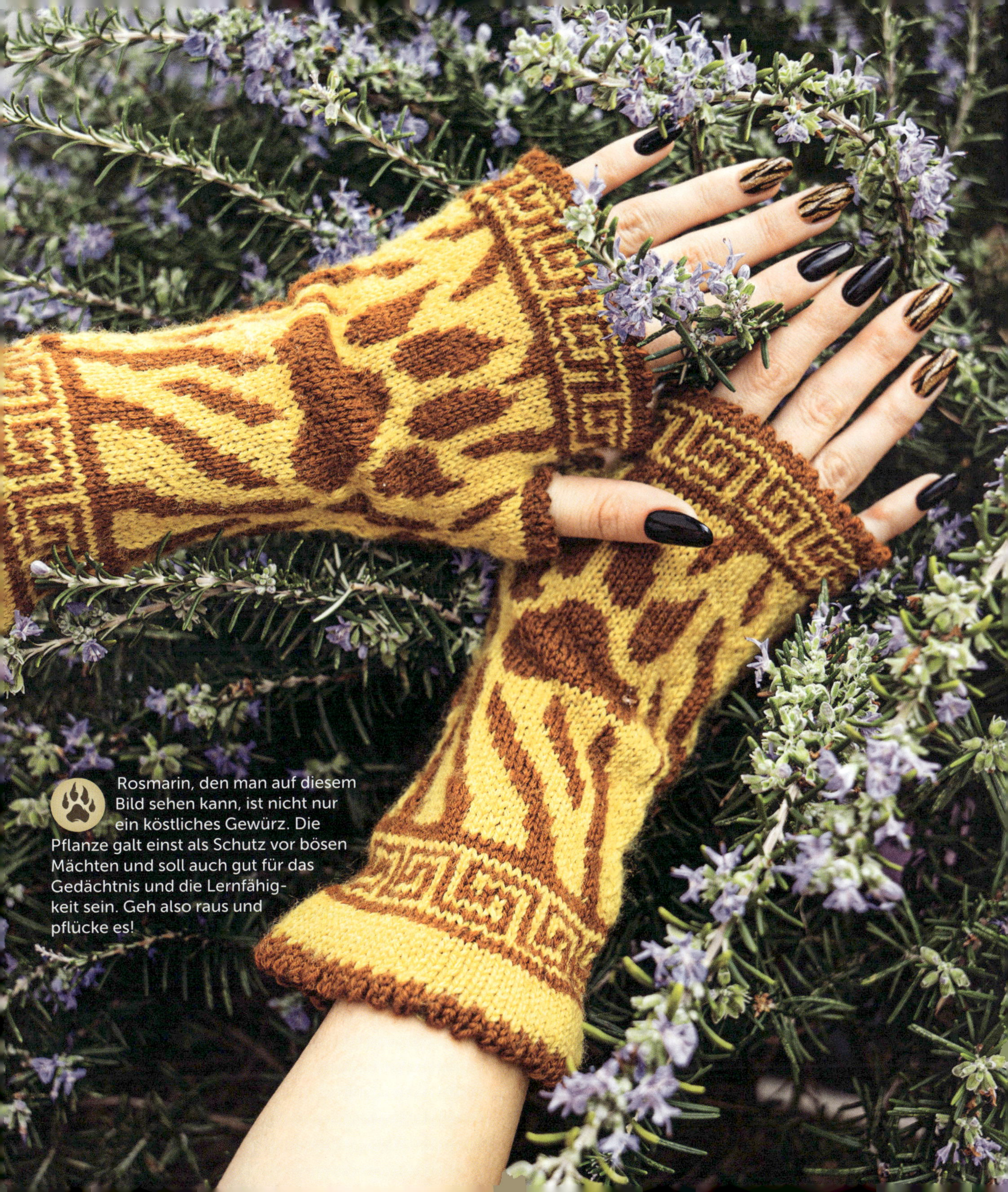

Rosmarin, den man auf diesem Bild sehen kann, ist nicht nur ein köstliches Gewürz. Die Pflanze galt einst als Schutz vor bösen Mächten und soll auch gut für das Gedächtnis und die Lernfähigkeit sein. Geh also raus und pflücke es!

DAUMEN

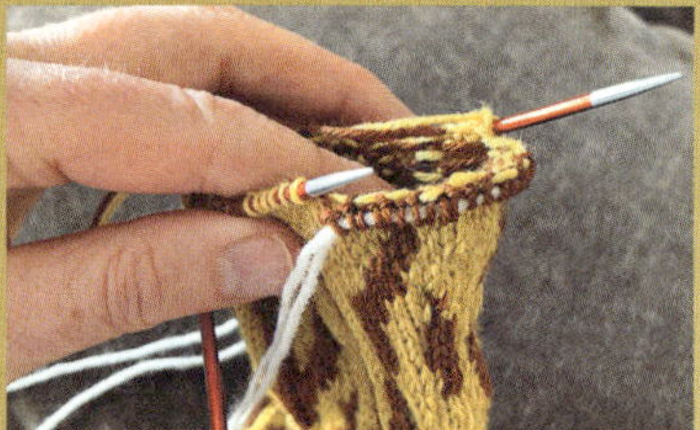
Die markierten Maschen in Reihe 64 stilllegen (zum Beispiel auf einem doppelten Faden).

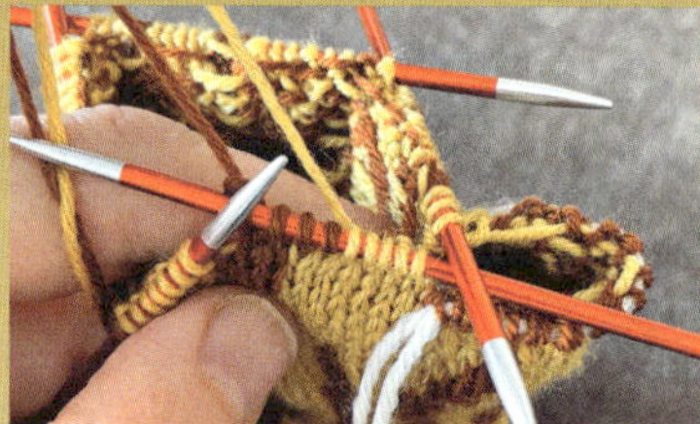
Die beiden Randmaschen zusammenstricken und das Muster weiterstricken.

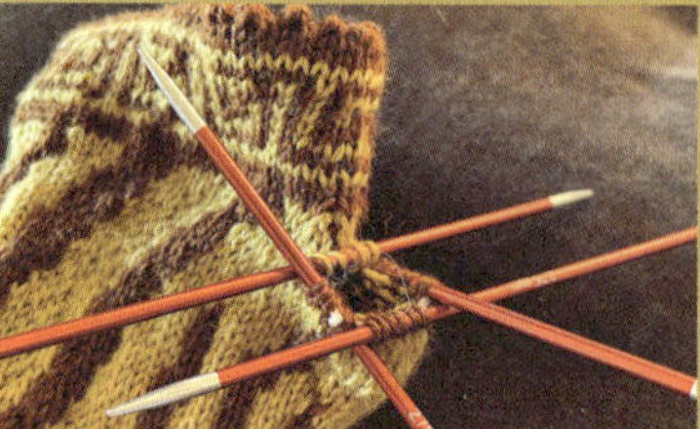
Die stillgelegten Maschen auf die Nadeln verteilen und 4 weitere Maschen aufnehmen.

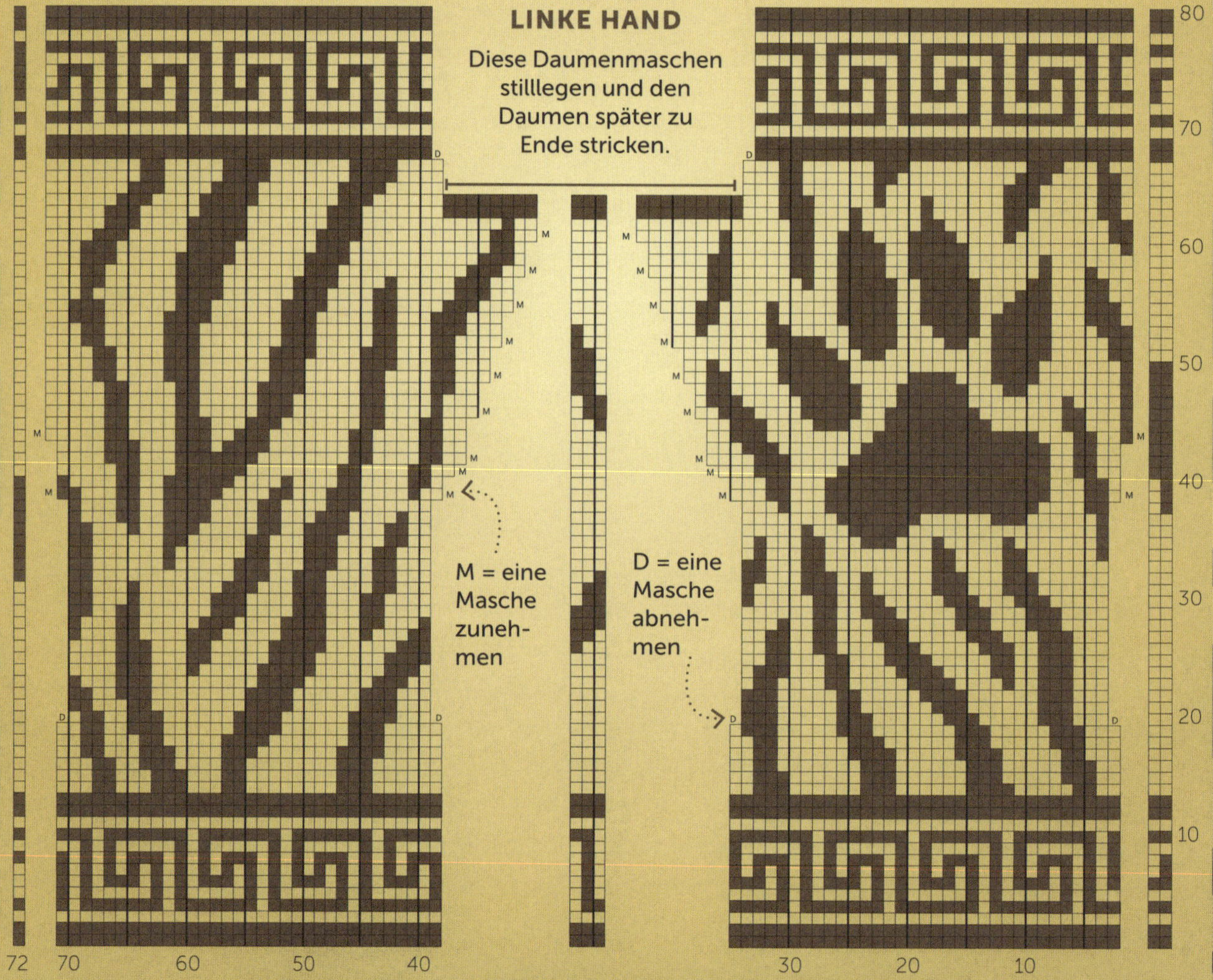

LINKE HAND

Diese Daumenmaschen stilllegen und den Daumen später zu Ende stricken.

M = eine Masche zunehmen

D = eine Masche abnehmen

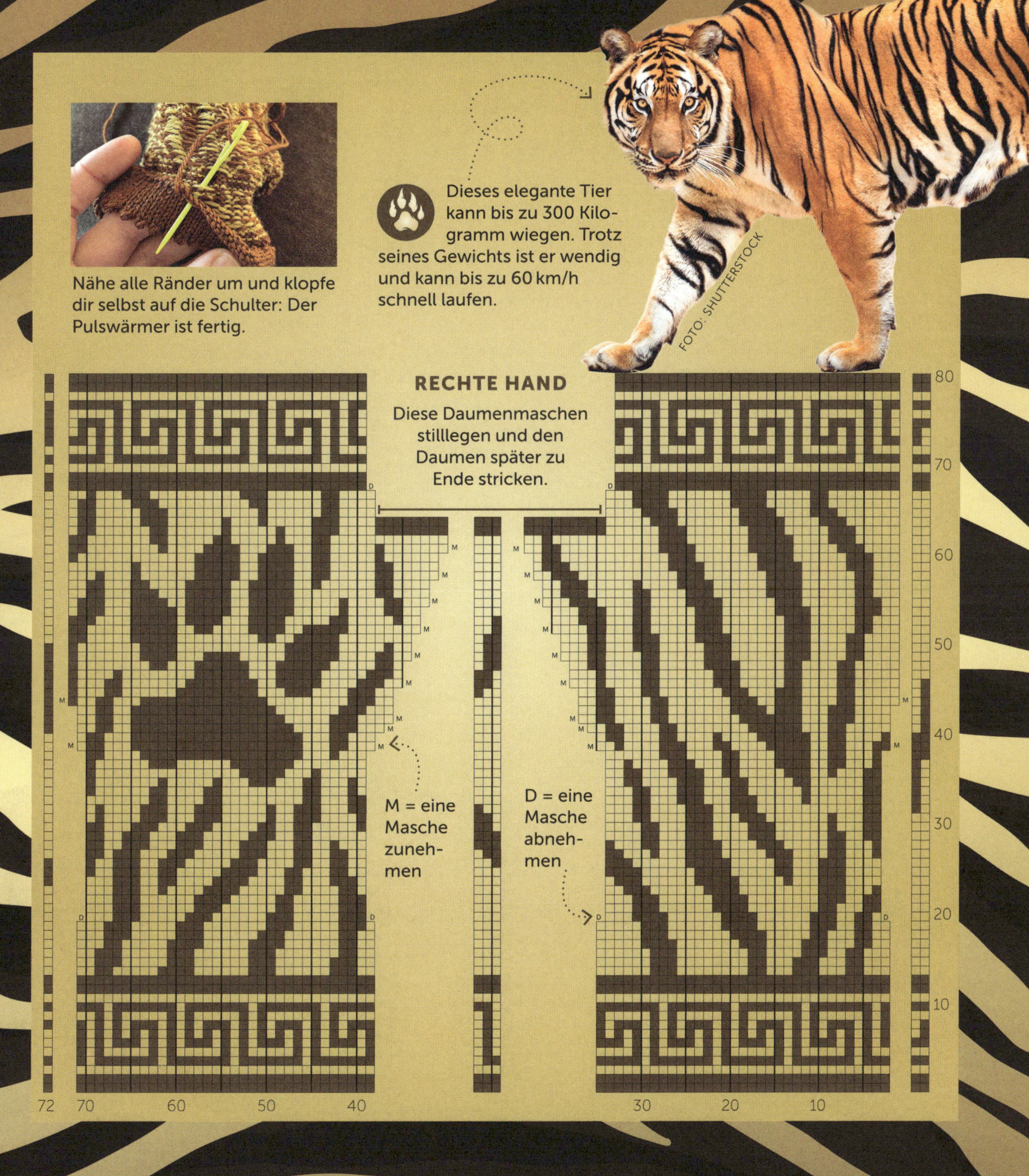
Nähe alle Ränder um und klopfe dir selbst auf die Schulter: Der Pulswärmer ist fertig.
Dieses elegante Tier kann bis zu 300 Kilogramm wiegen. Trotz seines Gewichts ist er wendig und kann bis zu 60 km/h schnell laufen.
FOTO: SHUTTERSTOCK
RECHTE HAND
Diese Daumenmaschen stilllegen und den Daumen später zu Ende stricken.
M = eine Masche zunehmen
D = eine Masche abnehmen
80
70
60
50
40
30
20
10
72
70
60
50
40
30
20
10

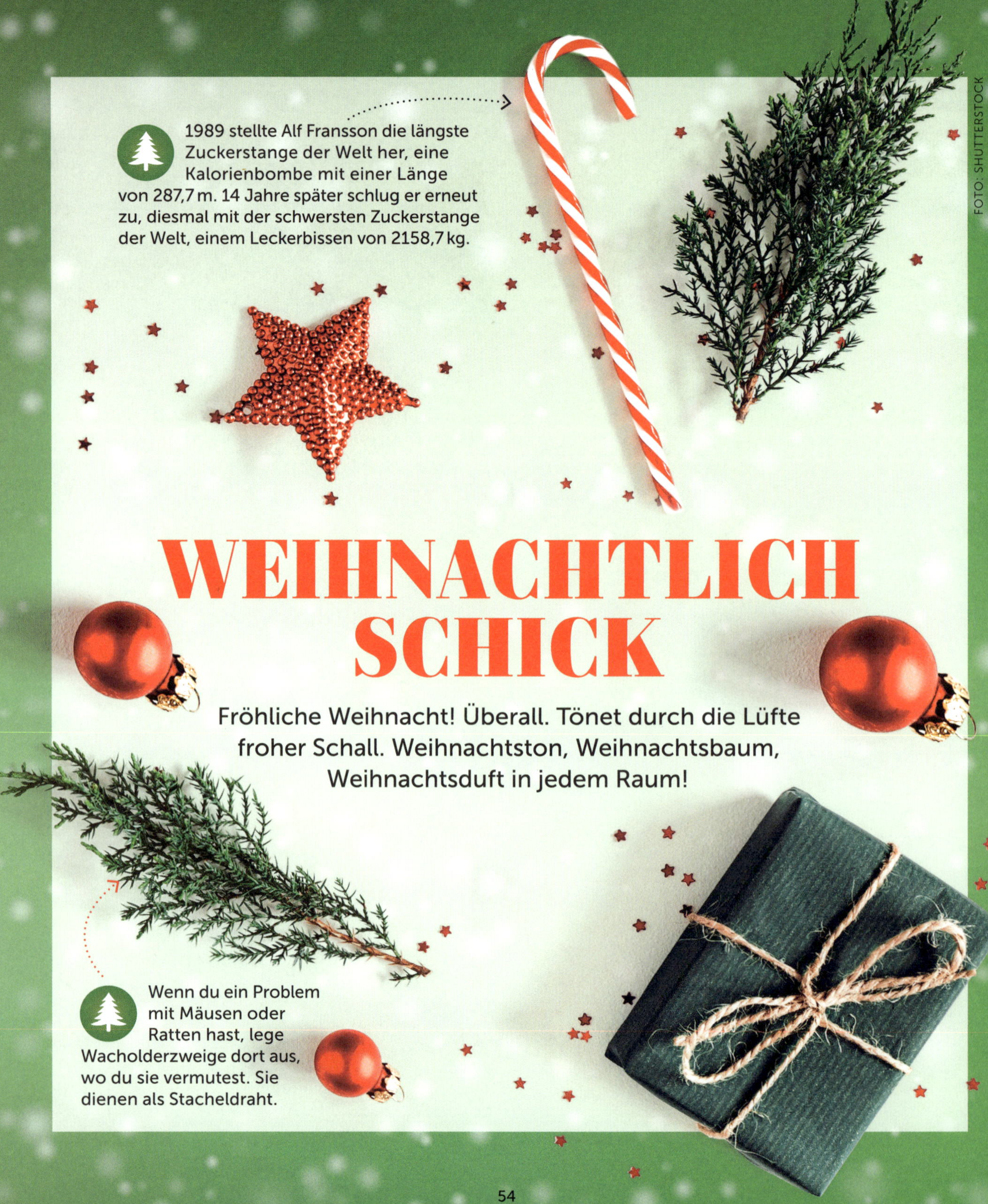

1989 stellte Alf Fransson die längste Zuckerstange der Welt her, eine Kalorienbombe mit einer Länge von 287,7 m. 14 Jahre später schlug er erneut zu, diesmal mit der schwersten Zuckerstange der Welt, einem Leckerbissen von 2158,7 kg.

WEIHNACHTLICH SCHICK

Fröhliche Weihnacht! Überall. Tönet durch die Lüfte froher Schall. Weihnachtston, Weihnachtsbaum, Weihnachtsduft in jedem Raum!

Wenn du ein Problem mit Mäusen oder Ratten hast, lege Wacholderzweige dort aus, wo du sie vermutest. Sie dienen als Stacheldraht.

FOTO: SHUTTERSTOCK

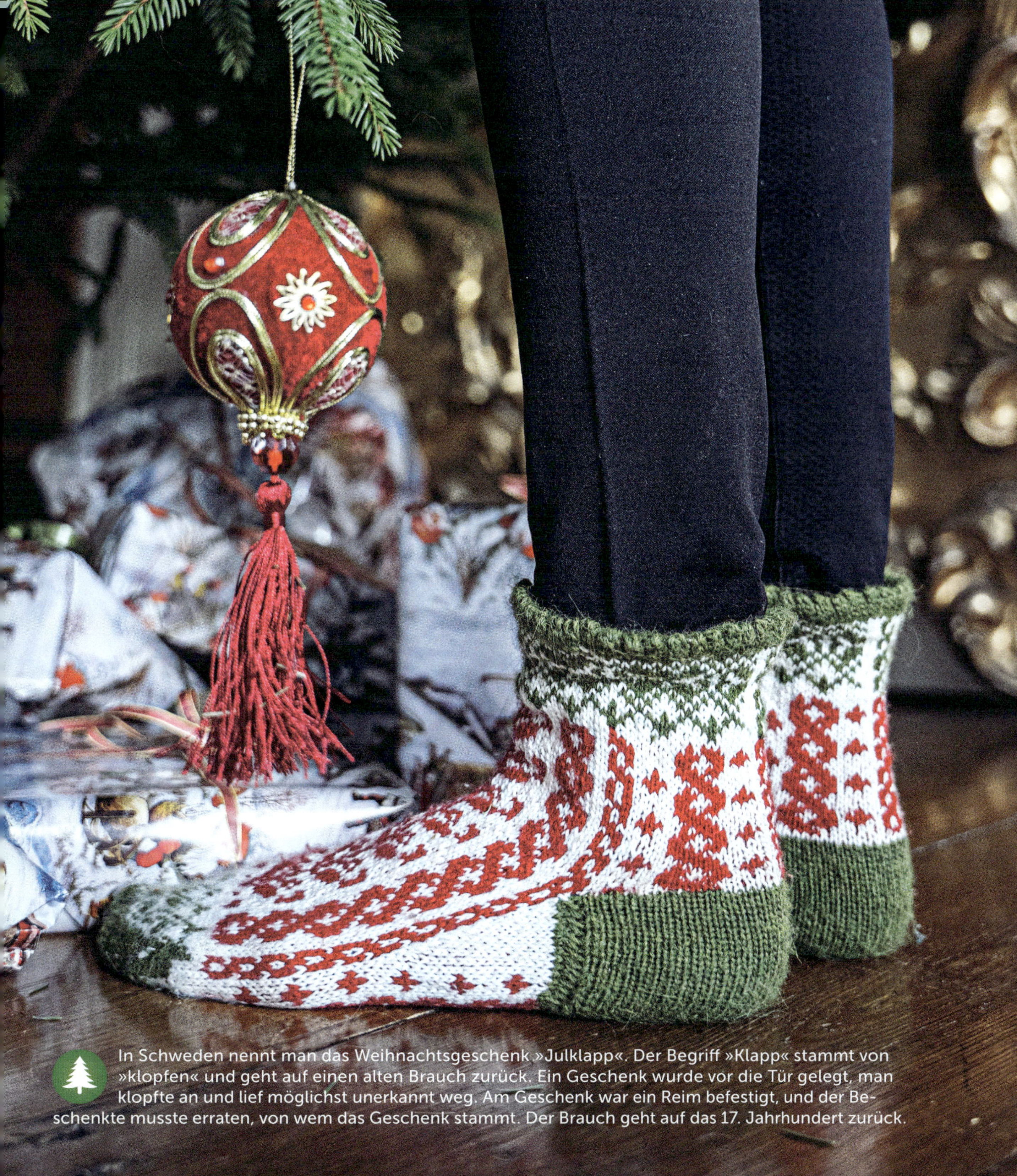

In Schweden nennt man das Weihnachtsgeschenk »Julklapp«. Der Begriff »Klapp« stammt von »klopfen« und geht auf einen alten Brauch zurück. Ein Geschenk wurde vor die Tür gelegt, man klopfte an und lief möglichst unerkannt weg. Am Geschenk war ein Reim befestigt, und der Beschenkte musste erraten, von wem das Geschenk stammt. Der Brauch geht auf das 17. Jahrhundert zurück.

Socken

MASCHENPROBE:
30 Maschen = 10 cm

STRICKNADELN:
Nadelspiel Stärke 2,25–2,5, je nach Maschenprobe

GARNVORSCHLAG:
Drops Nord Farbe 01
Drops Nord Farbe 10
Drops Nord Farbe 14
50 g/170 m

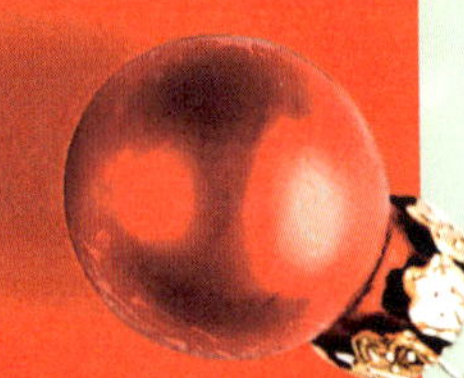

GARNVERBRAUCH:
Etwa 2 Knäuel von der Hintergrundfarbe und je 1 Knäuel von den Musterfarben

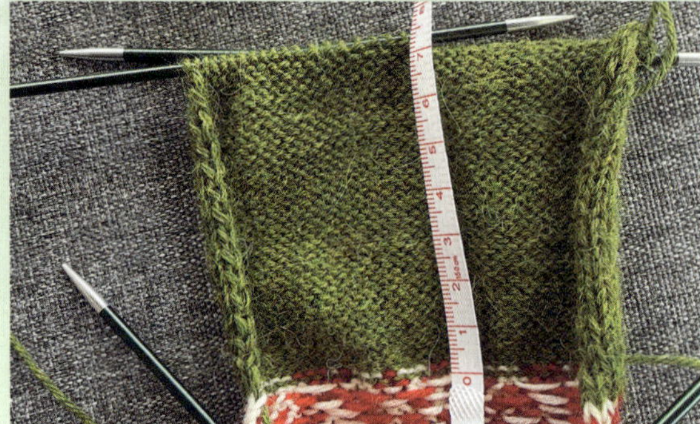

Die Fersenkappe etwa 7 cm stricken.

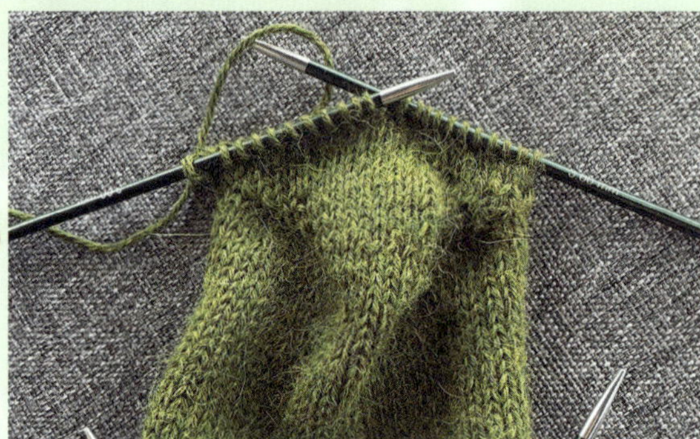

Wenn die Fersenrundung fertig ist, sieht sie so aus.

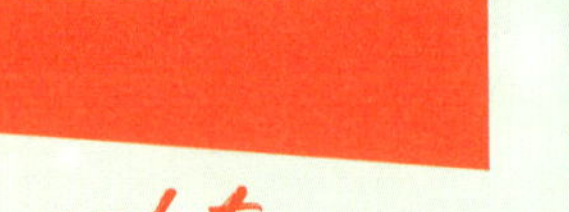

So wird's gemacht

✿ 80 Maschen anschlagen, gleichmäßig auf die Nadeln verteilen und zur Runde schließen.

Runde 1–8: Glatt rechts.
Runde 9: *Umschlag, 2 Maschen rechts zusammenstricken*, ständig wiederholen.
Runde 10–13: Glatt rechts.
Runde 14–41: Das Muster glatt rechts nach der Strickschrift bis zur schwarzen Linie stricken. Ab hier für die Fersenkappe in Reihen stricken.

FERSENKAPPE

✿ Aus den schwarz markierten 38 Maschen die Fersenkappe stricken. Die erste Masche in jeder Reihe abheben. Die Fersenkappe bis zu einer Länge von etwa 7 cm glatt rechts stricken und mit einer Reihe rechts enden.

FERSENRUNDUNG

✿ **Reihe 1 (Rückreihe):** 1 Masche abheben, 21 Maschen links stricken, 2 Maschen links zusammenstricken, 1 Masche links.
✿ **Reihe 2:** 1 Masche abheben, 7 Maschen rechts stricken, 2 Maschen rechts verschränkt zusammenstricken, 1 Masche rechts. Wenden. Durch die verkürzte Reihe entsteht ein Loch zur Vorreihe, das aber beim Stricken verschwindet. Versuche, den Faden so fest wie möglich anzuziehen. →

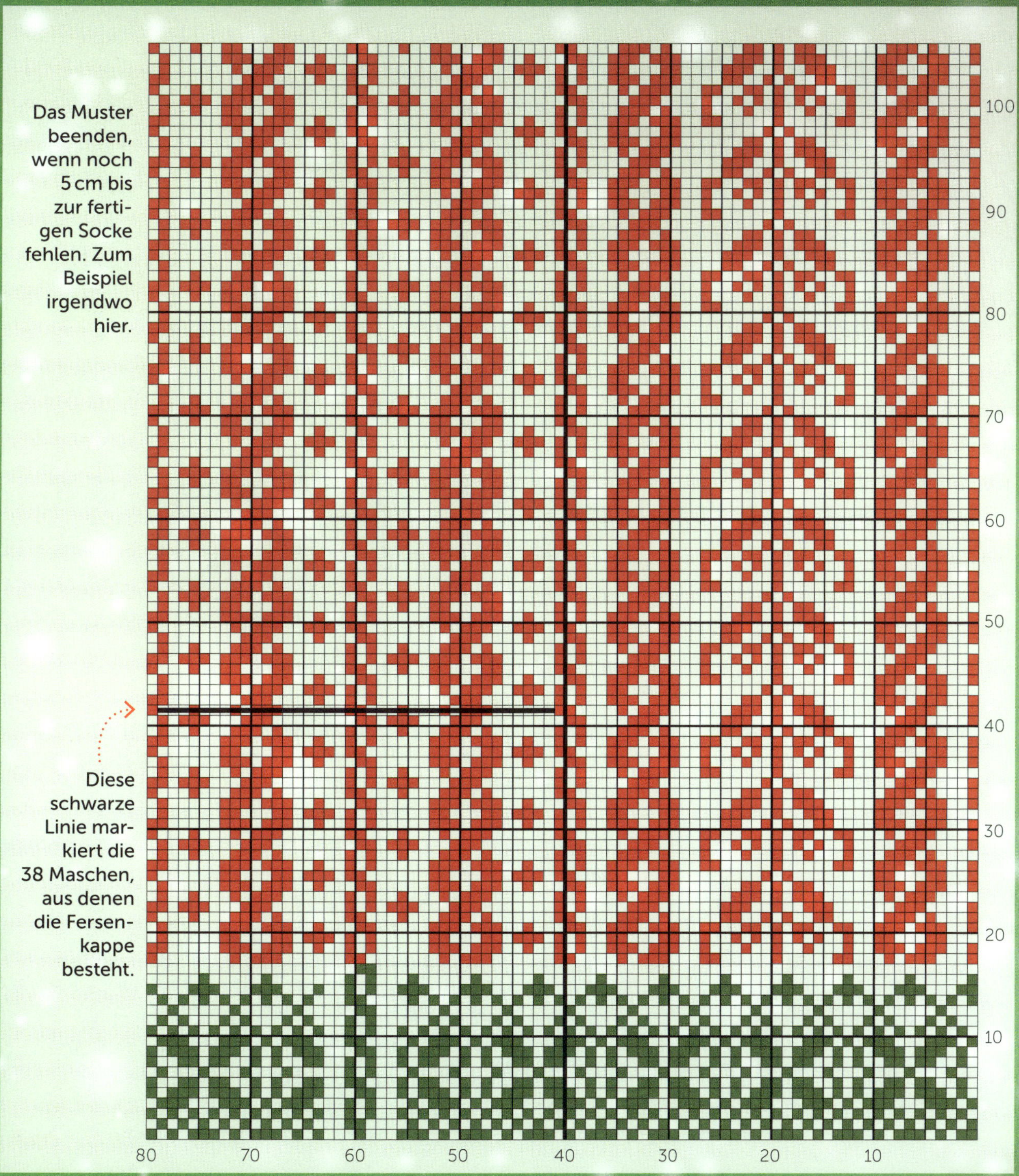
Das Muster beenden, wenn noch 5 cm bis zur fertigen Socke fehlen. Zum Beispiel irgendwo hier.
Diese schwarze Linie markiert die 38 Maschen, aus denen die Fersenkappe besteht.
100
90
80
70
60
50
40
30
20
10
80
70
60
50
40
30
20
10

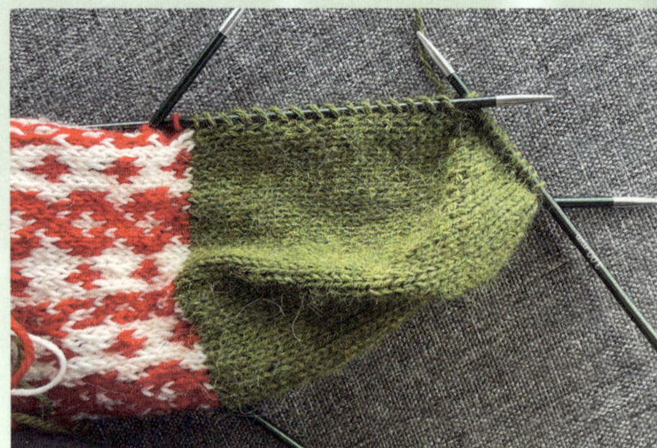
Die Maschen entlang der Fersenkappe aufnehmen.

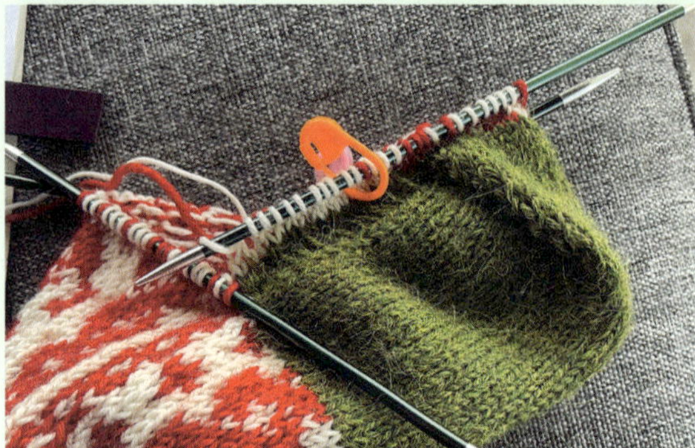
Mach es dir einfacher und setze einen Markierer zwischen die Fersenkeilmaschen und die Mustermaschen.

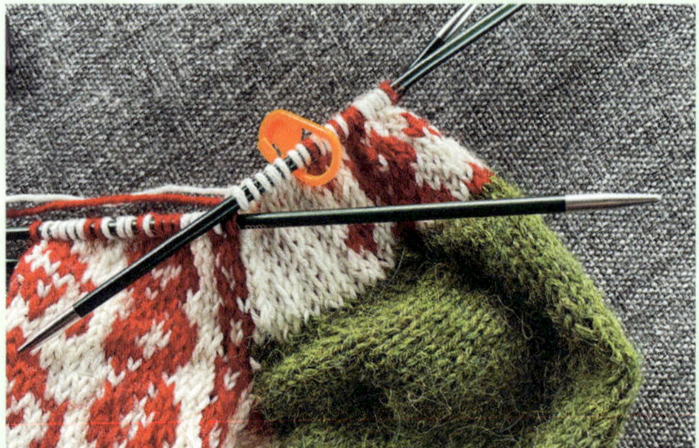
Jetzt sind nur noch wenige Maschen vom Fersenkeil übrig, und wir können bald den Markierer entfernen.

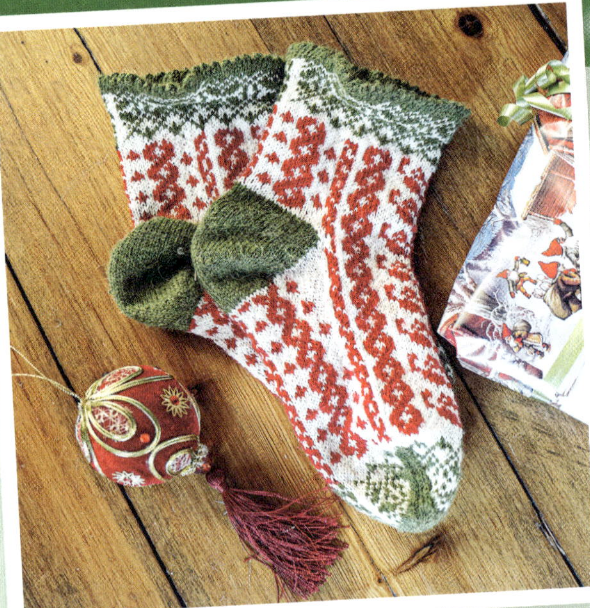
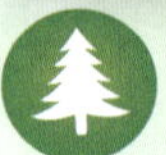
Diese Socken haben recht kurze Schäfte, aber das Muster lässt sich leicht verlängern, wenn man einen längeren Schaft stricken möchte.

✿ **Reihe 3:** 1 Masche abheben, bis zur letzten Masche vor dem Zwischenraum links stricken. Die beiden Maschen vor und nach dem Zwischenraum links zusammenstricken, 1 Masche links stricken. Wenden.
✿ **Reihe 4:** 1 Masche abheben, bis zur letzten Masche vor dem Zwischenraum rechts stricken. Die beiden nächsten Maschen rechts verschränkt zusammenstricken. 1 Masche rechts stricken. Wenden.
✿ Reihen 3–4 wiederholen, bis du nur noch 22 Maschen auf der Nadel hast. Solltest du eine andere Anzahl haben, kannst du dies beim Aufnehmen der Maschen korrigieren.

MASCHEN AUFNEHMEN

✿ Verteile die 22 Maschen auf zwei Nadeln, jeweils 11, nimm etwa 15–19 Maschen aus den Randmaschen der Fersenkappe

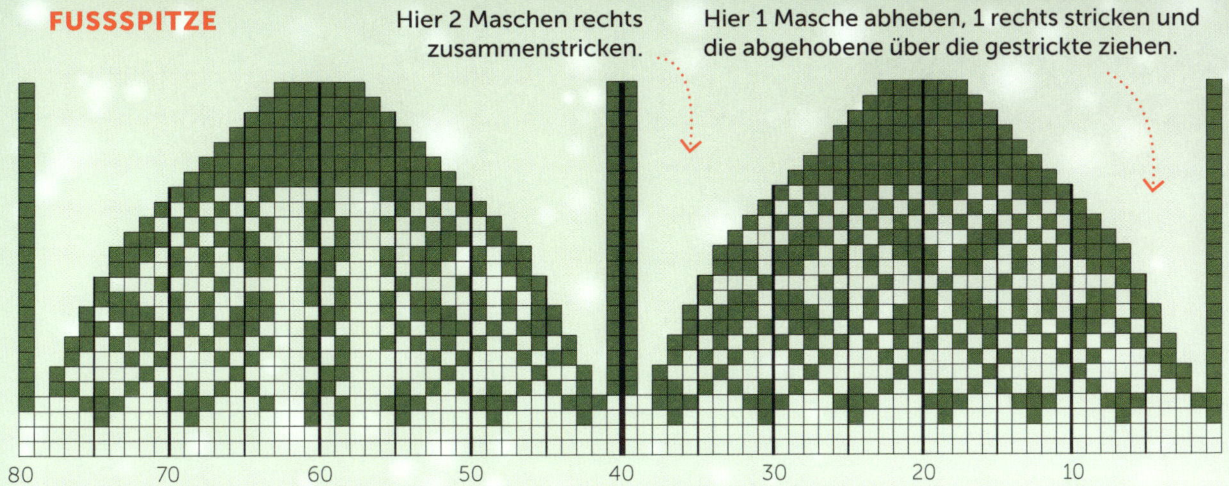

auf (je größer der Fuß, desto mehr Maschen). Nimm auch 1 der 42 stillgelegten Maschen mit. Du hast nun 11+15 (bis 19)+1 Masche = 27 (bis 31) Maschen auf der ersten Nadel. 20 Maschen werden für das Muster verwendet, die anderen Maschen bilden den Keil. Ich setze meist einen Markierer an diese Stelle. Nimm die gleiche Anzahl Maschen auf der anderen Seite der Fersenkappe auf. Nun wieder in Runden stricken.

FERSENKEIL

✿ Die Abnahmen erfolgen in jeder 2. Reihe mit je 1 Masche an jedem Keil. Nimm die Maschen ab, die der Oberseite der Socke am nächsten sind. Auf der linken Seite der Socke (stell dir vor, dass du die Socke von oben siehst, wenn sie angezogen ist) nimmst du überzogen ab: 1 Masche abheben, 1 Masche rechts stricken, die abgehobene Masche über die gestrickte ziehen. So neigt sich die Masche in die richtige Richtung und sieht schön aus.

Auf der anderen Seite 2 Maschen rechts zusammenstricken. Fahre mit dem Muster fort und beginne mit der Fußspitze, wenn noch etwa 5 cm bis zur fertigen Socke fehlen.

FUSSSPITZE

✿ Zeit, die Socke fertigzustellen. Folge der Strickschrift oben und freu dich, dass du bald fertig bist. Schneide den Faden ab, fädele ihn durch die restlichen Maschen und ziehe sie zusammen. Dann den Faden nach innen führen und vernähen. Die Ränder umklappen und annähen. Fertig!

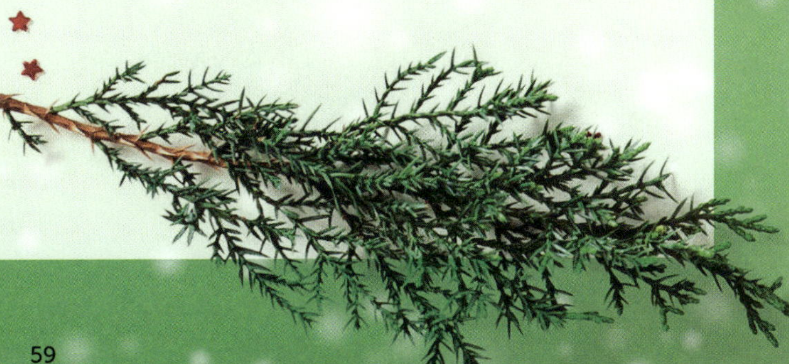

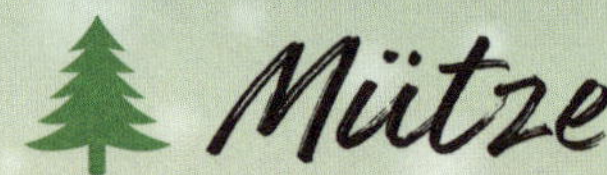

Mütze

MASCHENPROBE:
24 Maschen = 10 cm

STRICKNADELN:
Rundstricknadel 2,25–2,75,
40 cm, je nach Maschenprobe

GARNVORSCHLAG:
Drops Nord Farbe 01
Drops Nord Farbe 10
Drops Nord Farbe 14
50 g/170 m

GARNVERBRAUCH:
Etwa 2 Knäuel von der Hintergrundfarbe und je 1 Knäuel von den Musterfarben

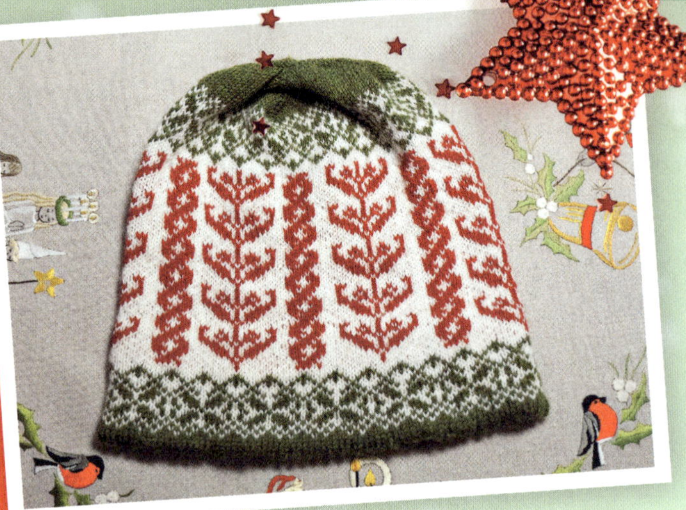

So wird's gemacht

Ich habe meine Mütze so gestrickt, dass sie hinten etwas herunterhängt. Wenn deine Mütze direkt am Kopf anliegen soll, strickst du einige rote Mustersätze weniger.

✿ 160 Maschen auf der Rundstricknadel in Grün anschlagen und zur Runde schließen. Du kannst die Mütze natürlich auch auf einem Nadelspiel stricken.

✿ Die erste Runde rechts verschränkt stricken. Weiter geht es mit 29 Runden glatt rechts (das ist ein bisschen langweilig, aber der Umschlag der Mütze wird schöner, wenn man viele Reihen strickt).

✿ **In Runde 30** strickst du abwechselnd über die ganze Runde 1 Umschlag, 2 Maschen rechts zusammen. Du erhältst dadurch eine Lochreihe für eine Spitzenkante. Für eine glatte Kante die Runde links stricken. Fahre mit 5 Runden glatt rechts fort. Stricke dann das Muster nach der Strickschrift und beginne dann mit den Abnahmen.

✿ **Abnahmen:** An jeder 40. Masche einen Maschenmarkierer anbringen.
✿ **Runde 1:** *2 r zus., 36 M. r, 2 r zus.*
✿ **Runde 2:** *2 r zus., 34 M., 2 r zus.*
Die weiteren Runden entsprechend fortsetzen, bis noch 6 Maschen zwischen den Markierern übrig sind. Den Faden abschneiden, durch die restlichen Maschen ziehen und vernähen.
✿ Den unteren Saum nach innen umschlagen und unsichtbar annähen. Herzlichen Glückwunsch zu deiner neuen Mütze!

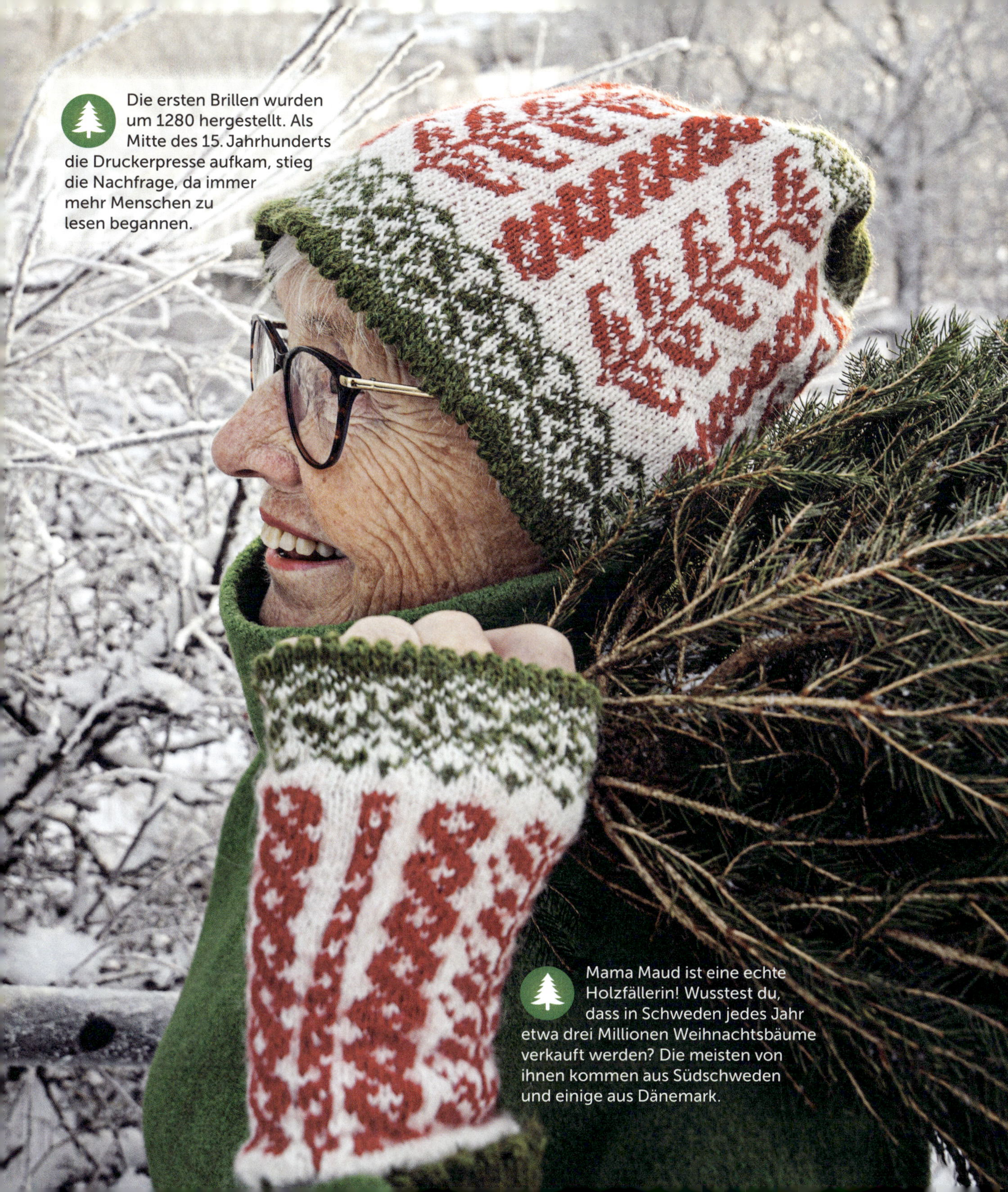

Die ersten Brillen wurden um 1280 hergestellt. Als Mitte des 15. Jahrhunderts die Druckerpresse aufkam, stieg die Nachfrage, da immer mehr Menschen zu lesen begannen.

Mama Maud ist eine echte Holzfällerin! Wusstest du, dass in Schweden jedes Jahr etwa drei Millionen Weihnachtsbäume verkauft werden? Die meisten von ihnen kommen aus Südschweden und einige aus Dänemark.

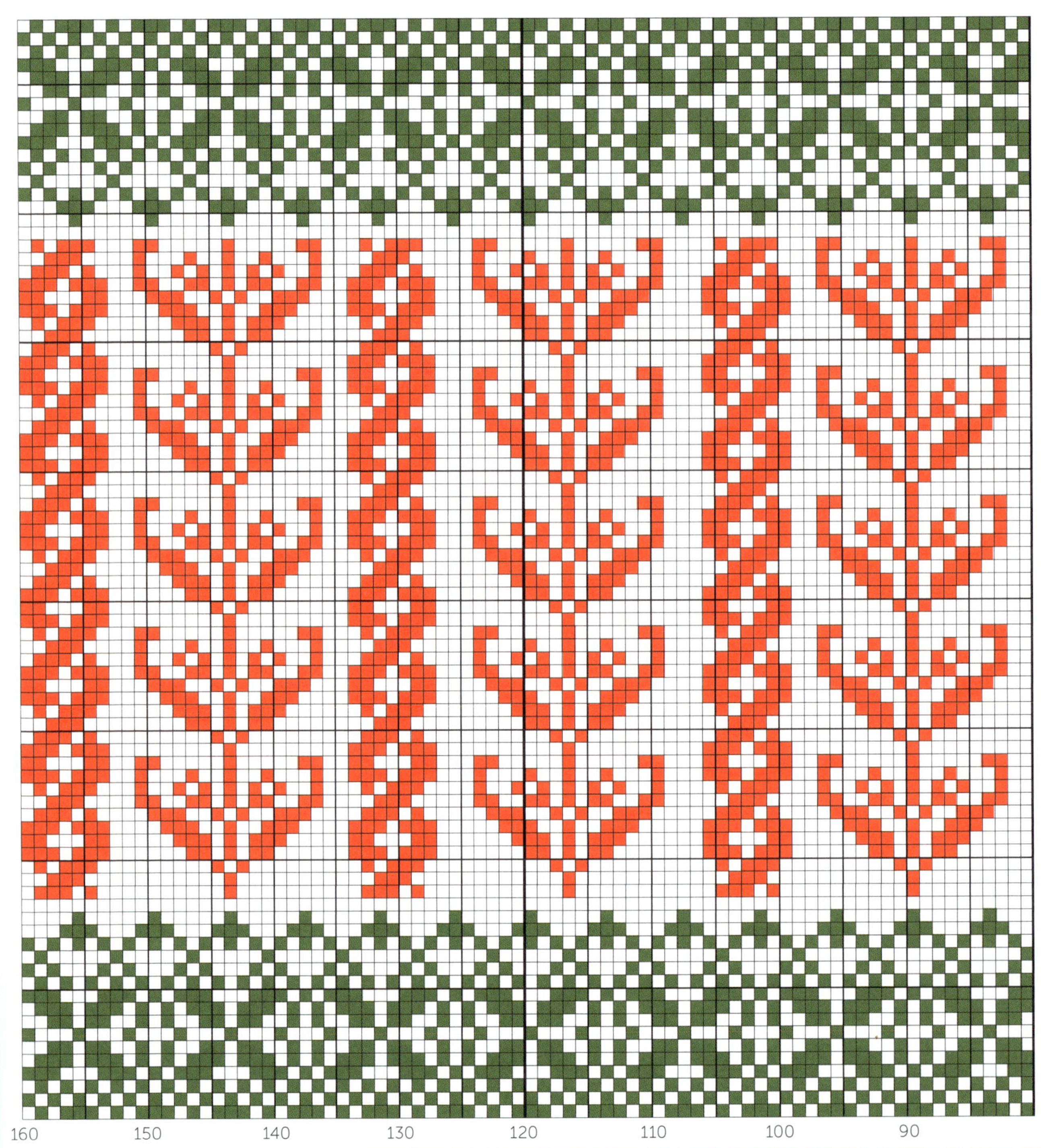
160
150
140
130
120
110
100
90

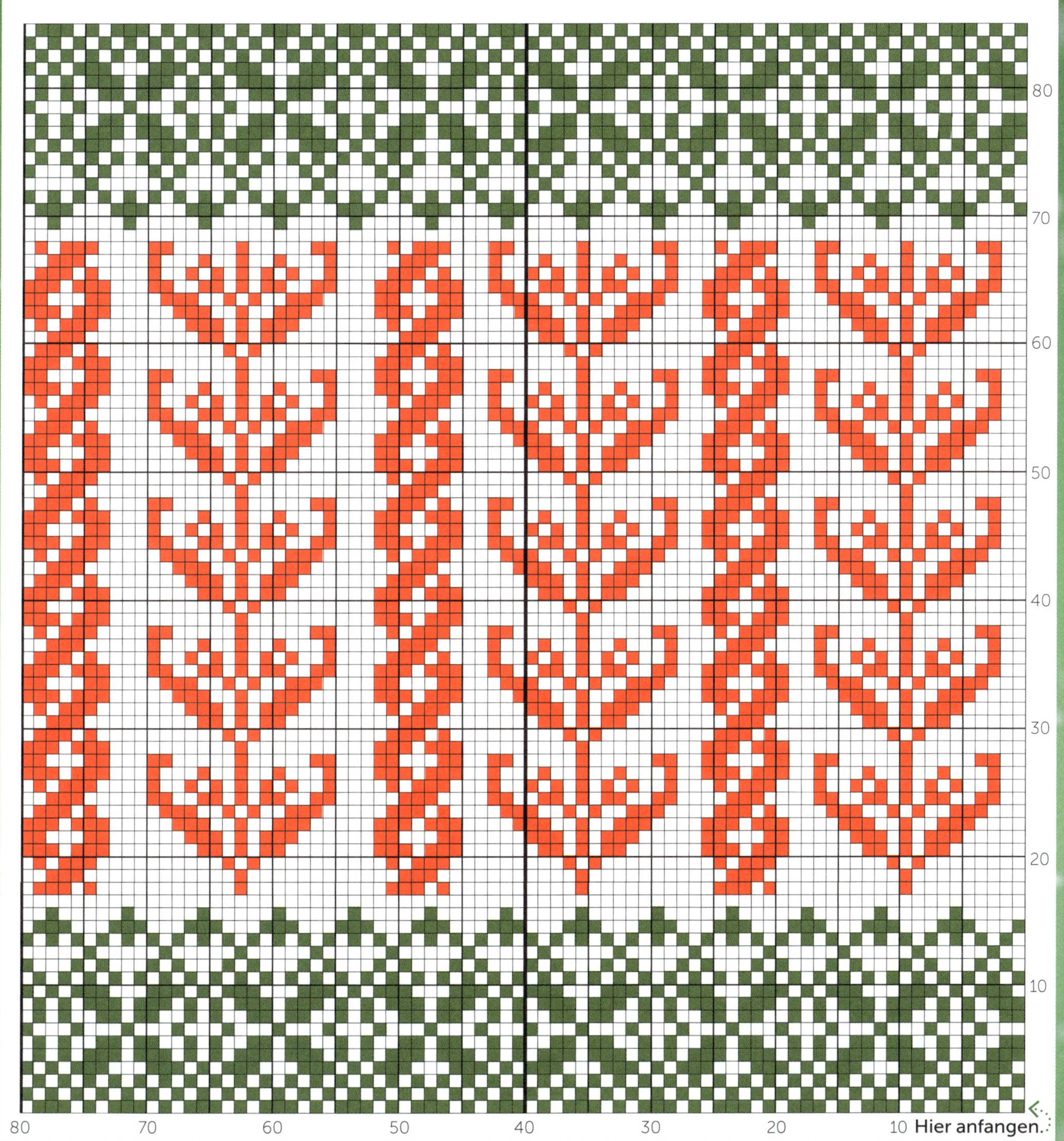

80
70
60
50
40
30
20
10
80 70 60 50 40 30 20 10 Hier anfangen.

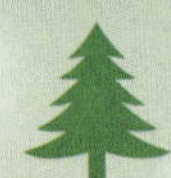

Pulswärmer

MASCHENPROBE:
40 Maschen = 10 cm

STRICKNADELN:
Nadelspiel 2,00–2,75, je nach Maschenprobe

GARN-VORSCHLAG:
Drops Nord Farbe 01
Drops Nord Farbe 10
Drops Nord Farbe 14
50 g/170 m

GARNVERBRAUCH:
1 Knäuel von jeder Farbe

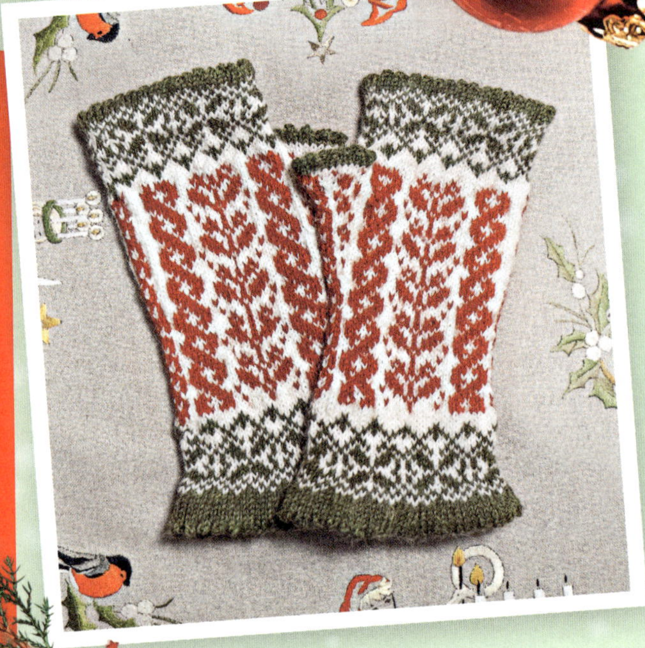

So wird's gemacht

✿ 72 Maschen der dunklen Farbe anschlagen, gleichmäßig verteilen und zur Runde schließen.

✿ **Runde 1–8:** Glatt rechts.

✿ **Runde 9:** *1 Umschlag, 2 Maschen rechts zusammen*. Dies die ganze Runde wiederholen. So entsteht eine Lochreihe. Wenn man dann das erste Stück nach innen umschlägt und annäht, erhält man eine Spitzenkante.

✿ **Runde 10–16:** Glatt rechts.

✿ **Runde 17–62:** Nach der Strickschrift stricken und mit Reihe 1 beginnen.

✿ **Runde 63–81:** Die mit der roten Linie markierten Maschen stilllegen und weiter nach der Strickschrift stricken.

✿ **Runde 82–84:** Glatt rechts.

✿ **Runde 85:** Runde 9 wiederholen.

✿ **Runde 86–94:** Glatt rechts.

✿ **Runde 95:** Abketten.

✿ Die stillgelegten Daumenmaschen auf die Nadeln verteilen, 4 zusätzliche Maschen aufnehmen und zur Runde schließen. Zwei Runden glatt rechts, Runde 9 wiederholen, 6 Reihen glatt rechts, abketten.

✿ Die Ränder einklappen und annähen. Fertig!

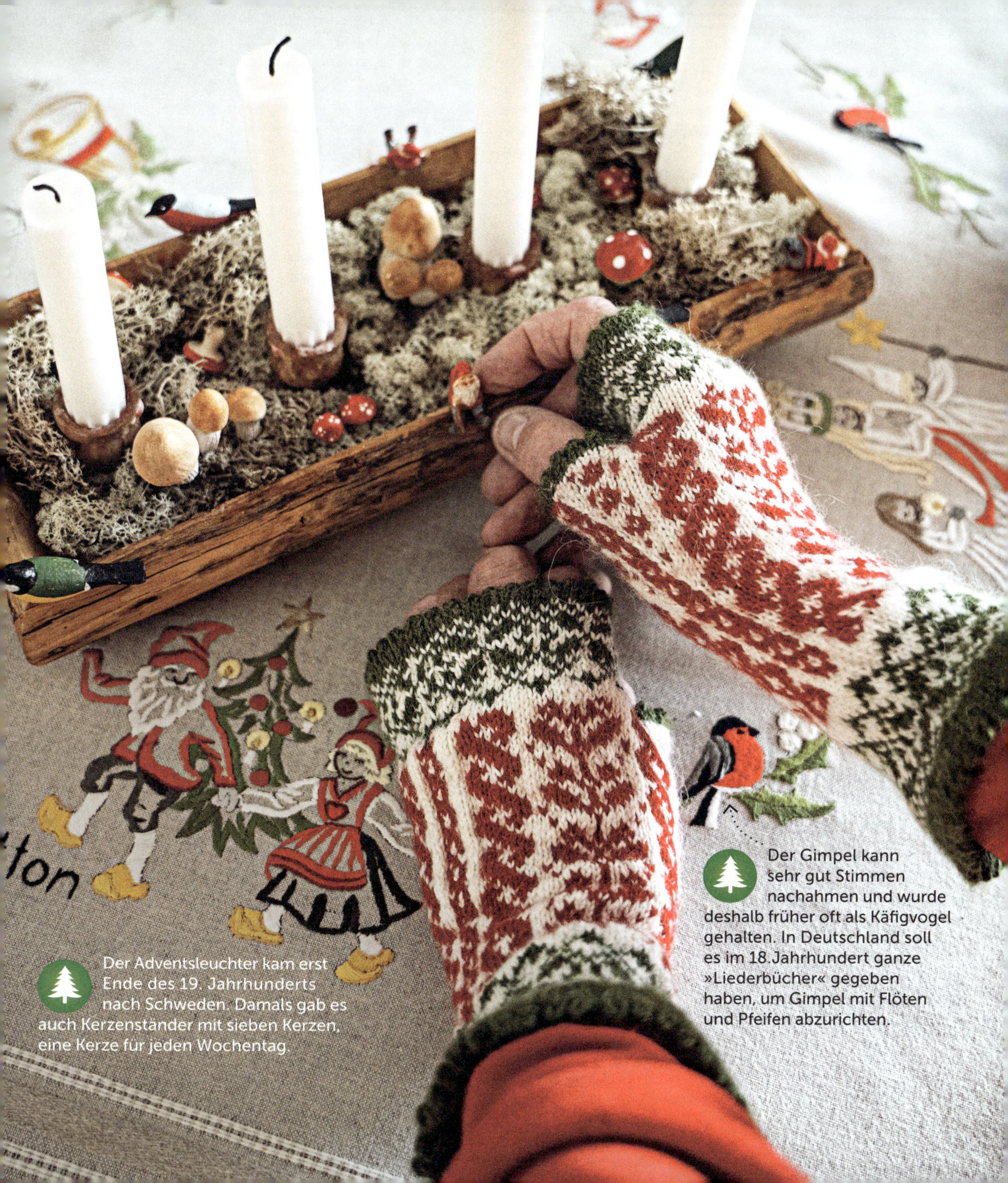

Der Adventsleuchter kam erst Ende des 19. Jahrhunderts nach Schweden. Damals gab es auch Kerzenständer mit sieben Kerzen, eine Kerze für jeden Wochentag.

Der Gimpel kann sehr gut Stimmen nachahmen und wurde deshalb früher oft als Käfigvogel gehalten. In Deutschland soll es im 18. Jahrhundert ganze »Liederbücher« gegeben haben, um Gimpel mit Flöten und Pfeifen abzurichten.

Scanne den QR-Code und sieh dir an, wie es gemacht wird.

SO FERTIGST DU EINE SPITZENKANTE AN

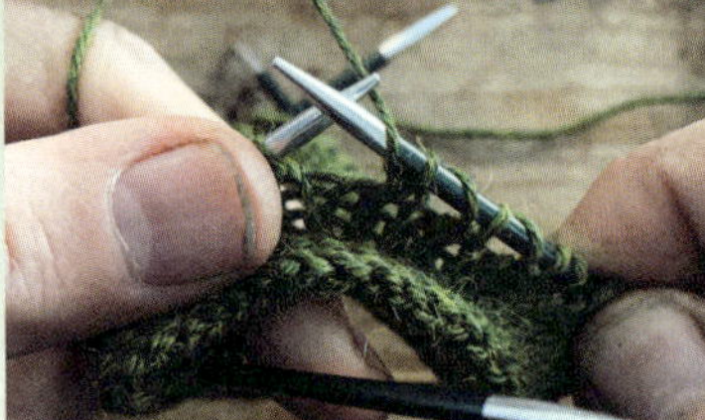

1 Umschlag (Faden über die Nadel legen) und 2 Maschen rechts zusammenstricken. Dies die ganze Runde wiederholen.

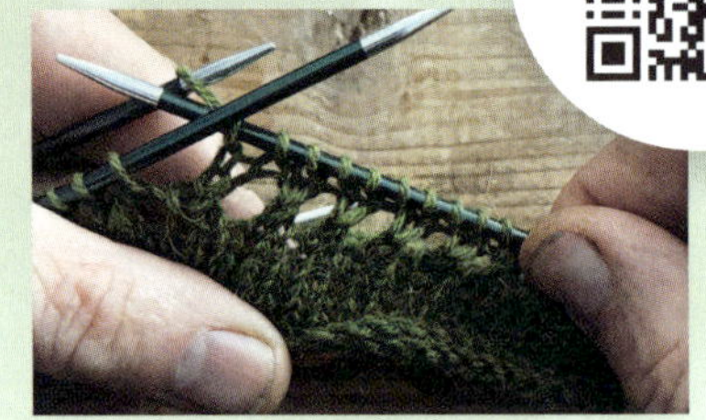

In der Folgerunde alle Maschen und Umschläge rechts stricken. Es entsteht die Lochreihe.

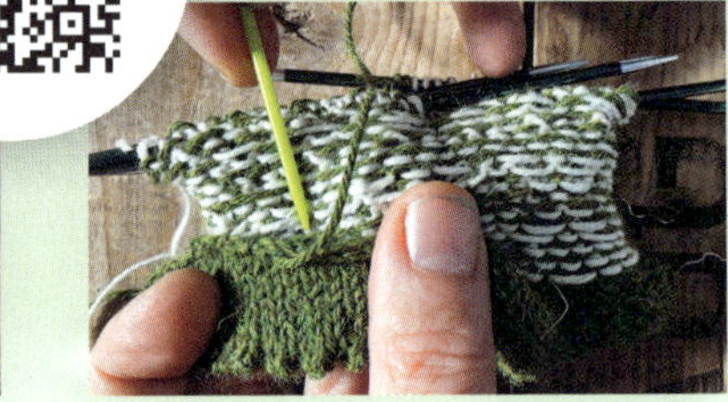

Den Saum an der Lochkante nach innen klappen und annähen. So entsteht eine Spitzenkante!

RECHTE HAND

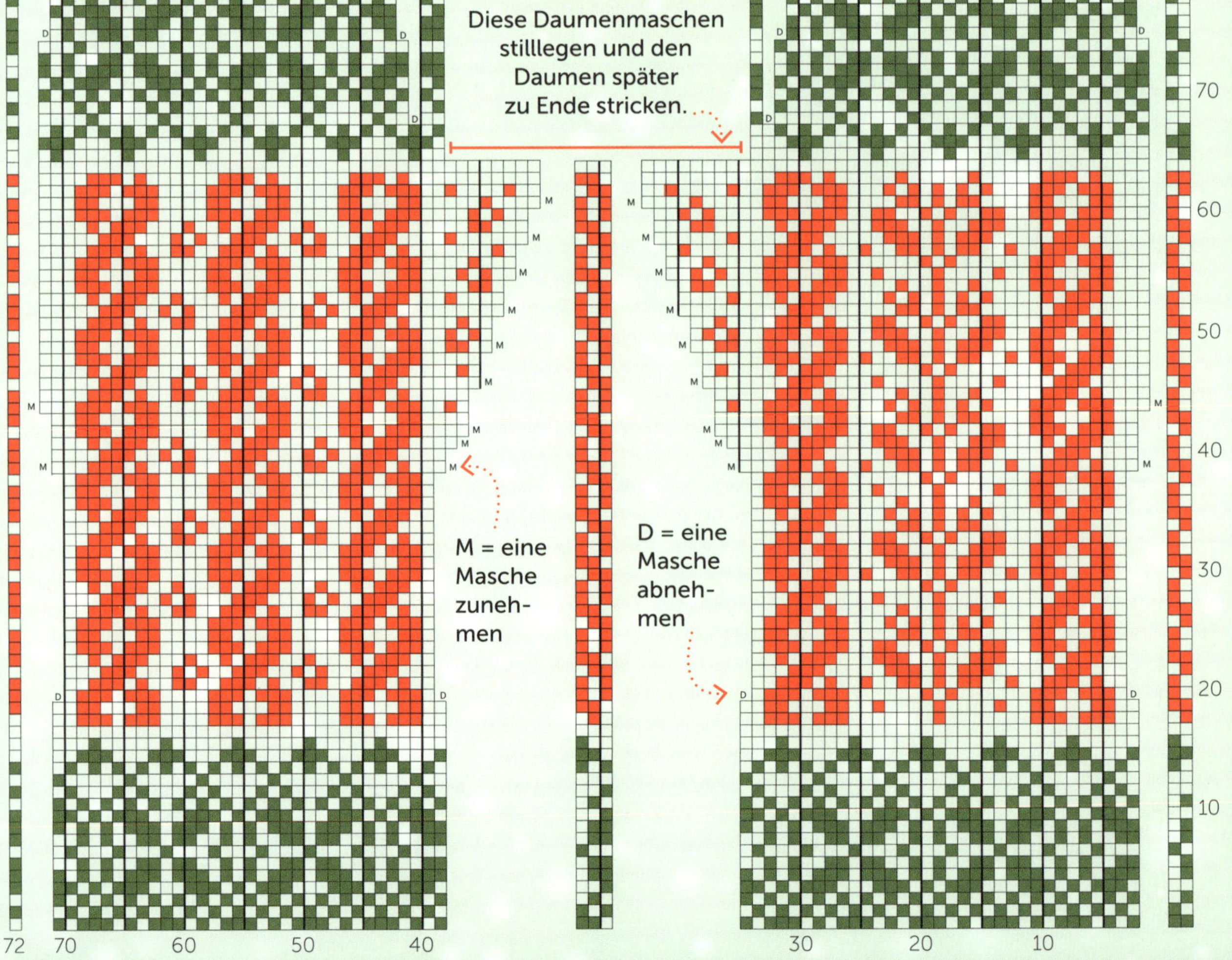

Diese Daumenmaschen stilllegen und den Daumen später zu Ende stricken.

M = eine Masche zunehmen

D = eine Masche abnehmen

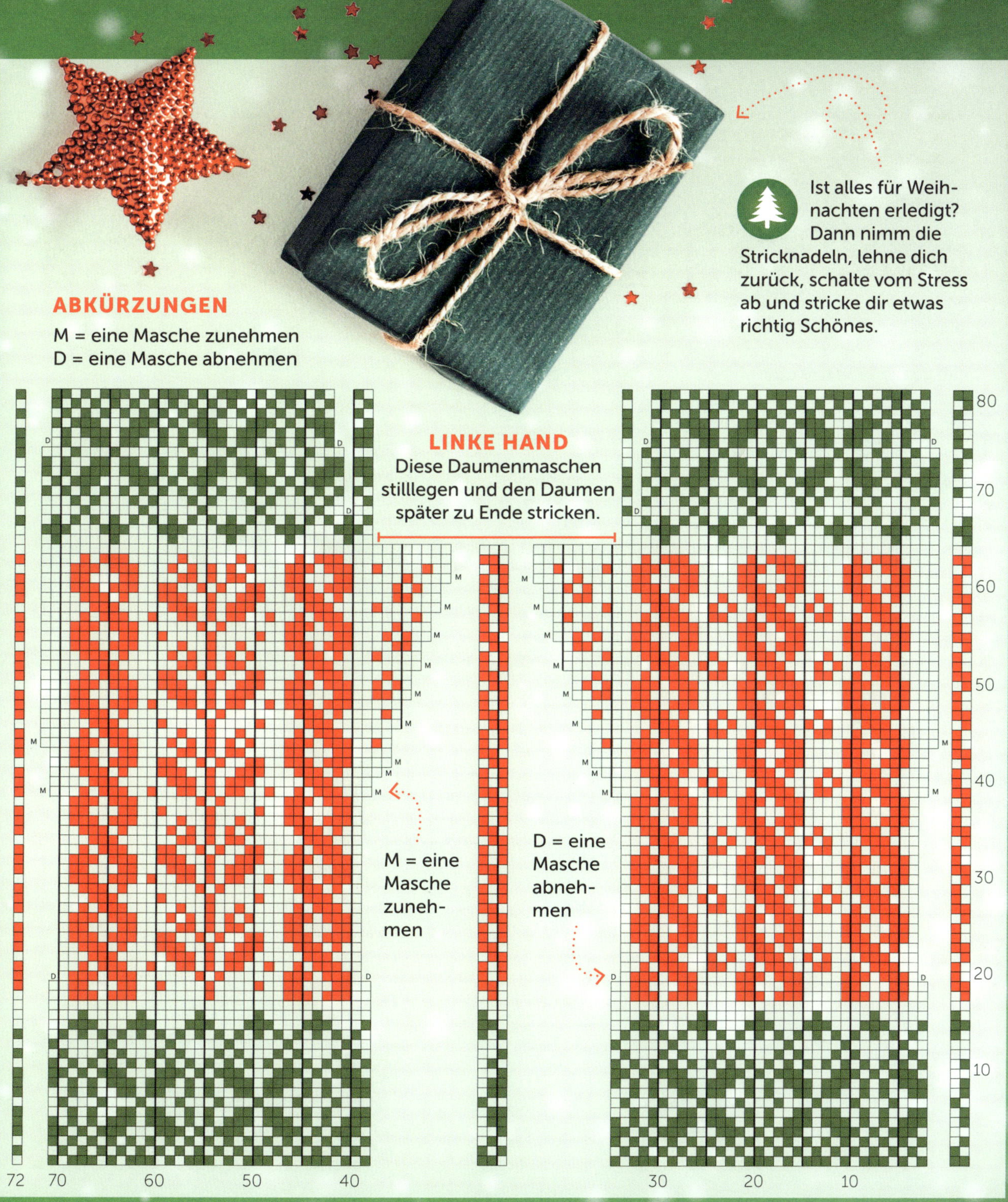

Ist alles für Weihnachten erledigt? Dann nimm die Stricknadeln, lehne dich zurück, schalte vom Stress ab und stricke dir etwas richtig Schönes.

ABKÜRZUNGEN
M = eine Masche zunehmen
D = eine Masche abnehmen

LINKE HAND
Diese Daumenmaschen stilllegen und den Daumen später zu Ende stricken.

M = eine Masche zunehmen

D = eine Masche abnehmen

80
70
60
50
40
30
20
10

72
70
60
50
40
30
20
10

Knarrende Holzdielen, Kandelaber, Kronleuchter und frische Blumen. All das gehört in ein herrschaftliches Anwesen. Wenn du kein Gutshaus hast, kannst du dir jetzt die schönsten Pulswärmer stricken, um wenigstens den Stil zu wahren.

GUTSHAUS-LEBEN

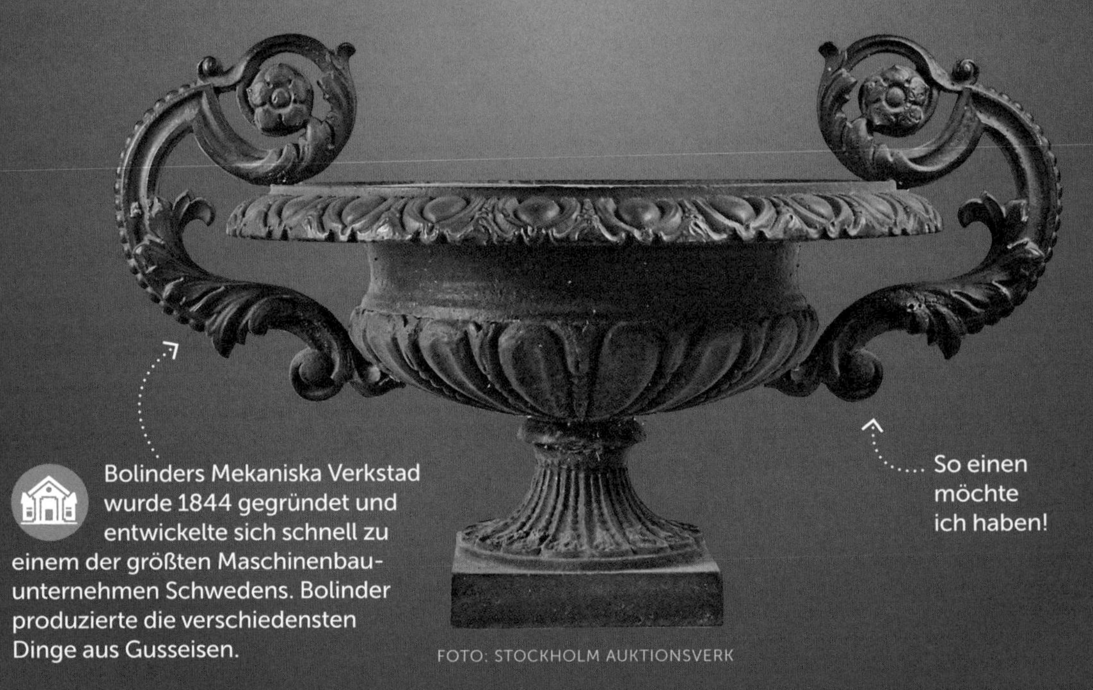

Bolinders Mekaniska Verkstad wurde 1844 gegründet und entwickelte sich schnell zu einem der größten Maschinenbauunternehmen Schwedens. Bolinder produzierte die verschiedensten Dinge aus Gusseisen.

So einen möchte ich haben!

FOTO: STOCKHOLM AUKTIONSVERK

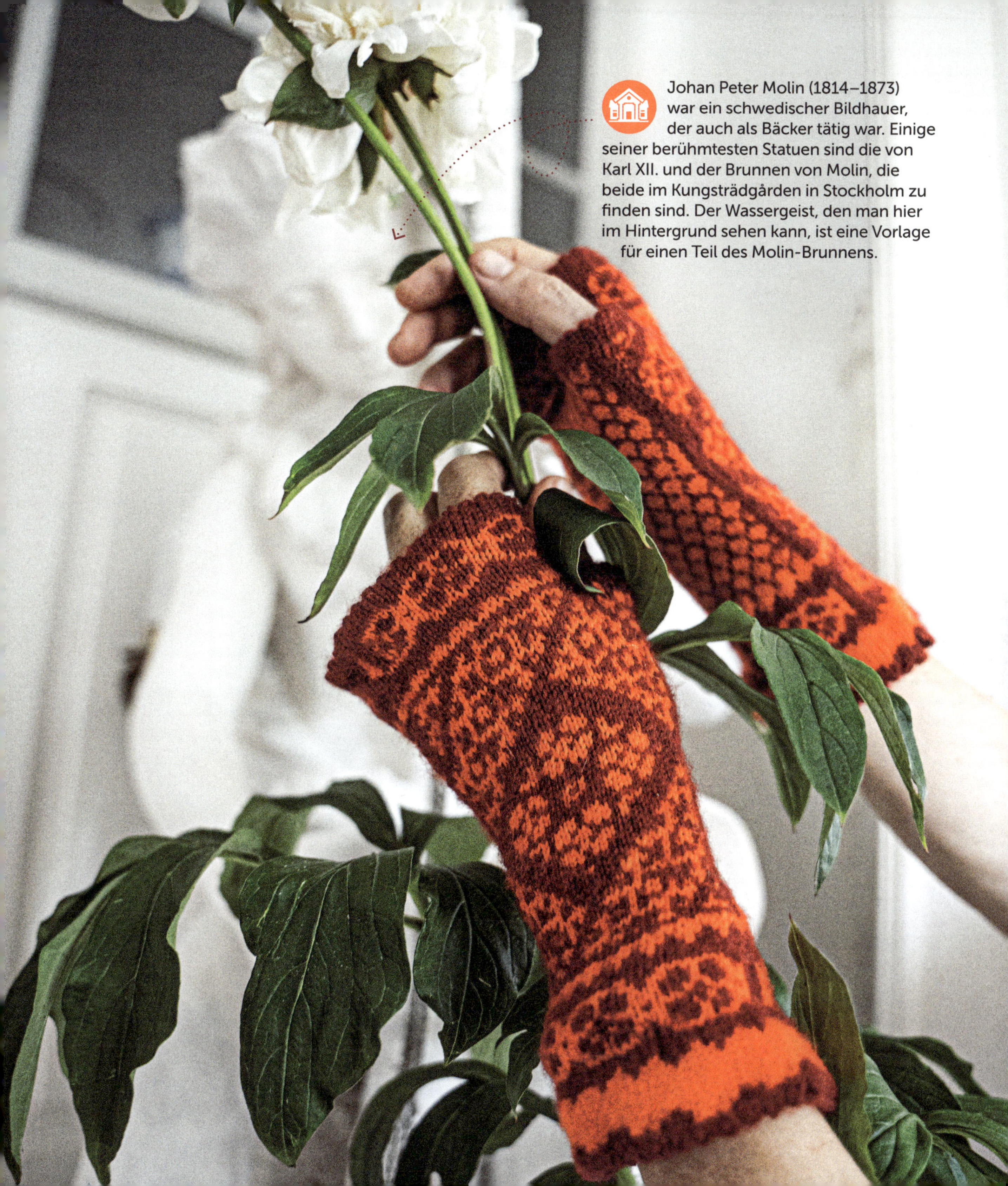

Johan Peter Molin (1814–1873) war ein schwedischer Bildhauer, der auch als Bäcker tätig war. Einige seiner berühmtesten Statuen sind die von Karl XII. und der Brunnen von Molin, die beide im Kungsträdgården in Stockholm zu finden sind. Der Wassergeist, den man hier im Hintergrund sehen kann, ist eine Vorlage für einen Teil des Molin-Brunnens.

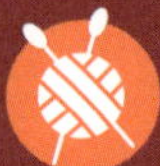

MASCHENPROBE:
40 Maschen = 10 cm

GARNVORSCHLAG:
Filcolana Arwetta Farbe 139
Filcolana Arwetta Farbe 252

STRICKNADELN:
Nadelspiel Stärke 2,00–2,75, je nach Maschenprobe

GARNVERBRAUCH:
1 Knäuel von jeder Farbe

ABKÜRZUNGEN:
M = eine Masche zunehmen
D = eine Masche abnehmen

Umschlag = neue Masche.
So wird's gemacht:

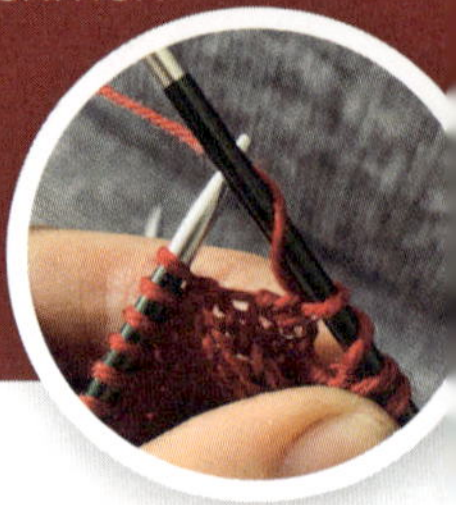

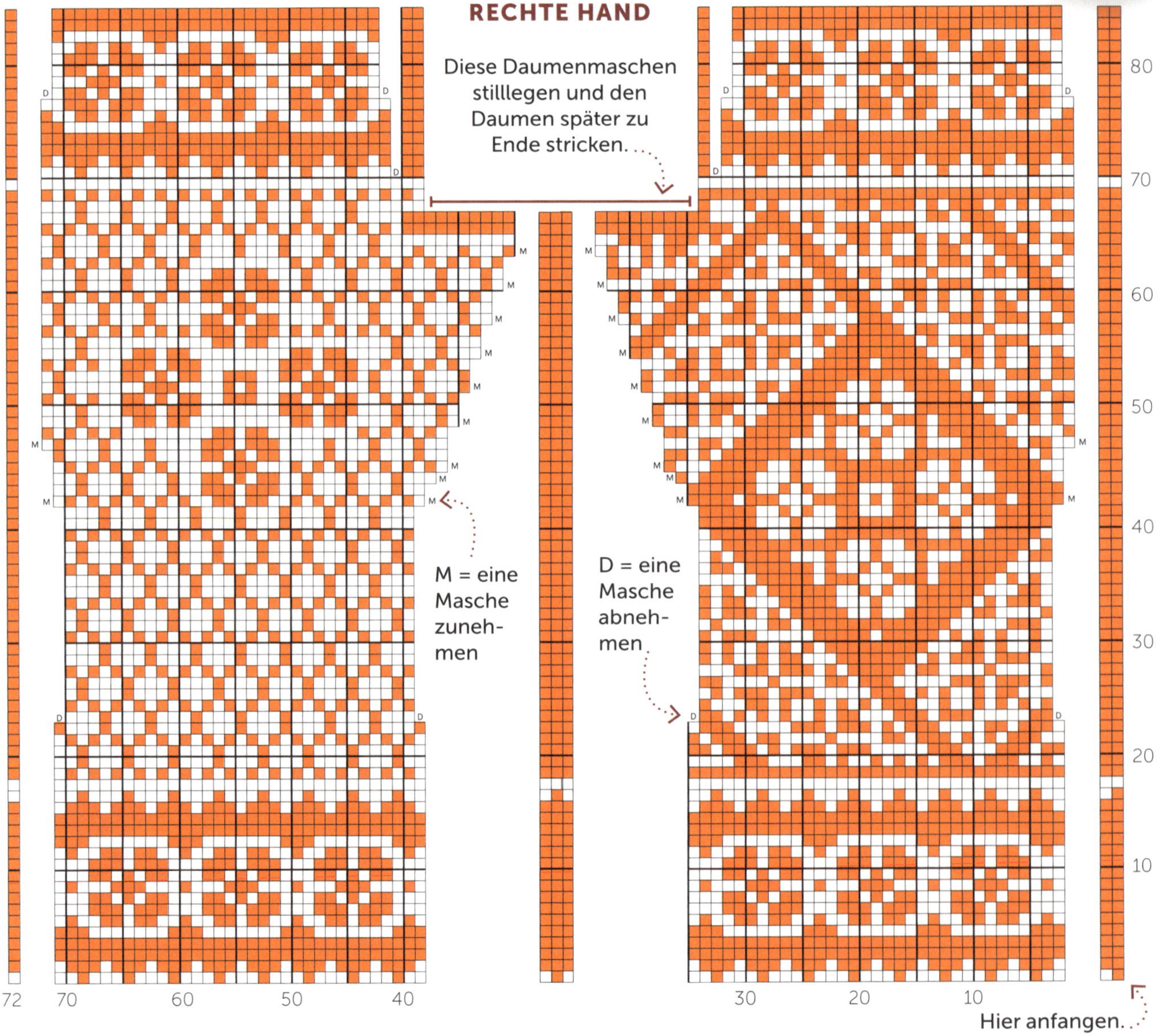

RECHTE HAND

Diese Daumenmaschen stilllegen und den Daumen später zu Ende stricken.

M = eine Masche zuneh-men

D = eine Masche abneh-men

Hier anfangen.

SO WIRD'S GEMACHT

- 72 Maschen in der dunklen Farbe anschlagen, gleichmäßig verteilen und zur Runde schließen.
- **Runde 1–8:** Glatt rechts stricken.
- **Runde 9:** *1 Umschlag, 2 Maschen rechts zusammenstricken*, dies die ganze Runde wiederholen. Das ergibt eine Lochreihe. Klappt man dann den bis dahin gestrickten Teil um und näht ihn fest, entsteht eine Spitzenkante.
- **Runde 10–19:** Glatt rechts.
- **Runde 20–67:** Nach der Strickschrift stricken und mit Reihe 1 beginnen.
- **Runde 68–85:** Die markierten Maschen stilllegen, die Randmaschen zusammenstricken und das Muster weiterstricken.
- **Runde 86–88:** Glatt rechts.
- **Runde 89:** Runde 9 wiederholen.
- **Runde 90–97:** Glatt rechts.
- **Runde 98:** Abketten.
- Die stillgelegten Daumenmaschen auf die Nadeln heben, 4 zusätzliche Maschen anschlagen und zur Runde schließen. Zwei Runden stricken, Runde 9 wiederholen, 6 Runden stricken, abketten.
- Die Ränder einklappen und annähen.

Marmor ist ein Kalkstein, der Tausende von Jahren extremer Hitze und hohem Druck ausgesetzt war, wodurch dieses harte Material mit schönen Marmorierungen entstanden ist. Die Marmorierungen sind eigentlich Verunreinigungen, und kein Marmor gleicht dem anderen. Der Carrara-Marmor, der in der Nähe von Carrara in Italien abgebaut wird, ist zweifellos der berühmteste Naturstein der Welt.

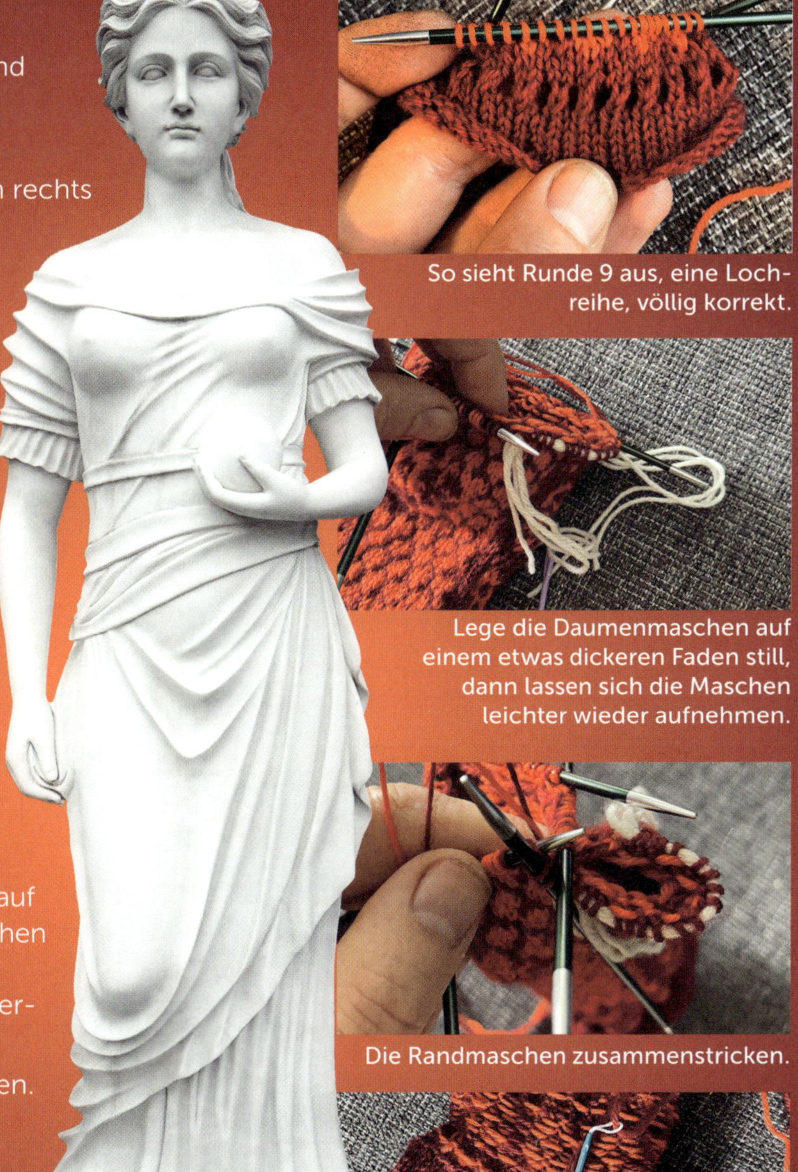

FOTO: SHUTTERSTOCK

So sieht Runde 9 aus, eine Lochreihe, völlig korrekt.

Lege die Daumenmaschen auf einem etwas dickeren Faden still, dann lassen sich die Maschen leichter wieder aufnehmen.

Die Randmaschen zusammenstricken.

Den Rand umklappen und festnähen. Du hast jetzt eine schöne Spitzenkante. Gute Arbeit!

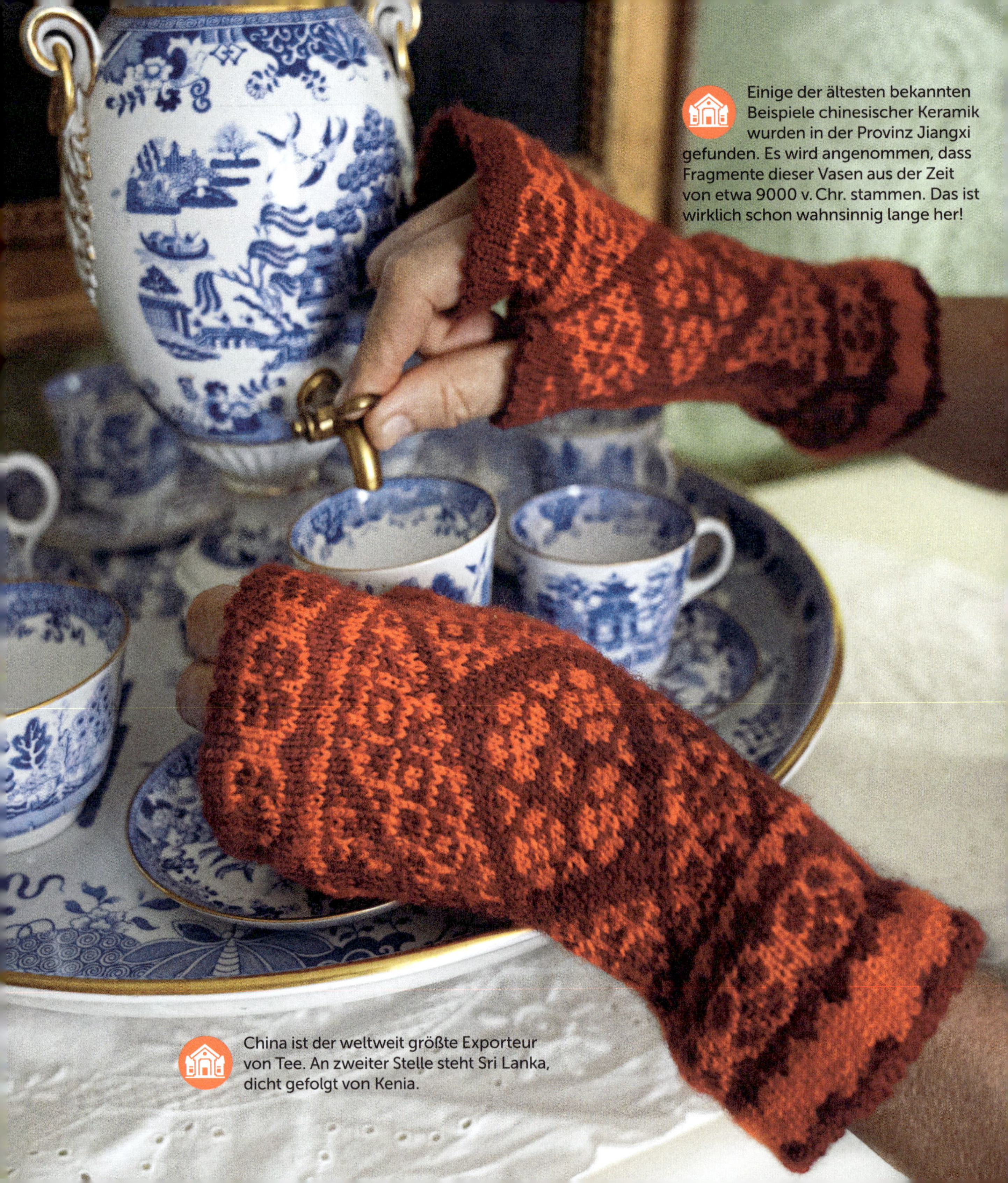

Einige der ältesten bekannten Beispiele chinesischer Keramik wurden in der Provinz Jiangxi gefunden. Es wird angenommen, dass Fragmente dieser Vasen aus der Zeit von etwa 9000 v. Chr. stammen. Das ist wirklich schon wahnsinnig lange her!

China ist der weltweit größte Exporteur von Tee. An zweiter Stelle steht Sri Lanka, dicht gefolgt von Kenia.

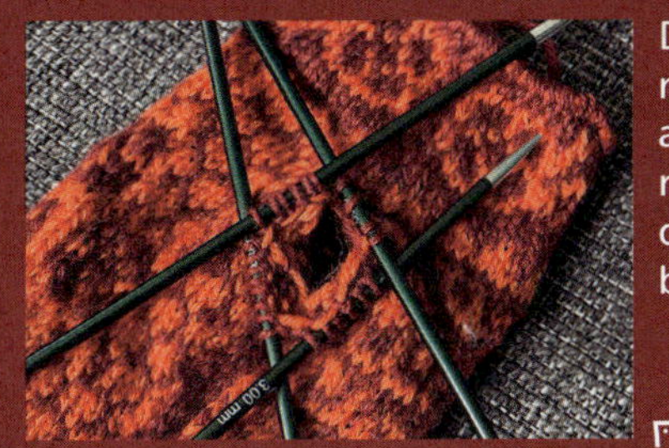

Die Daumenmaschen wieder auf die Nadeln nehmen. Nach der Beschreibung stricken.

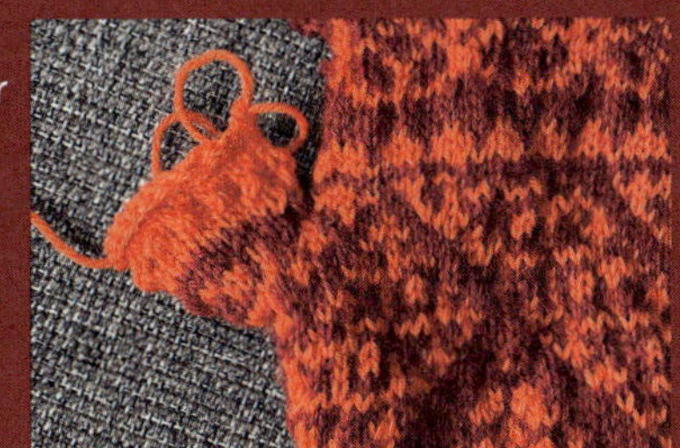

Die dunkle oder die helle Farbe wählen. Umklappen und annähen. Schick!

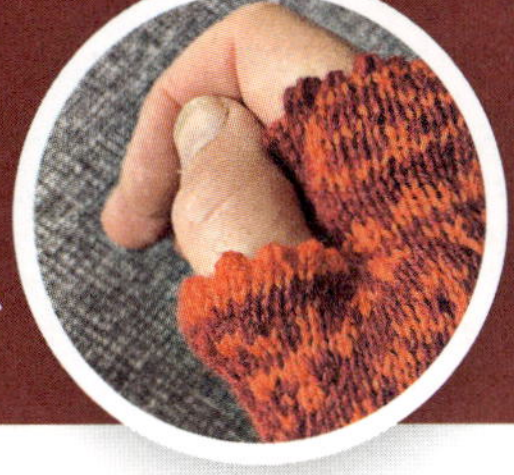

LINKE HAND

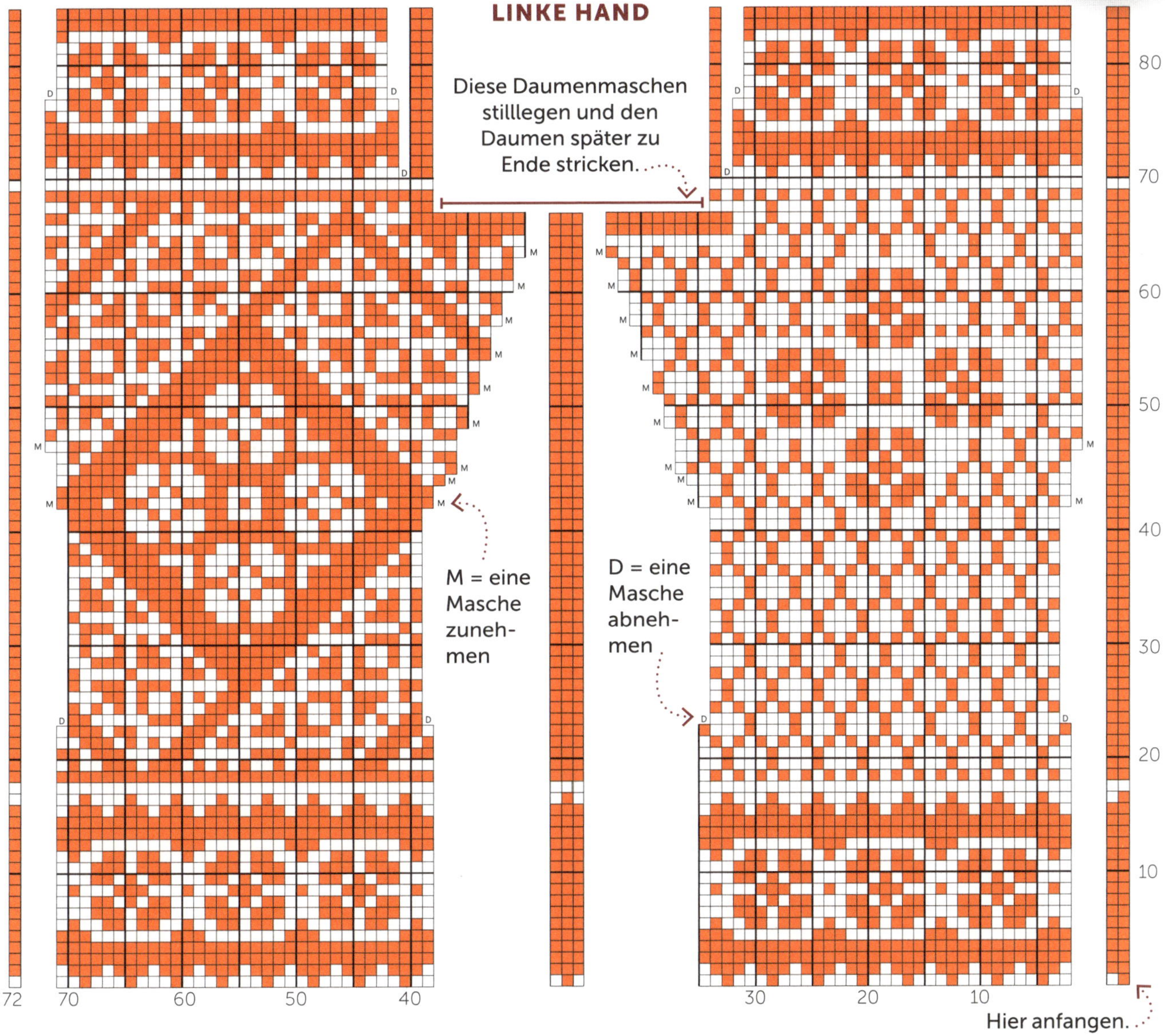

Diese Daumenmaschen stilllegen und den Daumen später zu Ende stricken.

M = eine Masche zunehmen

D = eine Masche abnehmen

Hier anfangen.

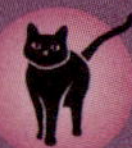

Dies waren 2022 die beliebtesten Katzennamen in Deutschland. Wie heißt denn deine Samtpfote?

1. Simba
2. Luna
3. Nala
4. Mia
5. Leo
6. Charly
7. Loki
8. Lilly
9. Balu
10. Lucy

So ein süßes kleines Kätzchen!

Katzen haben mehr Knochen als Menschen: 230 gegenüber 206, um genau zu sein. Allerdings haben sie kein Schlüsselbein. So kommen sie mit dem ganzen Körper durch einen schmalen Gang, wenn ihr Kopf durchpasst.

ALLES FÜR DIE KATZ!

Charmant, witzig und unmöglich zu dressieren. Dies sind einige der Besonderheiten, die die Katze zum beliebtesten Haustier in Europa und wahrscheinlich auch der Welt machen. Wer von Katzen nicht genug bekommen kann, kann jetzt auch seine Füße mit seinem Lieblingstier schmücken.

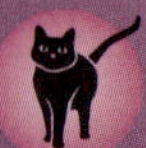

Da beißt sich die Katze in den Schwanz!

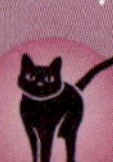

Eine erwachsene Katze schläft etwa 15 Stunden am Tag, während ein Katzenjunges bis zu 20 Stunden schlafen kann. Zzzzzzzz.

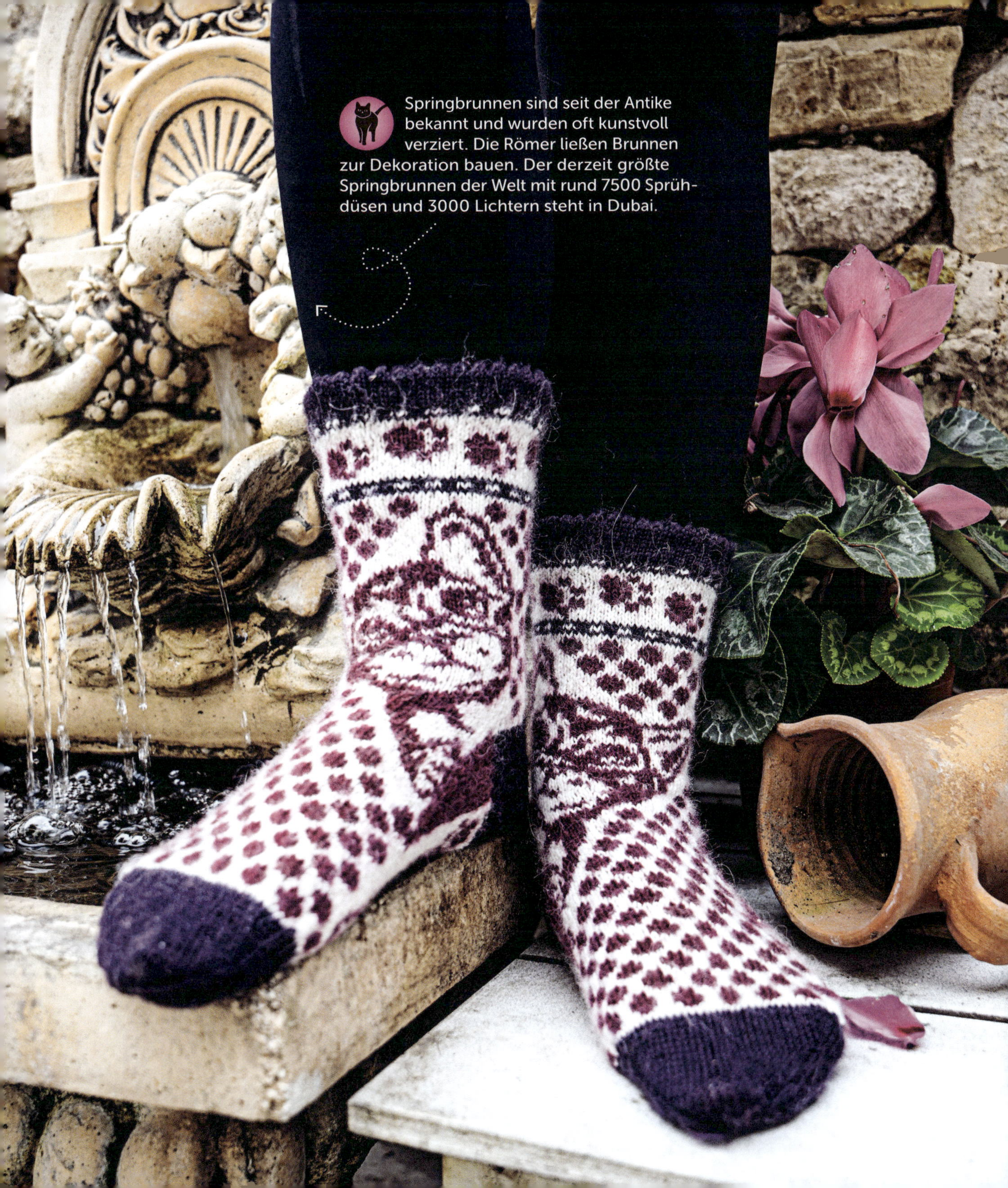

Springbrunnen sind seit der Antike bekannt und wurden oft kunstvoll verziert. Die Römer ließen Brunnen zur Dekoration bauen. Der derzeit größte Springbrunnen der Welt mit rund 7500 Sprühdüsen und 3000 Lichtern steht in Dubai.

MASCHENPROBE:
30 Maschen = 10 cm

STRICKNADELN:
Nadelspiel Stärke 2,25–2,75, je nach Maschenprobe

GARNVORSCHLAG:
Drops Nord Farbe 01
Drops Nord Farbe 17
Filcolana Arwetta Farbe 235
50 g/170 m

GARNVERBRAUCH:
je 1 Knäuel Drops Nord, 1 Knäuel Filcolana Arwetta

Bei den Pinguinsocken (siehe Seite 32) kannst du auf Bildern sehen, wie man eine Ferse strickt.

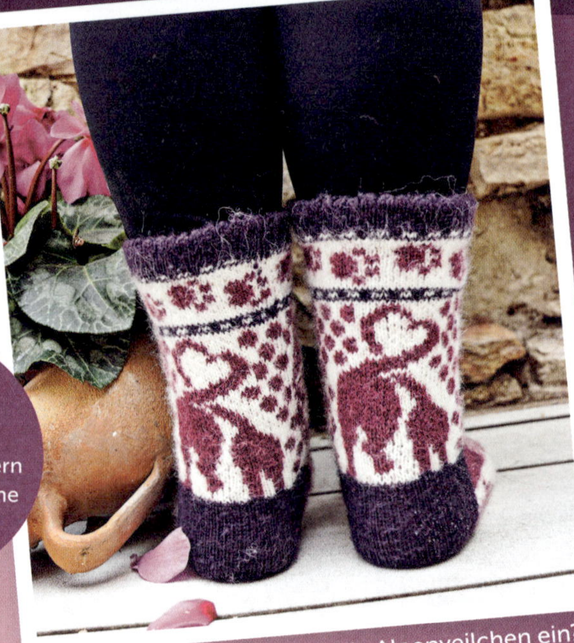

Gehen bei dir auch die Alpenveilchen ein? Das ist gar nicht so selten, denn diese Pflanze darf nicht austrocknen, nicht zu nass stehen und muss die richtige Zimmertemperatur haben. Am besten gedeiht sie bei 16 °C.

So wird's gemacht

✿ 80 Maschen in der dunklen Farbe anschlagen, gleichmäßig auf die Nadeln verteilen und zur Runde schließen.
✿ **Runde 1:** Rechts verschränkt stricken.
✿ **Runde 2–8:** Glatt rechts.
✿ **Runde 9:** *1 Umschlag, 2 Maschen rechts zusammenstricken.* Dies die ganze Runde wiederholen.
✿ **Runde 10–17:** Glatt rechts.
✿ **Runde 18:** Nun das Muster glatt rechts nach der Strickschrift bis zur rosafarbenen Linie stricken.

FERSENKAPPE

✿ Die nicht rosa markierten Maschen ruhen lassen. Für die Fersenkappe nur über die 38 rosa markierten Maschen in Reihen stricken und die erste Masche jeweils abheben. Die Fersenkappe etwa 7 cm hoch stricken und mit einer rechten Reihe enden.

FERSENRUNDUNG

✿ **Reihe 1 (Rückreihe):** 1 Masche abheben, 21 Maschen links stricken, 2 Maschen links zusammenstricken, 1 Masche links. Wenden.
✿ **Reihe 2:** 1 Masche abheben, 7 Maschen rechts stricken, 2 Maschen rechts verschränkt zusammenstricken, 1 Masche rechts. Wenden. Durch die verkürzte Reihe entsteht ein Loch zur Vorreihe, das aber beim Stricken verschwindet. Versuche, den Faden so fest wie möglich anzuziehen. →

RECHTER FUSS

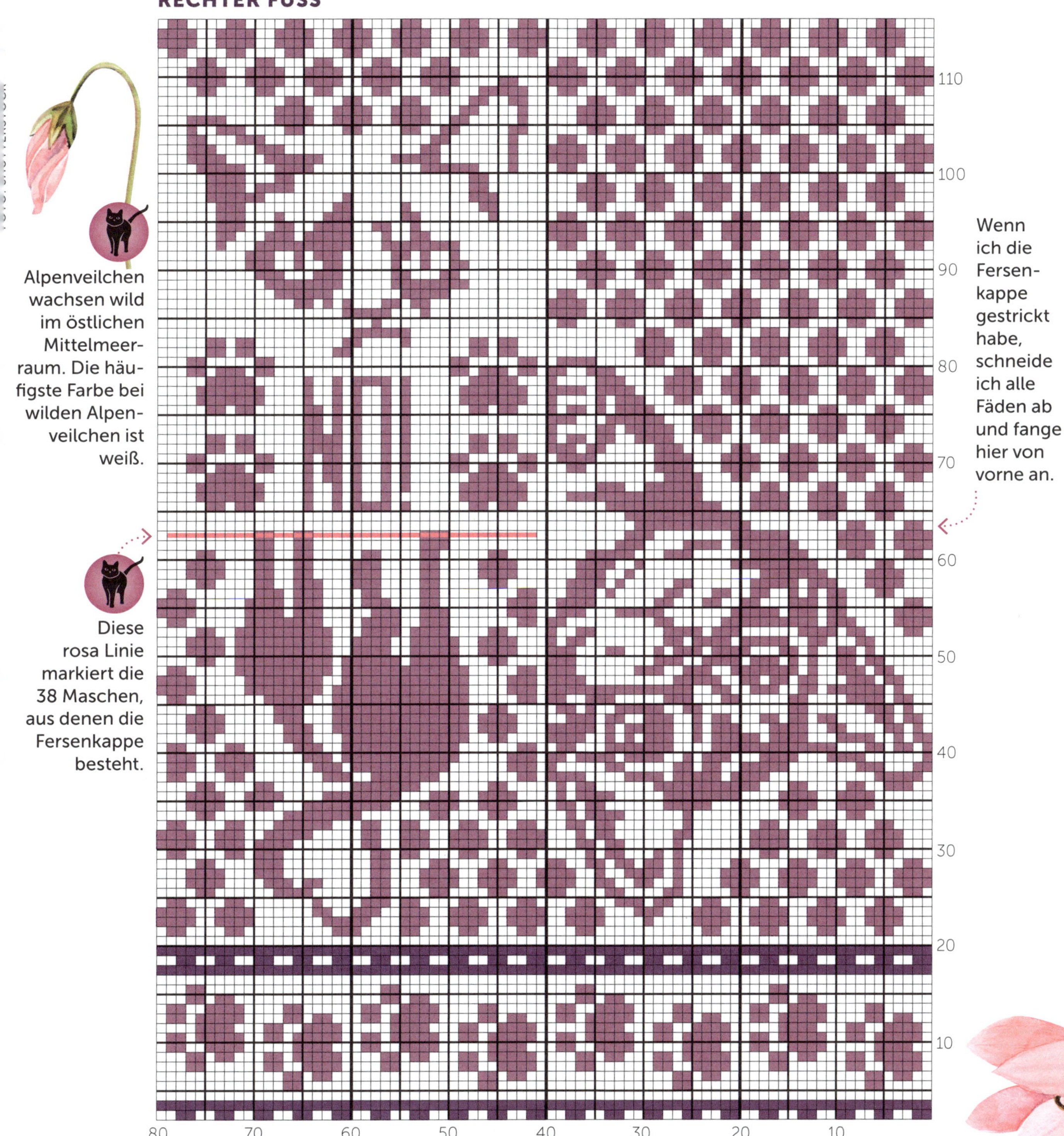

Alpenveilchen wachsen wild im östlichen Mittelmeerraum. Die häufigste Farbe bei wilden Alpenveilchen ist weiß.

Diese rosa Linie markiert die 38 Maschen, aus denen die Fersenkappe besteht.

Wenn ich die Fersenkappe gestrickt habe, schneide ich alle Fäden ab und fange hier von vorne an.

✿ **Reihe 3:** 1 Masche abheben, bis zur letzten Masche vor dem Zwischenraum links stricken. Die beiden Maschen vor und nach dem Zwischenraum links zusammenstricken, 1 Masche links stricken. Wenden.

✿ **Reihe 4:** 1 Masche abheben, bis zur letzten Masche vor dem Zwischenraum rechts stricken. Die beiden nächsten Maschen rechts verschränkt zusammenstricken. 1 Masche rechts stricken. Wenden.

✿ Reihen 3–4 wiederholen, bis du nur noch 22 Maschen auf der Nadel hast. Solltest du eine andere Anzahl haben, kannst du dies beim Aufnehmen der Maschen korrigieren.

MASCHEN AUFNEHMEN

✿ Verteile die 22 Maschen auf zwei Nadeln, jeweils 11, nimm etwa 15–19 Maschen aus den Randmaschen der Fersenkappe auf (je größer der Fuß, desto mehr Maschen). Nimm auch 1 der 42 stillgelegten Maschen mit. Du hast nun 11+15 (bis 19)+1 Masche = 27 (bis 31) Maschen auf der ersten Nadel. 20 Maschen werden für das Muster verwendet, die anderen Maschen bilden den Keil. Ich setze meist einen Markierer an die Stelle, an der der Keil beginnt, um die Keilmaschen besser zu erkennen. Nimm die gleiche Anzahl Maschen auf der anderen Seite auf. Nun wieder in Runden stricken.

FERSENKEIL

Die Abnahmen erfolgen in jeder 2. Reihe mit je 1 Masche an jedem Keil. Nimm immer die Maschen ab, die der Oberseite der Socke am nächsten sind. Auf der linken Seite der Socke (stell dir vor, dass du die Socke von oben siehst, wenn sie angezogen ist) nimmst du überzogen ab: 1 Masche abheben, 1 Masche rechts stricken, die abgehobene Masche über die gestrickte ziehen. So neigt sich die Masche in die richtige Richtung und sieht schön aus. Auf der anderen Seite 2 Maschen rechts zusammenstricken. Fahre mit dem Muster fort und beginne mit der Fußspitze, wenn noch etwa 5 cm bis zur fertigen Socke fehlen.

FUSSSPITZE

✿ Zeit, die Socke fertigzustellen. Nimm dazu in den ersten 10 Reihen in jeder 2. Reihe 4 Maschen ab.

✿ **Maschen abnehmen:** 1 Masche stricken, dann 2 Maschen überzogen zusammenstricken. Bis zur anderen Fußseite weiterstricken, bis noch 3 Maschen übrig sind, dann 2 Maschen rechts zusammenstricken und 1 Masche rechts. Das Gleiche für die Fußunterseite wiederholen. Nach den ersten 10 Runden die Abnahmen in jeder Runde fortsetzen, bis insgesamt nur noch 20 Maschen übrig sind. Den Faden abschneiden, durch die restlichen Maschen fädeln und zusammenziehen. Dann den Faden nach innen führen und vernähen. Den Rand vom Bund einklappen und unsichtbar annähen. Herzlichen Glückwunsch, die erste Socke ist fertig!

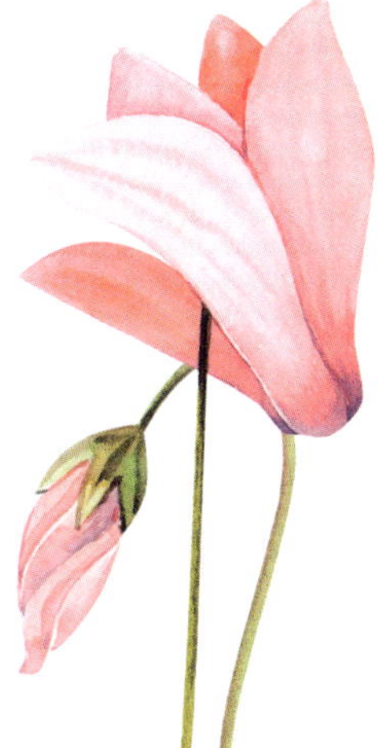

FOTO: SHUTTERSTOCK

LINKER FUSS

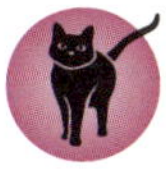

110 100 90 80 70 60 50 40 30 20 10

80 70 60 50 40 30 20 10

Iss auf keinen Fall die Wurzeln (!), denn sie enthalten den Stoff Cyclamin, der bei Einnahme Symptome wie Erbrechen und andere Magenprobleme hervorrufen kann.

Diese rosa Linie markiert die 38 Maschen, aus denen die Fersenkappe besteht.

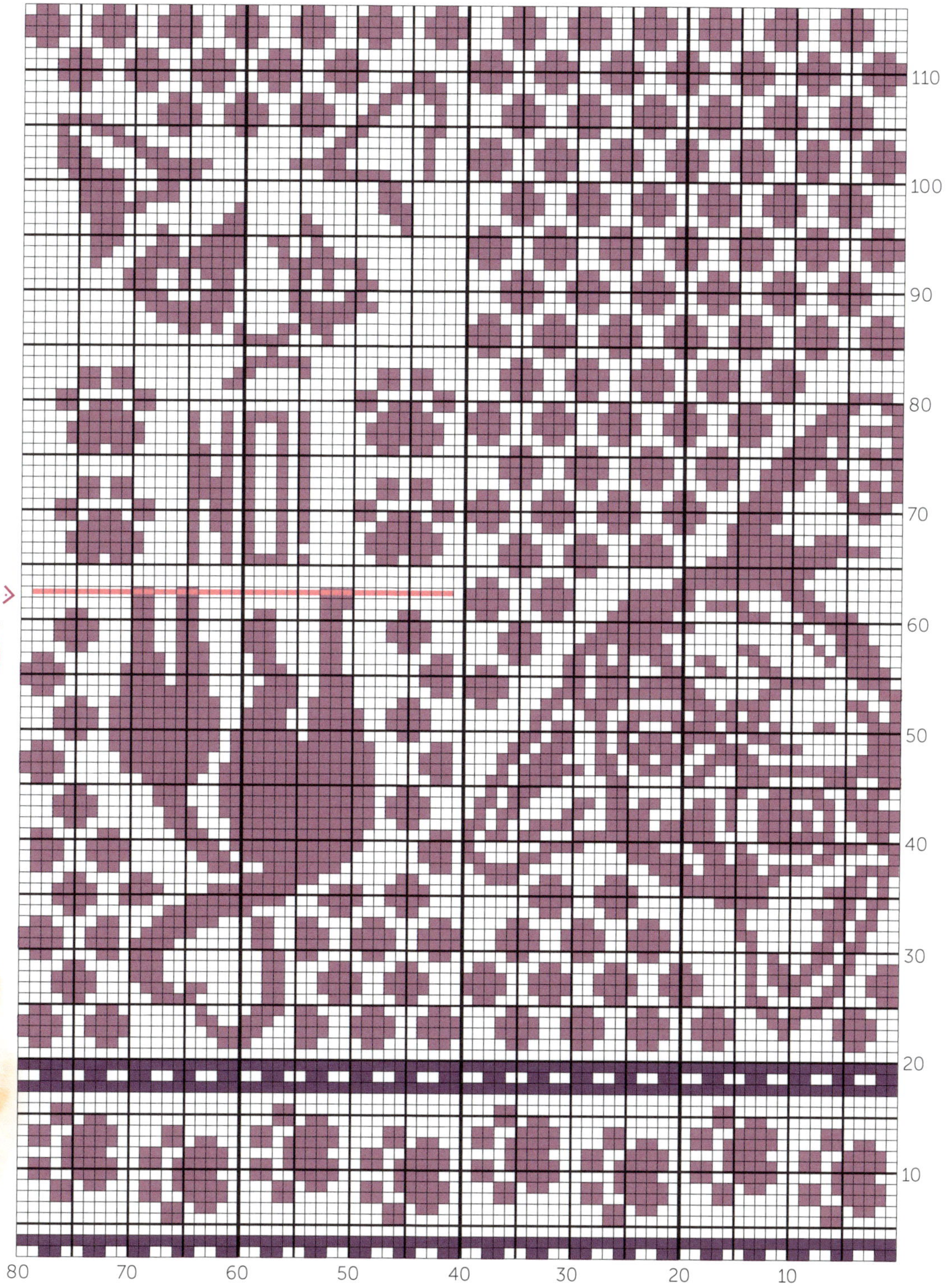

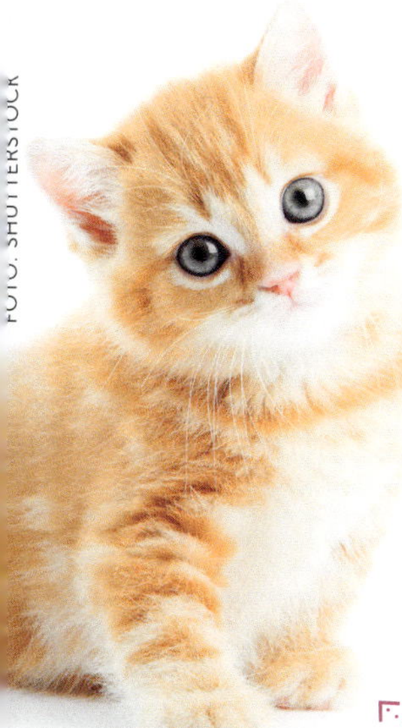

FOTO: SHUTTERSTOCK

Bin ich nicht süß?

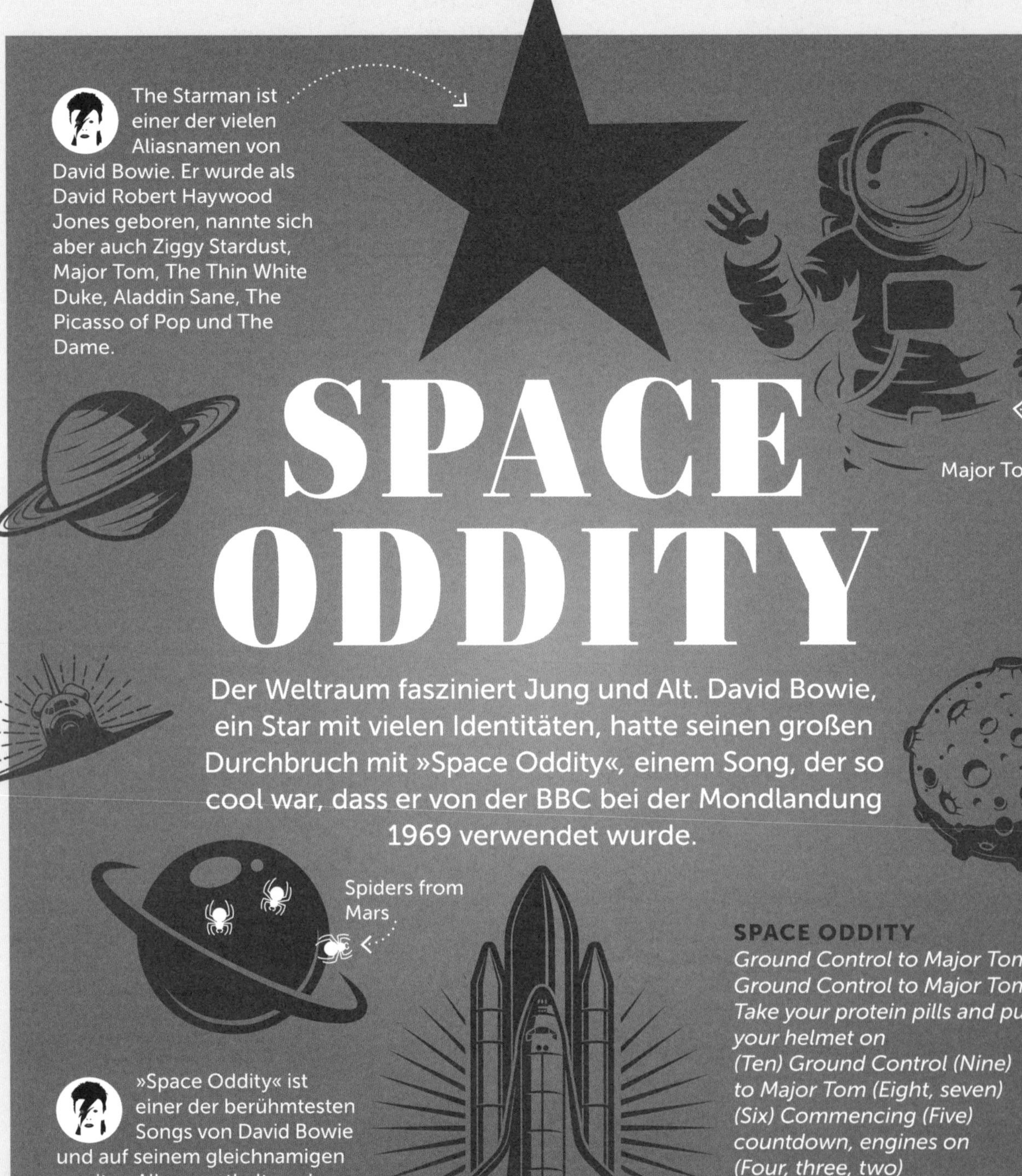

SPACE ODDITY

Der Weltraum fasziniert Jung und Alt. David Bowie, ein Star mit vielen Identitäten, hatte seinen großen Durchbruch mit »Space Oddity«, einem Song, der so cool war, dass er von der BBC bei der Mondlandung 1969 verwendet wurde.

»Space Oddity« ist einer der berühmtesten Songs von David Bowie und auf seinem gleichnamigen zweiten Album enthalten, das 1969 veröffentlicht wurde.

SPACE ODDITY

Ground Control to Major Tom
Ground Control to Major Tom
Take your protein pills and put your helmet on
(Ten) Ground Control (Nine) to Major Tom (Eight, seven)
(Six) Commencing (Five) countdown, engines on
(Four, three, two)
Check ignition (One) and may God's love (Lift off) be with you

ILLUSTRATIONEN: SHUTTERSTOCK

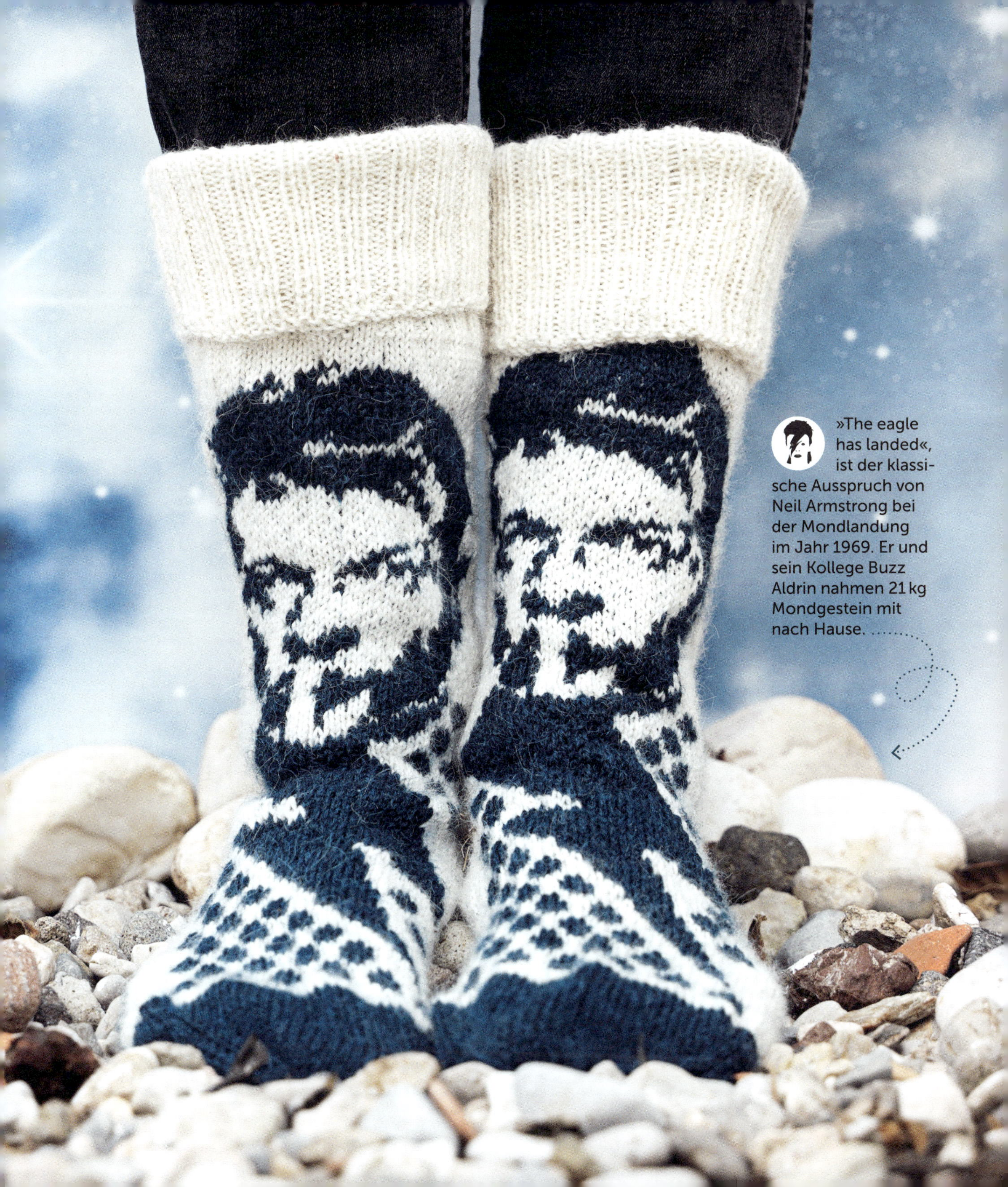

»The eagle has landed«, ist der klassische Ausspruch von Neil Armstrong bei der Mondlandung im Jahr 1969. Er und sein Kollege Buzz Aldrin nahmen 21 kg Mondgestein mit nach Hause.

Bereit für einen Flug ins Weltall!

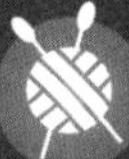

MASCHENPROBE:
30 Maschen = 10 cm

STRICKNADELN:
Nadelspiel Stärke 2,25–2,75, je nach Maschenprobe

GARNVORSCHLAG:
Drops Nord Farbe 01
Drops Nord Farbe 09
50 g/170 m

GARNVERBRAUCH:
2 Knäuel von jeder Farbe

Bei den Pinguinsocken (siehe Seite 32) kannst du auf Bildern sehen, wie man eine Ferse strickt.

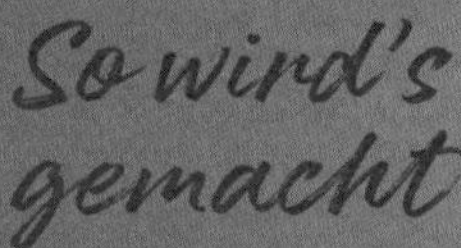

So wird's gemacht

✿ 80 Maschen anschlagen, gleichmäßig auf die Nadeln verteilen und zur Runde schließen. Die erste Runde rechts verschränkt stricken. Das Bündchen in der gewünschten Länge im Rippenmuster (2 rechts, 2 links) stricken. Ich habe 13 cm gestrickt und dann aufgegeben. Das Muster glatt rechts nach der Strickschrift bis zur rosafarbenen Linie stricken.

FERSENKAPPE

✿ Die nicht rosa markierten Maschen ruhen lassen. Für die Fersenkappe nur über die 38 rosa markierten Maschen in Reihen stricken und die erste Masche jeweils abheben. Die Fersenkappe im entsprechenden Muster stricken (siehe Seite 84). Wenn du sie einfarbig bevorzugst, lass den Stern weg. Die Fersenkappe sollte etwa 7 cm lang sein und mit einer rechten Reihe enden.

FERSENRUNDUNG

✿ **Reihe 1 (Rückreihe):** 1 Masche abheben, 21 linke Maschen stricken, 2 Maschen links zusammenstricken, 1 Masche links. Wenden.

✿ **Reihe 2:** 1 Masche abheben, 7 Maschen rechts stricken, 2 Maschen rechts verschränkt zusammenstricken, 1 Masche rechts. Wenden. Durch die verkürzte Reihe entsteht ein Loch zur Vorreihe, das aber beim Stricken verschwindet. Versuche, den Faden so fest wie möglich anzuziehen.

✿ **Reihe 3:** 1 Masche abheben, bis zur letzten Masche vor dem Zwischenraum links stricken. Die beiden Maschen vor und nach dem Zwischenraum links zusammenstricken, 1 Masche links stricken. Wenden.

✿ **Reihe 4:** 1 Masche abheben, bis zur letzten Masche vor dem Zwischenraum rechts stricken. Die beiden nächsten Maschen rechts verschränkt zusammenstricken. 1 Masche rechts stricken. Wenden.

✿ Reihen 3–4 wiederholen, bis du nur noch 22 Maschen auf der Nadel hast. Solltest du eine andere Anzahl haben, kannst du dies beim Aufnehmen der Maschen korrigieren.

LINKER FUSS

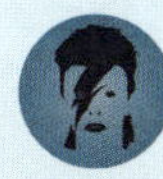

Die Länge der Socke wird durch den Fuß bestimmt. Höre mit dem Muster auf, wenn der Socke noch 5 cm fehlen, oder stricke das Muster weiter, wenn der Fuß länger ist.

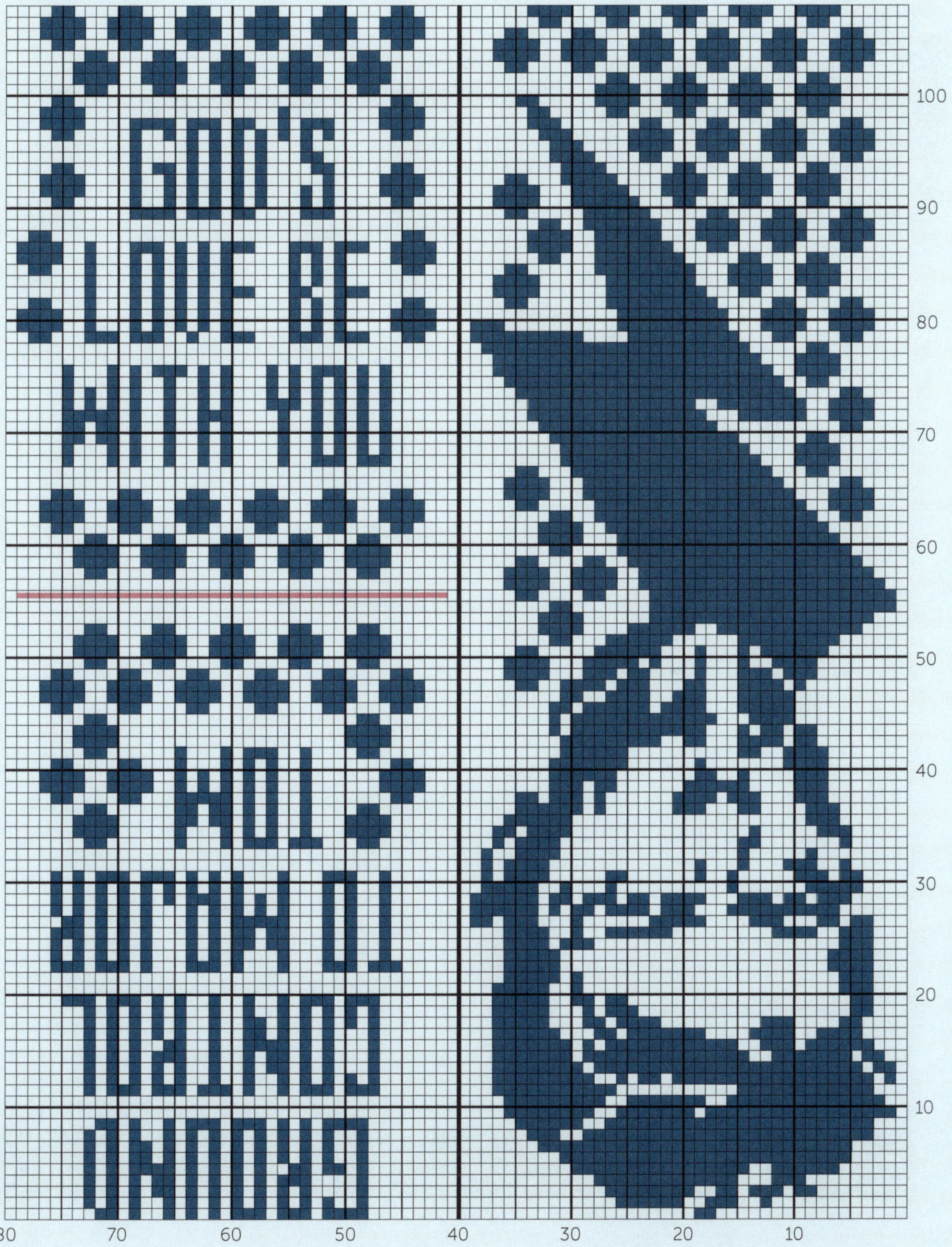

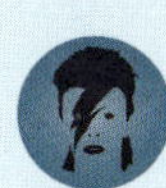

Diese rosa Linie markiert die 38 Maschen, aus denen die Fersenkappe besteht.

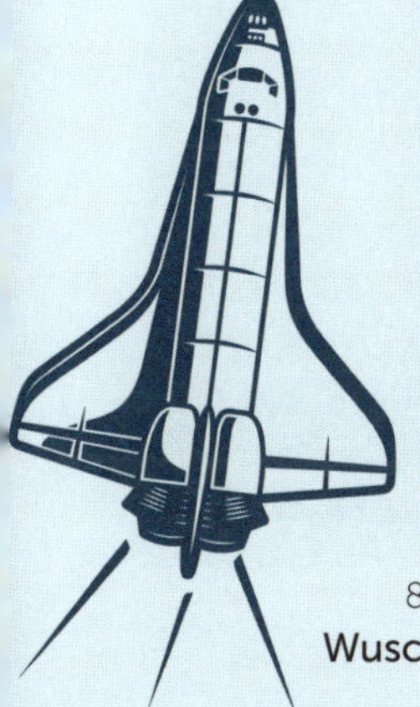

Wuschsch!

MASCHEN AUFNEHMEN

✿ Verteile die 22 Maschen auf zwei Nadeln, jeweils 11, nimm etwa 15–19 Maschen aus den Randmaschen der Fersenkappe auf (je größer der Fuß, desto mehr Maschen). Nimm auch 1 der 42 stillgelegten Maschen mit. Du hast nun 11+15 (bis 19)+1 Masche = 27 (bis 31) Maschen auf der ersten Nadel. 20 Maschen werden für das Muster verwendet, die anderen Maschen bilden den Keil. Ich setze meist einen Markierer an diese Stelle. Nimm die gleiche Anzahl Maschen auf der anderen Seite der Fersenkappe auf. Nun wieder in Runden stricken.

FERSENKEIL

✿ Die Abnahmen erfolgen in jeder 2. Reihe mit je 1 Masche an jedem Keil. Nimm immer die Maschen ab, die der Oberseite der Socke am nächsten sind. Auf der linken Seite der Socke (stell dir vor, dass du die Socke von oben siehst, wenn sie angezogen ist) nimmst du überzogen ab: 1 Masche abheben, 1 Masche rechts stricken, die abgehobene Masche über die gestrickte ziehen. So neigt sich die Masche in die richtige Richtung und sieht schön aus. Auf der anderen Seite 2 Maschen rechts zusammenstricken. Fahre mit dem Muster fort und beginne mit der Fußspitze, wenn noch etwa 5 cm bis zur fertigen Socke fehlen.

FERSENKAPPE

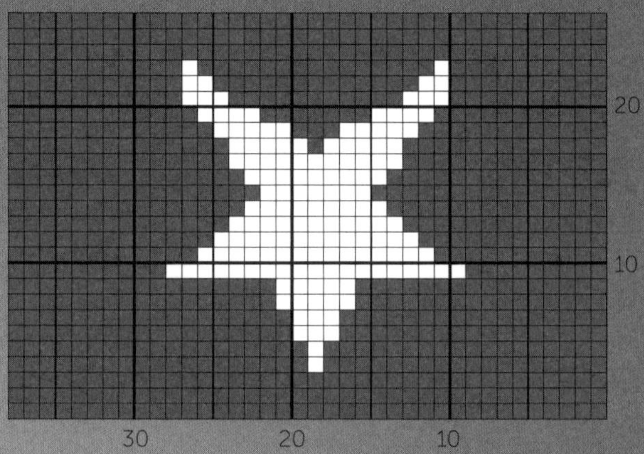

Damit legt man gerne seine Füße auf den Tisch.

FUSSSPITZE

✿ Zeit, die Socke fertigzustellen. Nimm dazu in den ersten 10 Reihen in jeder zweiten Reihe 4 Maschen ab.

✿ **Maschen abnehmen:** 1 Masche stricken, dann 2 Maschen überzogen zusammenstricken. Bis zur anderen Fußseite weiterstricken, bis noch 3 Maschen übrig sind, dann 2 Maschen rechts zusammenstricken und 1 Masche rechts. Das Gleiche für die Fußunterseite wiederholen. Nach den ersten 10 Runden die Abnahmen in jeder Runde fortsetzen, bis insgesamt nur noch 20 Maschen übrig sind. Den Faden abschneiden, durch die restlichen Maschen fädeln und zusammenziehen. Dann den Faden nach innen führen und vernähen. Herzlichen Glückwunsch, die erste Socke ist fertig!

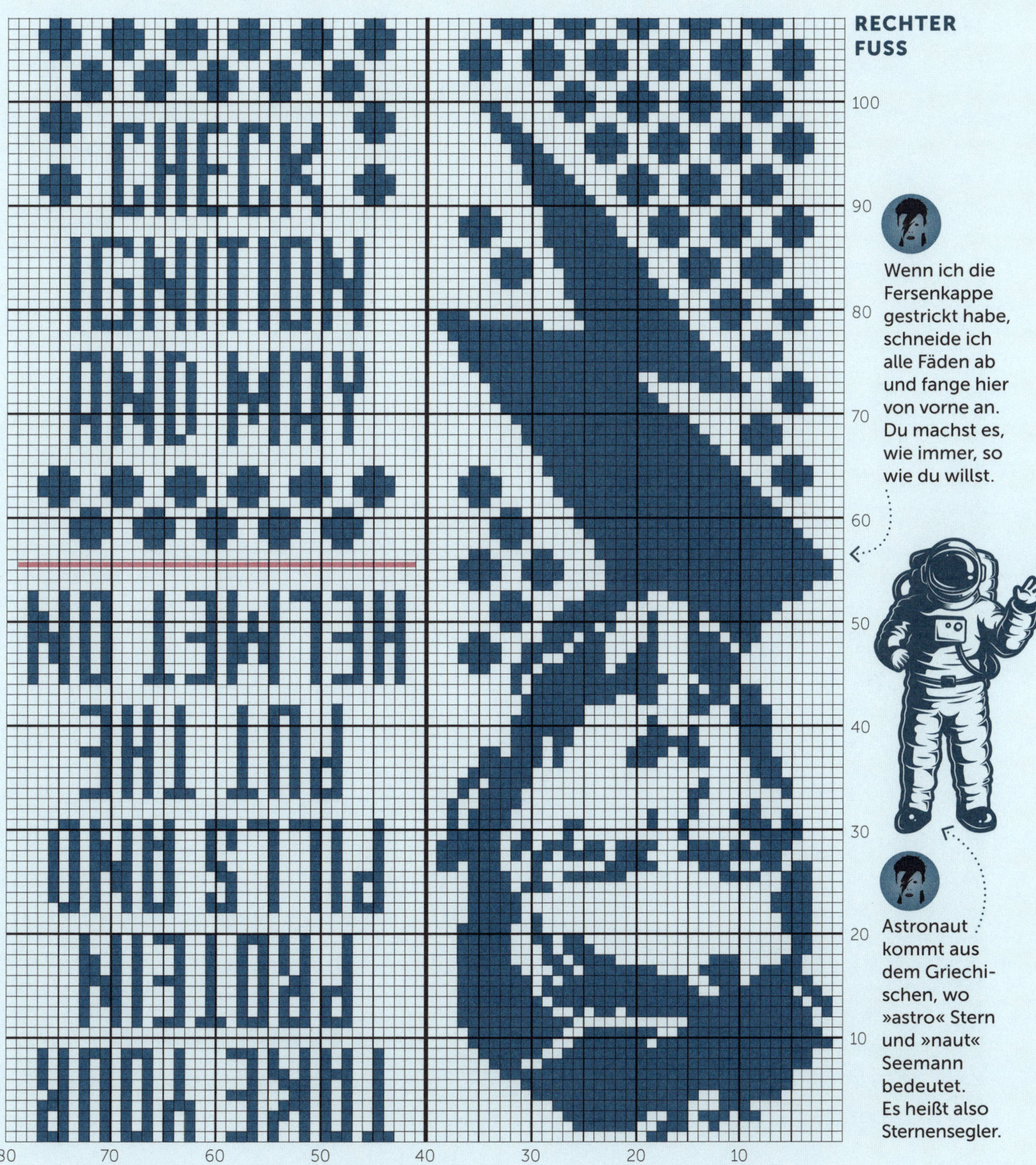
RECHTER FUSS
CHECK IGNITION AND MAY
Wenn ich die Fersenkappe gestrickt habe, schneide ich alle Fäden ab und fange hier von vorne an. Du machst es, wie immer, so wie du willst.
Astronaut kommt aus dem Griechischen, wo »astro« Stern und »naut« Seemann bedeutet. Es heißt also Sternensegler.

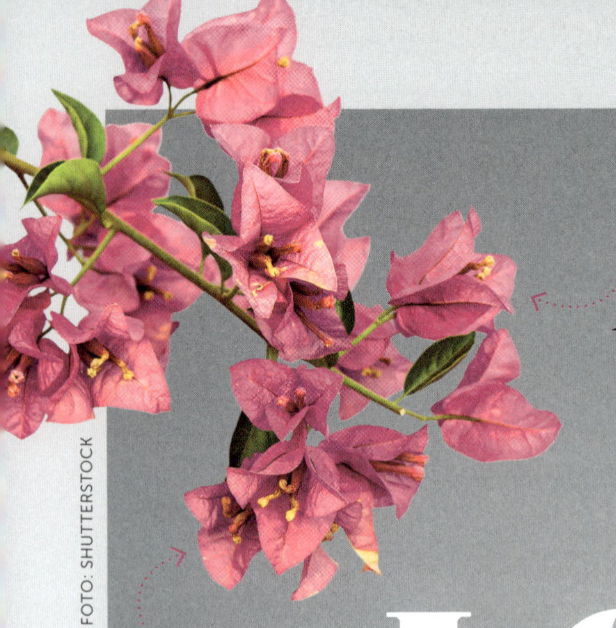

Louis Antoine de Bougainville benannte diese Schönheit nach sich selbst, weil er der Ansicht war, sie während seiner Weltumsegelung in der Mitte des 18. Jahrhunderts in Brasilien entdeckt zu haben. Er ließ auch eine Insel im westlichen Pazifik seinen schwer zu buchstabierenden Namen tragen. Ein wahrer Narzisst, oder?

FOTO: SHUTTERSTOCK

Ihr deutscher Name ist Drillingsblume.

LOVE

is all you need

Musik, Freunde, Partner, Kinder, *Stricken.* Dies sind einige der Dinge, die Endorphine freisetzen und zu Wohlbehagen führen können. Setze deine Glückshormone frei und tue Dinge, bei denen du dich wohl fühlst. In diesem Fall ein Paar *Beatles-Socken* stricken.

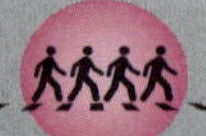

Diesen Hit aus dem Jahr 1967 kann wohl jeder mitsummen. Wusstest du, dass der Chor aus Leuten zusammengestellt wurde, die gerade vor Ort waren, wie Ehefrauen, Eric Clapton, Mick Jagger, Keith Richards und Marianne Faithfull?

ALL YOU NEED IS LOVE

There's nothing you can do
that can't be done
Nothing you can sing that
can't be sung
Nothing you can say, but
you can learn how to play
the game
It's easy

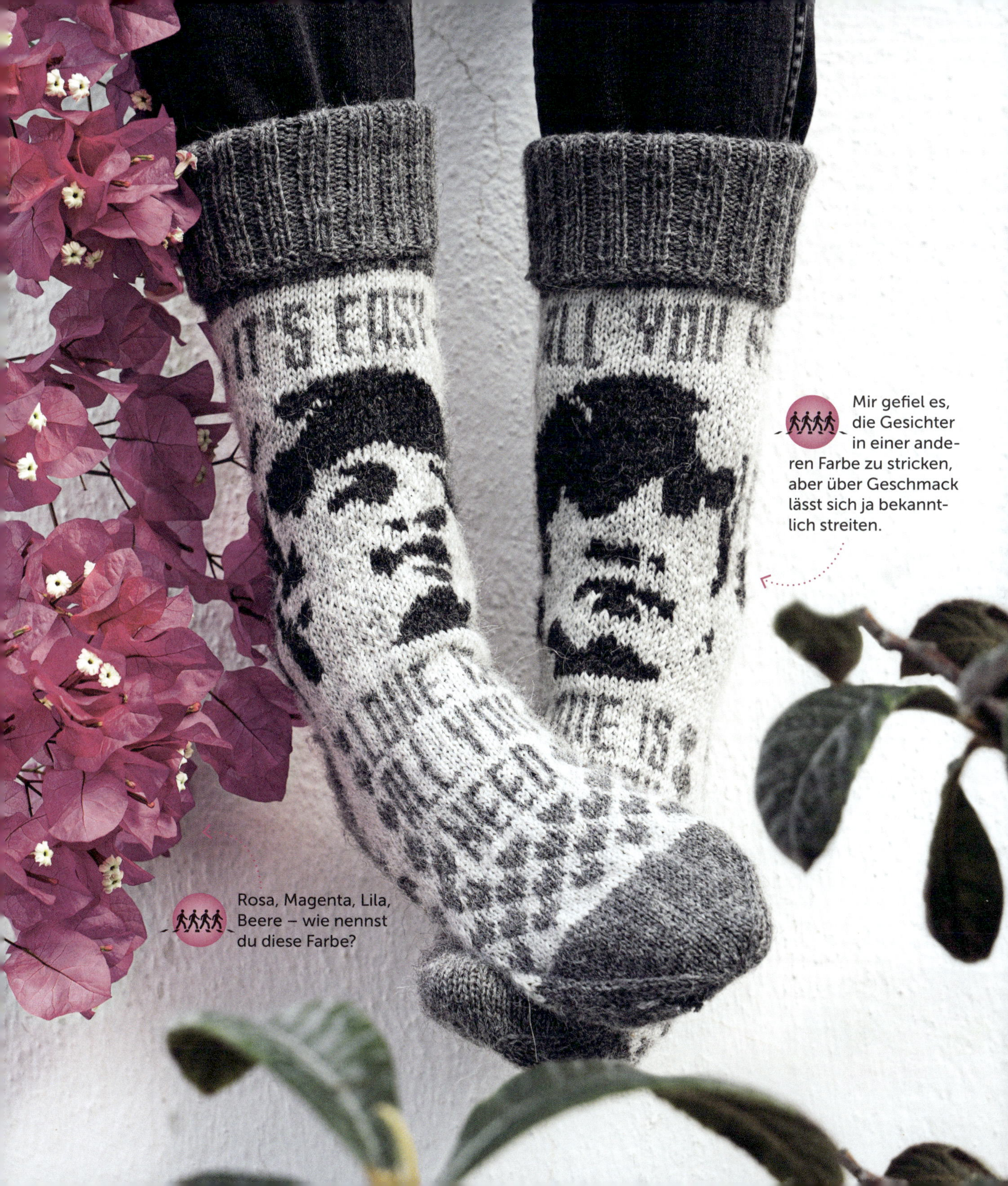

Mir gefiel es, die Gesichter in einer anderen Farbe zu stricken, aber über Geschmack lässt sich ja bekanntlich streiten.

Rosa, Magenta, Lila, Beere – wie nennst du diese Farbe?

FOTO: SHUTTERSTOCK

MASCHENPROBE:
30 Maschen = 10 cm

STRICKNADELN:
Nadelspiel Stärke 2,25–2,75, je nach Maschenprobe

GARNVORSCHLAG:
Drops Nord Farbe 03
Drops Nord Farbe 05
Drops Nord Farbe 06
50 g/170 m

GARNVERBRAUCH:
Je 2 Knäuel von Farbe 03 und 05, 1 Knäuel von Nummer 06

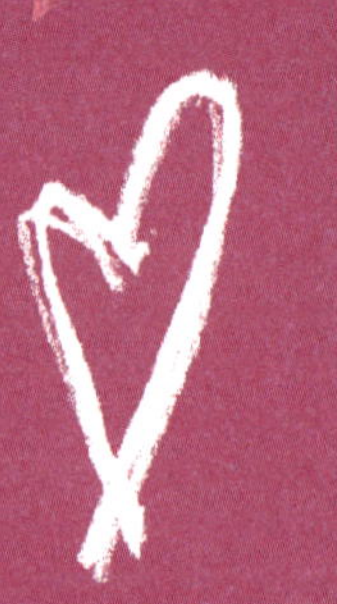

Diese Jungs!

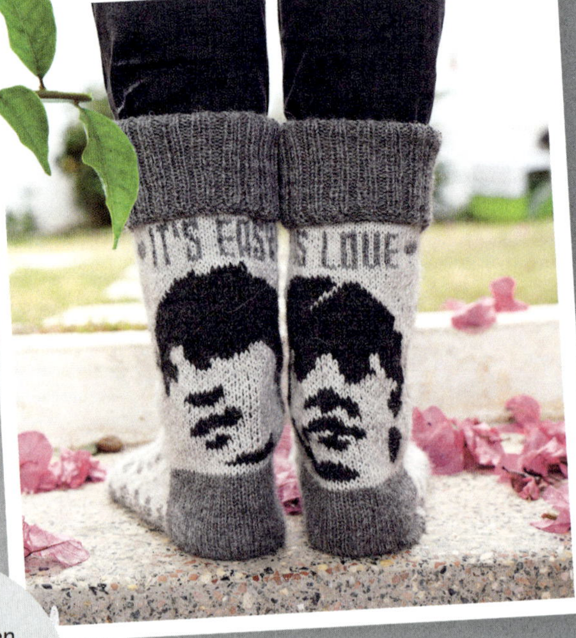

Bei den Pinguinsocken (siehe Seite 32) kannst du auf Bildern sehen, wie man eine Ferse strickt.

So wird's gemacht

✿ 80 Maschen anschlagen, gleichmäßig auf die Nadeln verteilen und zur Runde schließen. Die erste Runde rechts verschränkt stricken. Das Bündchen in der gewünschten Länge im Rippenmuster (2 rechts, 2 links) stricken. Ich habe 13 cm gestrickt und dann aufgegeben. Das Muster glatt rechts nach Strickschrift bis zur rosafarbenen Linie stricken.

FERSENKAPPE

✿ Die Maschen, die nicht rosa markiert sind, ruhen lassen. Die rosa markierten 38 Maschen bilden die Fersenkappe. Um eine schöne Kante an der Fersenkappe zu erhalten, die erste Masche auf jeder Seite abheben. Die 38 Maschen in Reihen stricken, bis die Fersenkappe eine Länge von etwa 7 cm hat, und mit einer rechten Reihe enden.

FERSENRUNDUNG

✿ **Reihe 1 (Rückreihe):** 1 Masche abheben, 21 Maschen links stricken, 2 Maschen links zusammenstricken, 1 Masche links. Wenden.

✿ **Reihe 2:** 1 Masche abheben, 7 Maschen rechts stricken, 2 Maschen rechts verschränkt zusammenstricken, 1 Masche rechts. Wenden. Durch die verkürzte Reihe entsteht ein Loch zur Vorreihe, das aber beim Stricken verschwindet. Versuche, den Faden so fest wie möglich anzuziehen. →

Bei diesem Muster spielt es keine Rolle, an welchem Fuß du die jeweilige Socke trägst. Toll, nicht?

Dieser rosa Strich markiert die 38 Maschen, aus denen die Fersenkappe besteht.

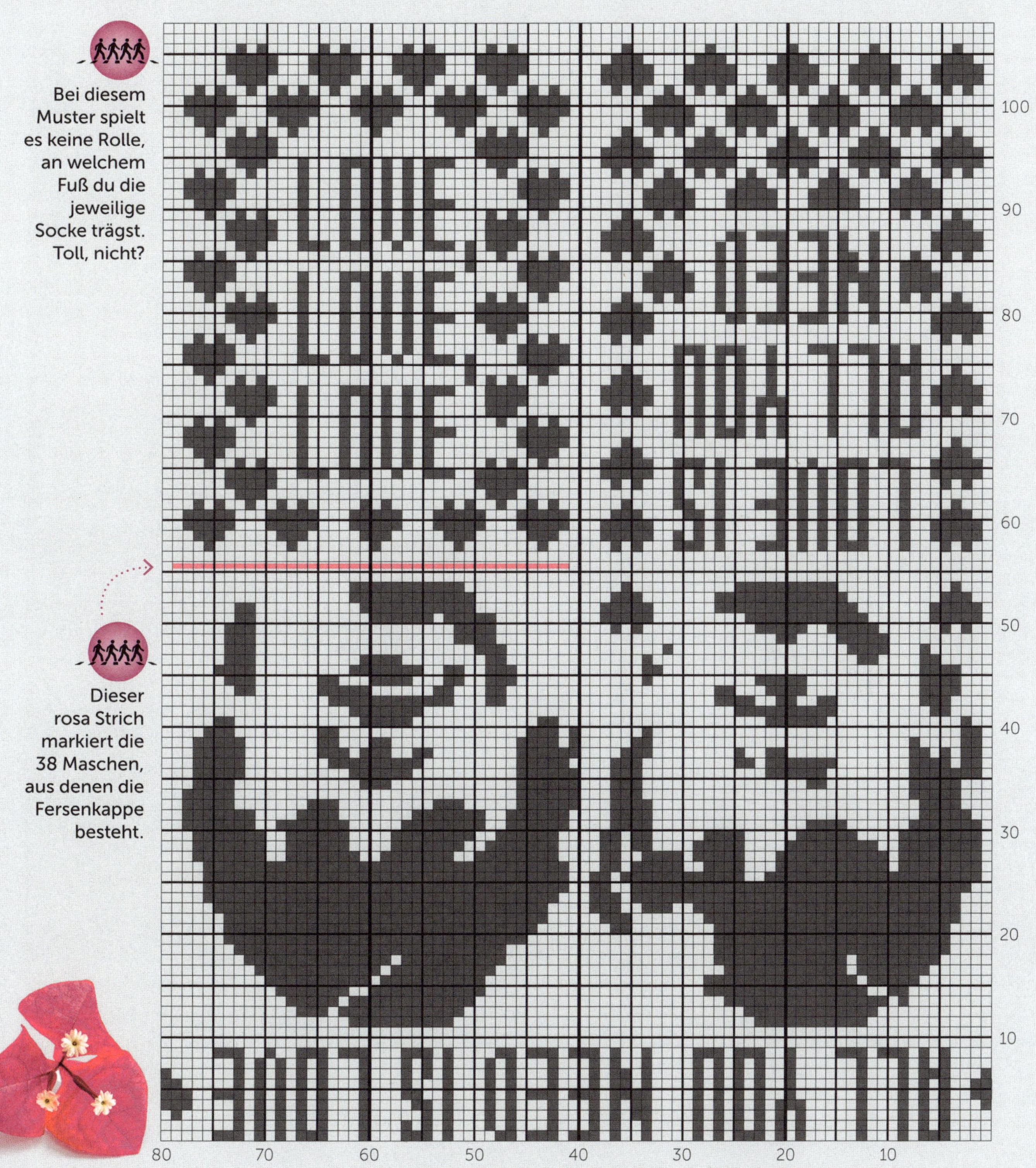

Reihe 3: 1 Masche abheben, bis zur letzten Masche vor dem Zwischenraum links stricken. Die beiden Maschen vor und nach dem Zwischenraum links zusammenstricken, 1 Masche links stricken. Wenden.

Reihe 4: 1 Masche abheben, bis zur letzten Masche vor dem Zwischenraum rechts stricken. Die beiden nächsten Maschen rechts verschränkt zusammenstricken. 1 Masche rechts stricken. Wenden.

Reihen 3–4 wiederholen, bis nur noch 22 Maschen auf der Nadel sind. Solltest du eine andere Anzahl haben, kannst du dies beim Aufnehmen der Maschen korrigieren.

MASCHEN AUFNEHMEN

Verteile die 22 Maschen auf zwei Nadeln, jeweils 11, nimm etwa 15–19 Maschen aus den Randmaschen der Fersenkappe auf (je größer der Fuß, desto mehr Maschen). Nimm auch 1 der 42 stillgelegten Maschen mit. Du hast nun 11+15 (bis 19)+1 Masche = 27 (bis 31) Maschen auf der ersten Nadel. 20 Maschen werden für das Muster verwendet, die anderen Maschen bilden den Keil. Ich setze meist einen Markierer an diese Stelle. Nimm die gleiche Anzahl Maschen auf der anderen Seite der Fersenkappe auf. Nun wieder in Runden stricken.

FERSENKEIL

Die Abnahmen erfolgen in jeder 2. Reihe mit je 1 Masche an jedem Keil. Nimm die

Der Song »All You Need is Love« wurde dafür kritisiert, ein einfaches, in aller Eile geschriebenes Stück zu sein. Was macht das schon, wenn es eines der berühmtesten Lieder der westlichen Welt ist?

Maschen ab, die der Oberseite der Socke am nächsten sind. Auf der linken Seite der Socke (stell dir vor, dass du die Socke von oben siehst, wenn sie angezogen ist) nimmst du überzogen ab: 1 Masche abheben, 1 Masche rechts stricken, die abgehobene Masche über die gestrickte ziehen. So neigt sich die Masche in die richtige Richtung und sieht schön aus. Auf der anderen Seite 2 Maschen rechts zusammenstricken. Fahre mit dem Muster fort und beginne mit der Fußspitze, wenn noch etwa 5 cm bis zur fertigen Socke fehlen.

FUSSSPITZE

Zeit, die Socke fertigzustellen. Nimm dazu in den ersten 10 Reihen in jeder 2. Reihe 4 Maschen ab.

Maschen abnehmen: 1 Masche stricken, dann 2 Maschen überzogen zusammenstricken. Bis zur anderen Fußseite weiterstricken, bis noch 3 Maschen übrig sind, dann 2 Maschen rechts zusammenstricken und 1 Masche rechts. Das Gleiche für die Fußunterseite wiederholen. Nach den ersten 10 Runden die Abnahmen in jeder Runde fortsetzen, bis insgesamt nur noch 20 Maschen übrig sind. Den Faden abschneiden, durch die restlichen Maschen fädeln und zusammenziehen. Dann den Faden nach innen führen und vernähen. Herzlichen Glückwunsch, die erste Socke ist fertig!

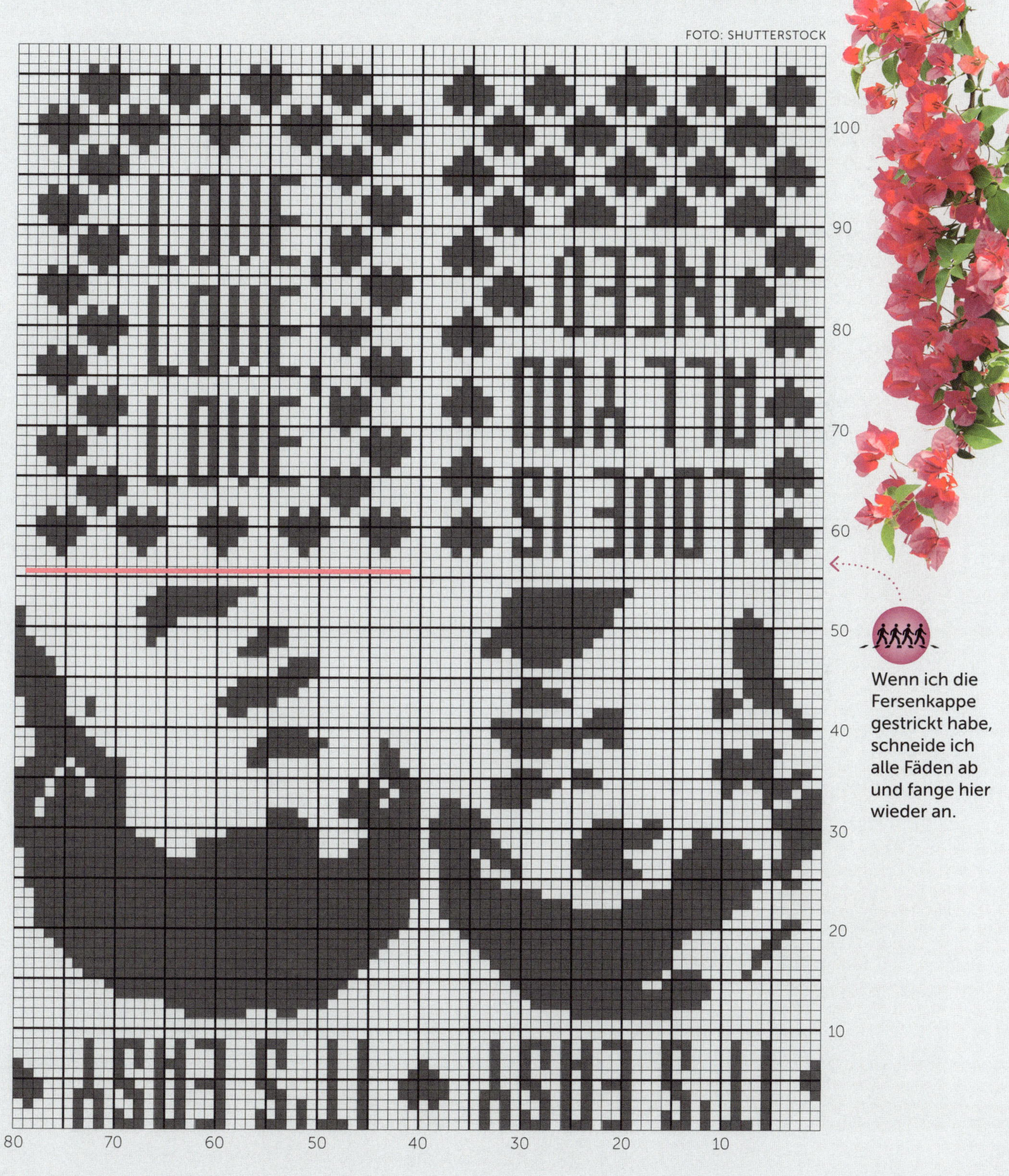

Wenn ich die Fersenkappe gestrickt habe, schneide ich alle Fäden ab und fange hier wieder an.

Wusstest du, dass eine der ältesten Darstellungen des Strickens ein Madonnenbild ist, das im 14. Jahrhundert in Italien gemalt wurde?

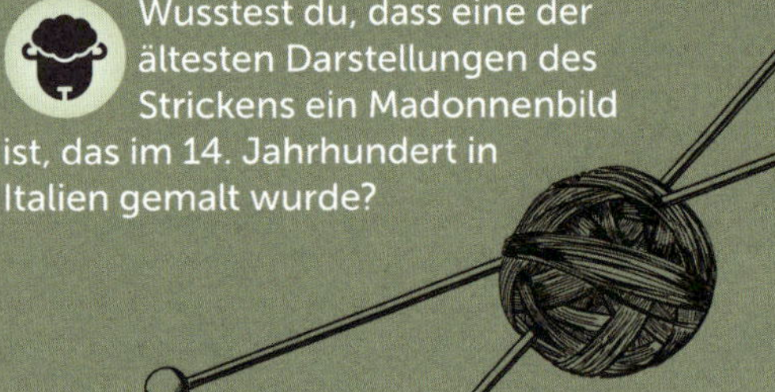

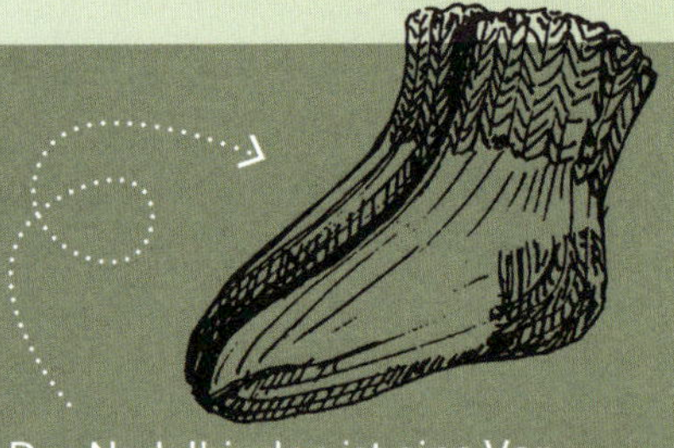

Das Nadelbinden ist eine Vorstufe des Strickens. In einem ägyptischen Grab wurden mit dieser Technik hergestellte Socken gefunden, die auf 600–400 v. Chr. datiert werden konnten.

ZOPF UM ZOPF

Zöpfe – leicht, schick und effektvoll! Wenn du nicht gerne mit mehreren Farben strickst, ist das genau das Richtige für dich. Du brauchst nur eine Hilfsnadel – und Zöpfe für klassische Kleidungsstücke sind ein Kinderspiel.

ILLUSTRATIONEN: SHUTTERSTOCK

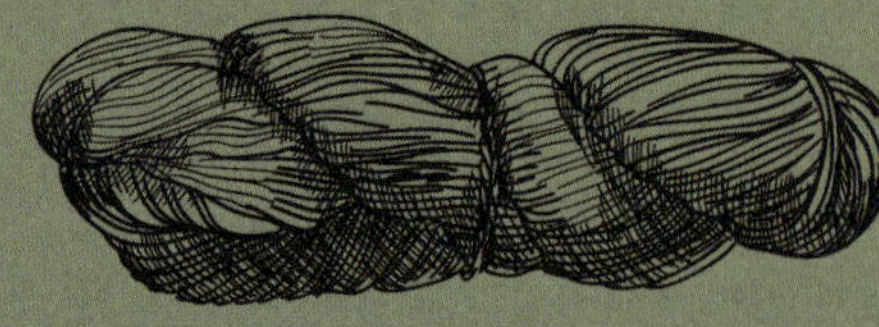

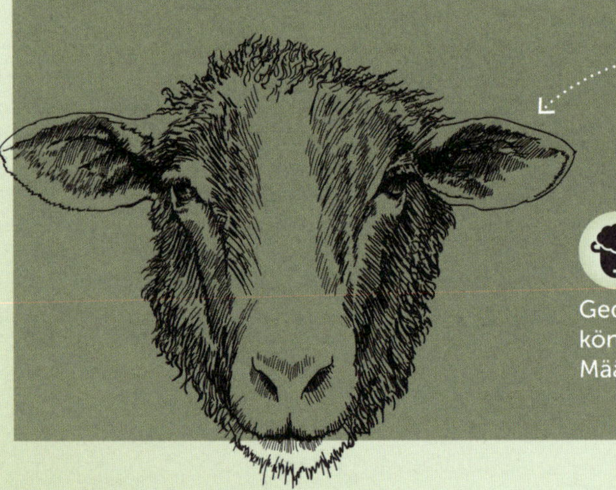

Wusstest du, dass es in Deutschland etwa 1,6 Millionen Schafe gibt, dass sie waagerechte Pupillen und ein ausgezeichnetes Gedächtnis haben und dass sie sich selbst heilen können, indem sie bestimmte Heilpflanzen fressen? Määää!

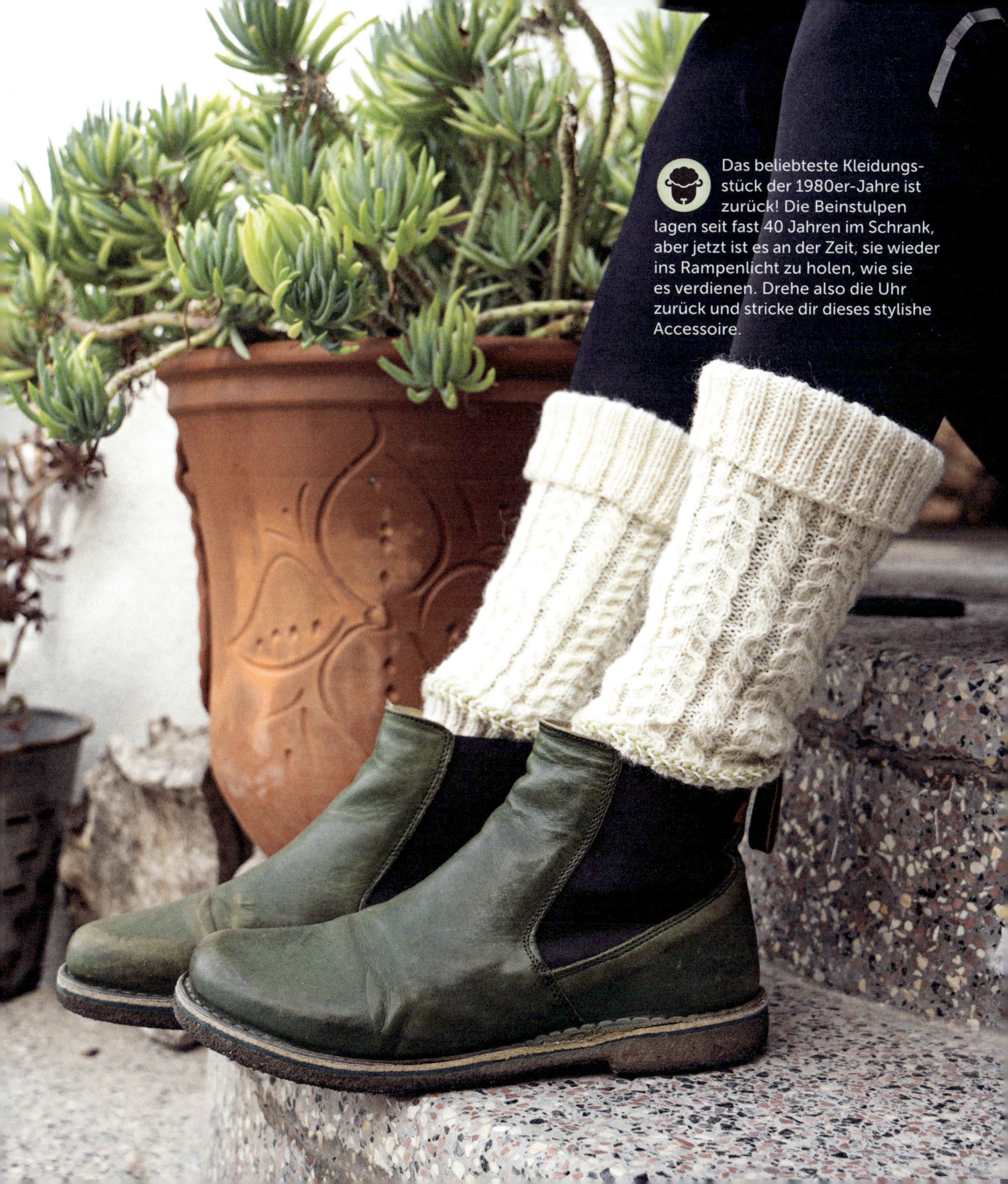

Das beliebteste Kleidungsstück der 1980er-Jahre ist zurück! Die Beinstulpen lagen seit fast 40 Jahren im Schrank, aber jetzt ist es an der Zeit, sie wieder ins Rampenlicht zu holen, wie sie es verdienen. Drehe also die Uhr zurück und stricke dir dieses stylishe Accessoire.

Beinstulpen

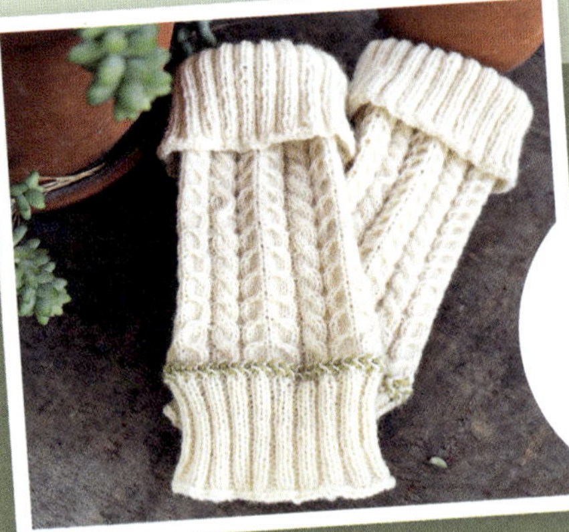

MASCHENPROBE:
24 Maschen = 10 cm

STRICKNADELN:
Nadelspiel/Rundstricknadel Stärke 3, je nach Maschenprobe
Zopfnadel/Hilfsnadel in entsprechender Stärke

GARNVORSCHLAG:
Drops Nord Farbe 01
50 g/170 m

GARNVERBRAUCH:
2 Knäuel. Etwas Restgarn in einer Kontrastfarbe für den lettischen Zopf.

Hast du noch nie einen lettischen Zopf gestrickt? Scanne einfach den QR-Code und schon kannst du sehen, wie ich es mache.

So wird's gemacht

✿ 88 Maschen anschlagen, auf die Nadeln verteilen und zur Runde schließen.

✿ Etwa 12 cm im Rippenmuster (2 links, 2 rechts) stricken.

ZOPFMUSTER STRICKEN (siehe rechts)

✿ **Runde 1:** *9 rechts, 2 links, 4 rechts, 2 links*, stets wiederholen. Dabei gleichmäßig verteilt 3 Maschen abnehmen.

✿ **Runde 2–4:** *9 rechts, 2 links, 4 rechts, 2 links*, stets wiederholen.

✿ **Runde 5:** *3 Maschen auf eine Zopfnadel heben, hinter die Arbeit legen, 1 rechts, die 3 Maschen von der Zopfnadel rechts. 1 rechts. 1 Masche auf die Zopfnadel heben, vor die Arbeit legen, 3 rechts, die Masche von der Zopfnadel rechts stricken. 2 links. 2 Maschen auf die Zopfnadel heben, vor die Arbeit legen, 2 rechts, die 2 Maschen von der Zopfnadel rechts, 2 links.*

✿ Runde 2–5 bis 15 cm ab Bund wiederholen.

✿ **Lettischer Zopf.** Arbeite den Zopf mit einer 0,5 mm größeren Nadel, damit das Strickstück nicht zu eng wird.

✿ **Runde 1:** *1 Masche rechts, 1 Masche rechts mit der Kontrastfarbe*, stets wiederholen.

✿ **Runde 2:** Beide Fäden vor die Arbeit legen. *Den Faden der Hauptfarbe unter den Kontrastfaden führen und 1 M links stricken. Den Kontrastfaden unter den Faden der Hauptfarbe führen und 1 M links stricken.* Stets wiederholen.

✿ **Runde 3:** Wie Runde 2, jedoch nun den Faden stets über den Faden der anderen Farbe führen.

✿ 1 Runde rechts stricken, dann 6 cm im Rippenmuster stricken, dabei in der ersten Runde gleichmäßig verteilt 13 Maschen abnehmen. Abketten und die Fäden vernähen.

So wird ein Zopf gestrickt

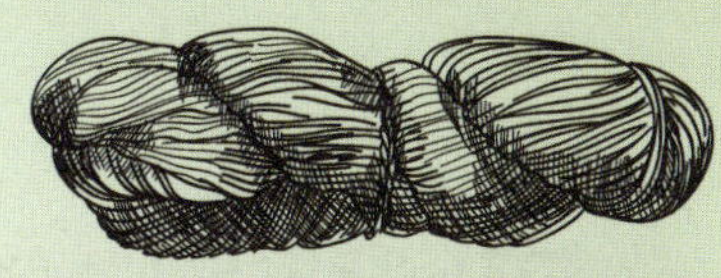

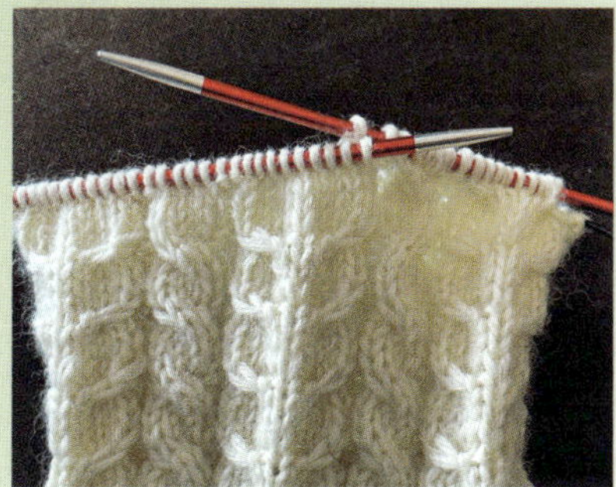

✿ Wenn du 4 Runden gestrickt hast, ist es Zeit für eine weitere Runde im Zopfmuster.

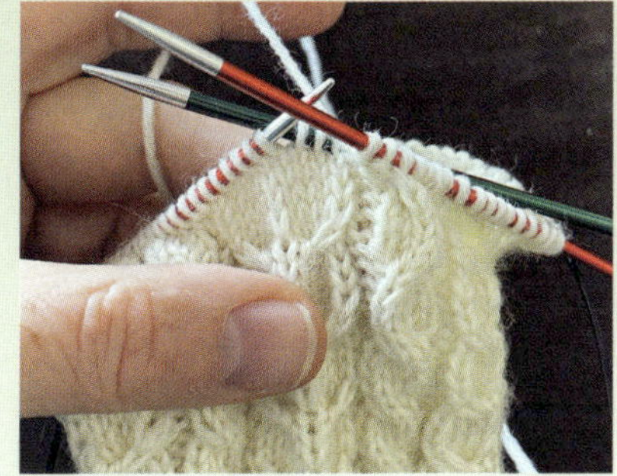

✿ **Großer Zopf.** 3 Maschen auf eine Zopfnadel oder Stricknadel heben und hinter die Arbeit legen.

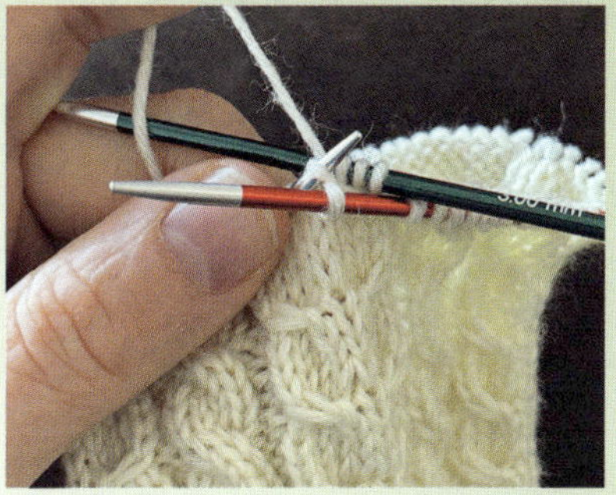

✿ 1 Masche rechts stricken.

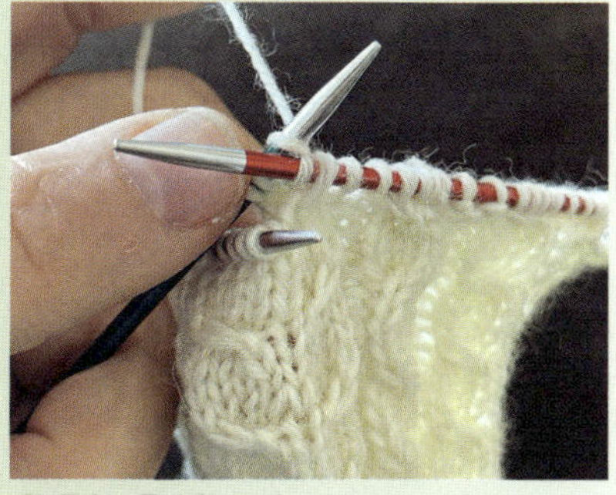

✿ Die 3 Maschen von der Zopfnadel stricken. 1 Masche rechts (Mittelmasche).

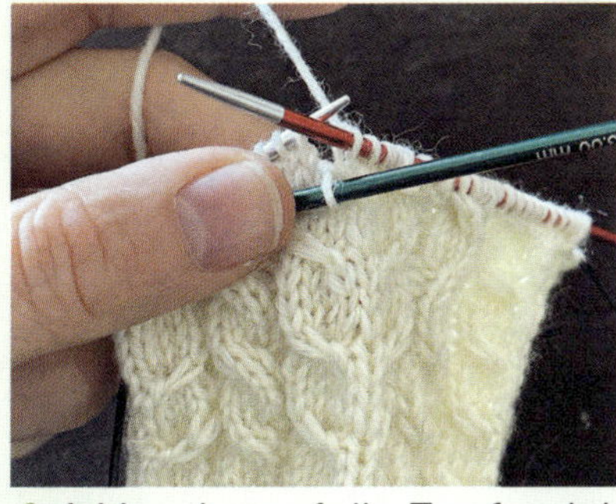

✿ 1 Masche auf die Zopfnadel heben, vor die Arbeit legen.

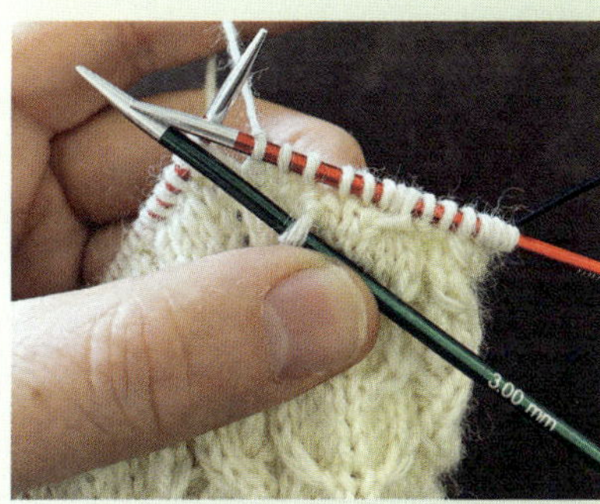

✿ 3 Maschen rechts stricken.

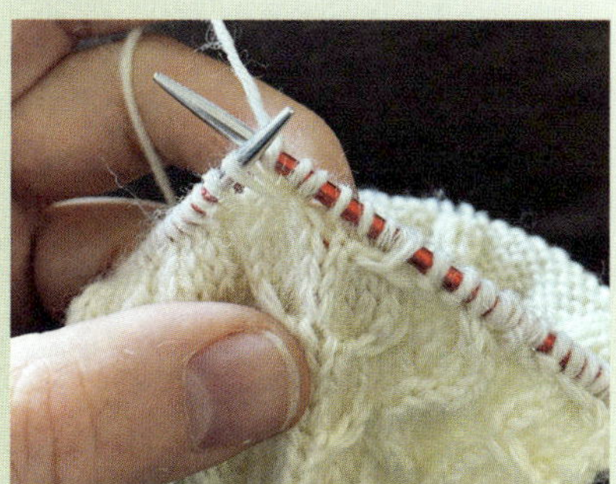

✿ Die Masche von der Zopfnadel rechts stricken.

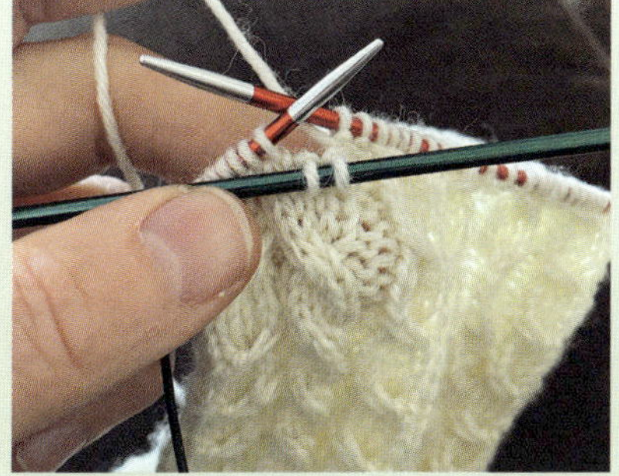

✿ **Kleiner Zopf.** 2 Maschen auf die Zopfnadel heben, vor die Arbeit legen.

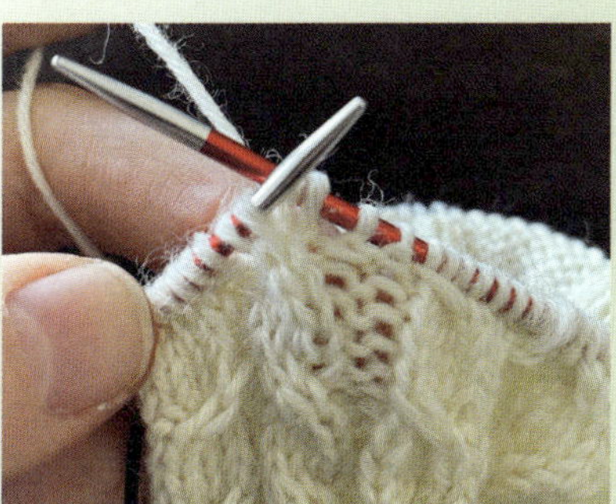

✿ 2 Maschen rechts. Die 2 Maschen von der Zopfnadel rechts stricken.

ILLUSTRATIONEN: SHUTTERSTOCK

Mütze

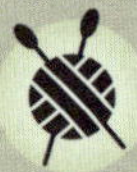

MASCHENPROBE:
21 Maschen = 10 cm

STRICKNADELN:
Nadelspiel/Rundstricknadel (40 cm)
Stärke 4, je nach Maschenprobe

GARNVORSCHLAG:
Viking Sportsragg Farbe 530
50 g/100 m

GARNVERBRAUCH:
2 Knäuel

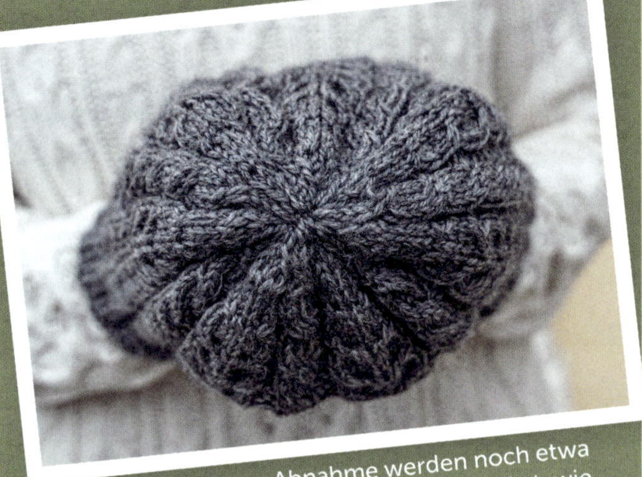

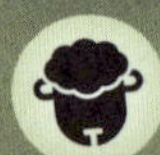

Ab der ersten Abnahme werden noch etwa 6 cm gestrickt. Du entscheidest selbst, wie lang deine Mütze sein soll.

So wird's gemacht

✿ 108 Maschen auf der Rundstricknadel anschlagen und zur Runde schließen. Das Muster basiert auf einem Mustersatz von 18 Maschen. Wenn deine Mütze kleiner oder größer werden soll, nimm also 18 Maschen weniger oder mehr.

✿ Die erste Reihe rechts verschränkt.

BÜNDCHEN

✿ **Runde 1–4:** *2 rechts, 2 links, 2 rechts, 2 links, 2 rechts, 2 links, 4 rechts, 2 links* (ein Mustersatz), stets wiederholen.

✿ **Runde 5:** *2 rechts, 2 links, 2 rechts, 2 links, 2 rechts, 2 links, 2 Maschen auf eine Zopfnadel heben und vor die Arbeit legen, 2 rechts, dann die Maschen von der Zopfnadel rechts, 2 links*.

Runden 1–5 wiederholen, bis das Bündchen etwa 5 cm lang ist. Mit Runde 5 enden.

ZÖPFE

✿ **Runde 1:** *9 Maschen rechts, dabei 1 M abnehmen, 2 links, 4 rechts, 2 links*.

✿ **Runde 2–4:** *9 rechts, 2 links, 4 rechts, 2 links*.

✿ **Runde 5:** *3 Maschen auf eine Zopfnadel heben und hinter die Arbeit legen. 1 rechts, die 3 von der Zopfnadel rechts, 1 rechts. 1 Masche auf die Zopfnadel heben und vor die Arbeit legen. 3 rechts, die Masche von der Zopfnadel rechts, 2 links, 2 Maschen auf eine Zopfnadel heben und vor die Arbeit legen. 2 rechts, die 2 von der Zopfnadel stricken, 2 links.*

Runden 1–5 wiederholen, aber nun in Runde 1 nicht mehr abnehmen.

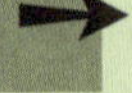

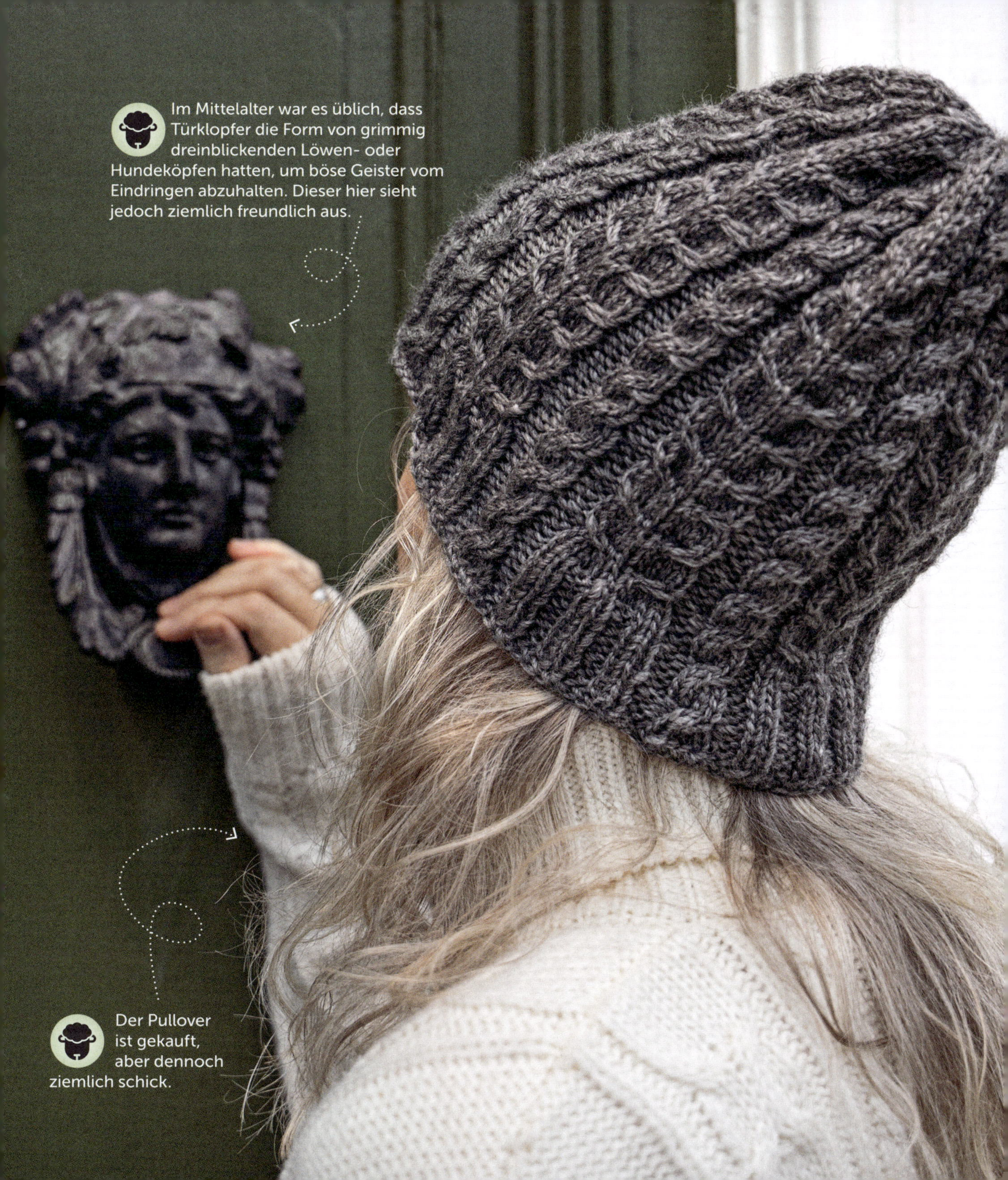

Im Mittelalter war es üblich, dass Türklopfer die Form von grimmig dreinblickenden Löwen- oder Hundeköpfen hatten, um böse Geister vom Eindringen abzuhalten. Dieser hier sieht jedoch ziemlich freundlich aus.

Der Pullover ist gekauft, aber dennoch ziemlich schick.

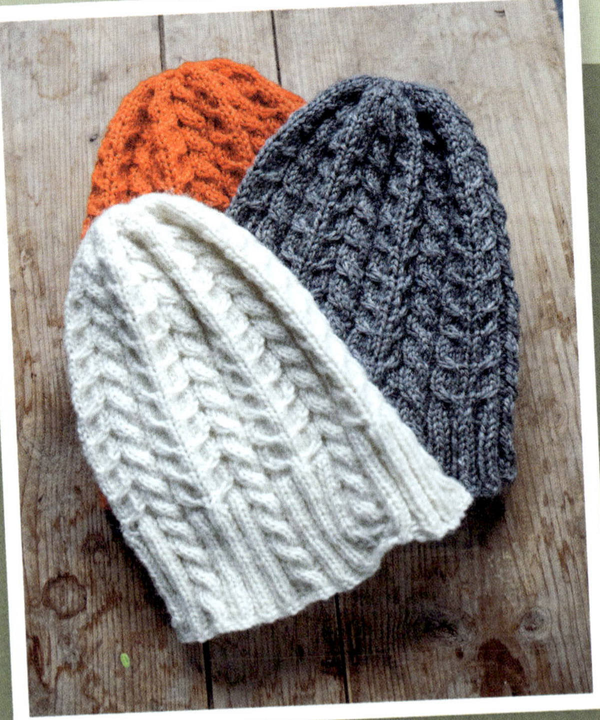

Apropos Maschenprobe ... Ich musste drei Mützen stricken, bevor ich eine hatte, die auf meinen Dickkopf passte.

Die Mütze bis zur gewünschten Länge stricken und vor den Abnahmen mit einer Reihe 5 enden.

ABNAHMEN

✿ **Runde 1–3:** *9 rechts, 2 links, 4 rechts, 2 links.*

✿ **Runde 4:** *2 rechts zusammenstricken, 5 rechts, 2 rechts zusammenstricken, 2 links, 4 rechts, 2 links.*

✿ **Runde 5:** *2 Maschen auf einer Zopfnadel hinter die Arbeit legen, 1 rechts, die 2 Maschen von der Zopfnadel rechts, 1 rechts, 1 Masche auf einer Zopfnadel vor die Arbeit legen, 2 rechts, die Masche von der Zopfnadel rechts, 2 links.*

✿ **Runde 6–8:** *7 rechts, 2 links, 4 rechts, 2 links.*

✿ **Runde 9:** *2 rechts zusammenstricken, 3 rechts, 2 rechts zusammenstricken, 2 links, 4 rechts, 2 links.*

✿ **Runde 10:** *1 Masche auf einer Zopfnadel hinter die Arbeit legen, 1 rechts, die Masche von der Zopfnadel rechts, 1 rechts, 1 Masche auf einer Zopfnadel vor die Arbeit legen, 1 rechts, die Masche von der Zopfnadel rechts, 2 links zusammenstricken, 2 Maschen auf einer Zopfnadel vor die Arbeit legen, 2 rechts, die 2 Maschen von der Zopfnadel rechts, 2 links zusammenstricken.

✿ **Runde 11–13:** * 5 rechts, 1 links, 4 rechts, 1 links.*

✿ **Runde 14:** *5 rechts, 1 links, 2 x 2 rechts zusammenstricken, 1 links.*

✿ **Runde 15:** *1 Masche auf einer Zopfnadel hinter die Arbeit legen, 1 rechts, die Masche von der Zopfnadel rechts, 1 rechts, 1 Masche auf einer Zopfnadel vor die Arbeit legen, 1 rechts, die Masche von der Zopfnadel rechts, 1 links, 1 Masche auf einer Zopfnadel vor die Arbeit legen, 1 rechts, die Masche von der Zopfnadel rechts, 1 links.*

✿ **Runde 16:** *2 rechts zusammenstricken, 1 rechts, 2 rechts zusammenstricken, 1 links, 2 rechts zusammenstricken, 1 links.*

✿ **Runde 17:** *1 Masche abheben, 2 rechts zusammenstricken und die abgehobene Masche über die gestrickte heben, 1 links, 1 rechts, 1 links.*

Den Faden abschneiden und durch die restlichen Maschen fädeln. Den Faden nach innen ziehen und vernähen.

Poncho

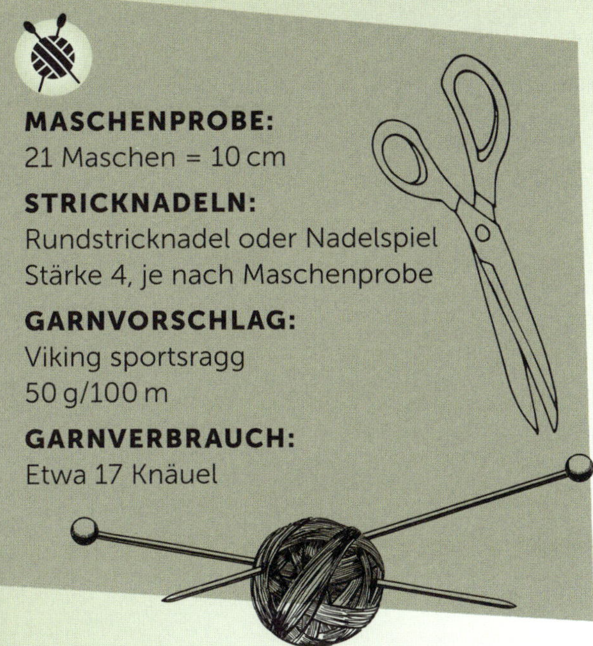

MASCHENPROBE:
21 Maschen = 10 cm

STRICKNADELN:
Rundstricknadel oder Nadelspiel Stärke 4, je nach Maschenprobe

GARNVORSCHLAG:
Viking sportsragg
50 g/100 m

GARNVERBRAUCH:
Etwa 17 Knäuel

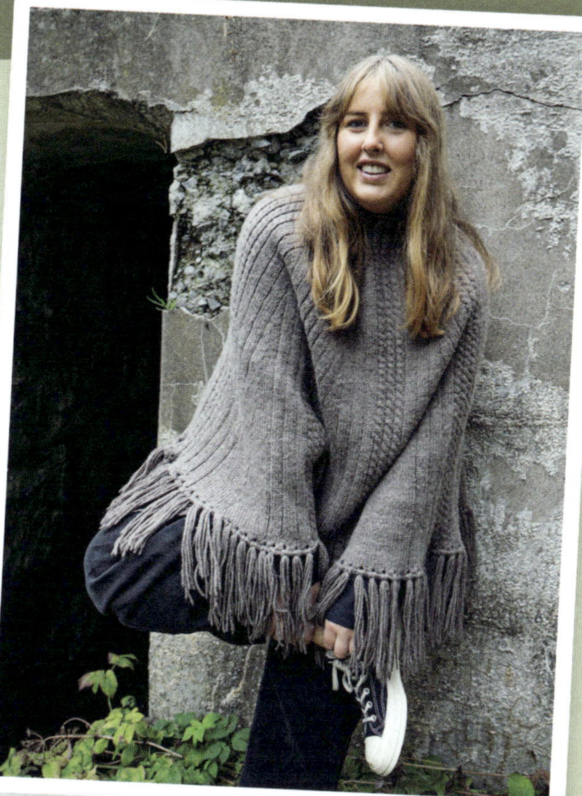

ILLUSTRATIONEN: SHUTTERSTOCK

Der Poncho hat eine Einheitsgröße. Die Größe, auf der die Maschenprobe basiert, ist M/L. Wenn du klein bist, wähle dünnere Nadeln, wenn du größer bist, wähle dickere Nadeln. Die Länge wird an deine Armlänge angepasst.

So wird's gemacht

KRAGEN

✿ 105 Maschen (7 Mustersätze) gleichmäßig verteilt auf dem Nadelspiel anschlagen und zur Runde schließen. Alle 15 Maschen für die Zunahmen einen Markierer setzen. Stricke den Kragen so lang, wie du möchtest, ich habe dreimal gezopft.

SCHULTERPARTIE

✿ Wechsle zu einer geeigneten Rundstricknadel und stricke nach der Strickschrift weiter. Für die Schulterpartie (16–19 cm ab der ersten Zunahme) in jeder 2. Runde nach den Markierern zunehmen.

PONCHO

✿ Nun nur noch in jeder 4. Reihe zunehmen. Ich nehme immer in der Reihe zu, in der ich die Zöpfe stricke, damit ich es mir leichter merken kann.

Ich finde es schön, wenn der Poncho ohne Fransen etwa am Handgelenk endet. In meinem Fall ist er bei meiner Körperlänge von 174 cm ab der letzten Zunahme im Schulterbereich 56 cm lang. →

Stricke nach dem gleichen Prinzip weiter und schließe ab, wenn du die richtige Länge für dich erreicht hast.

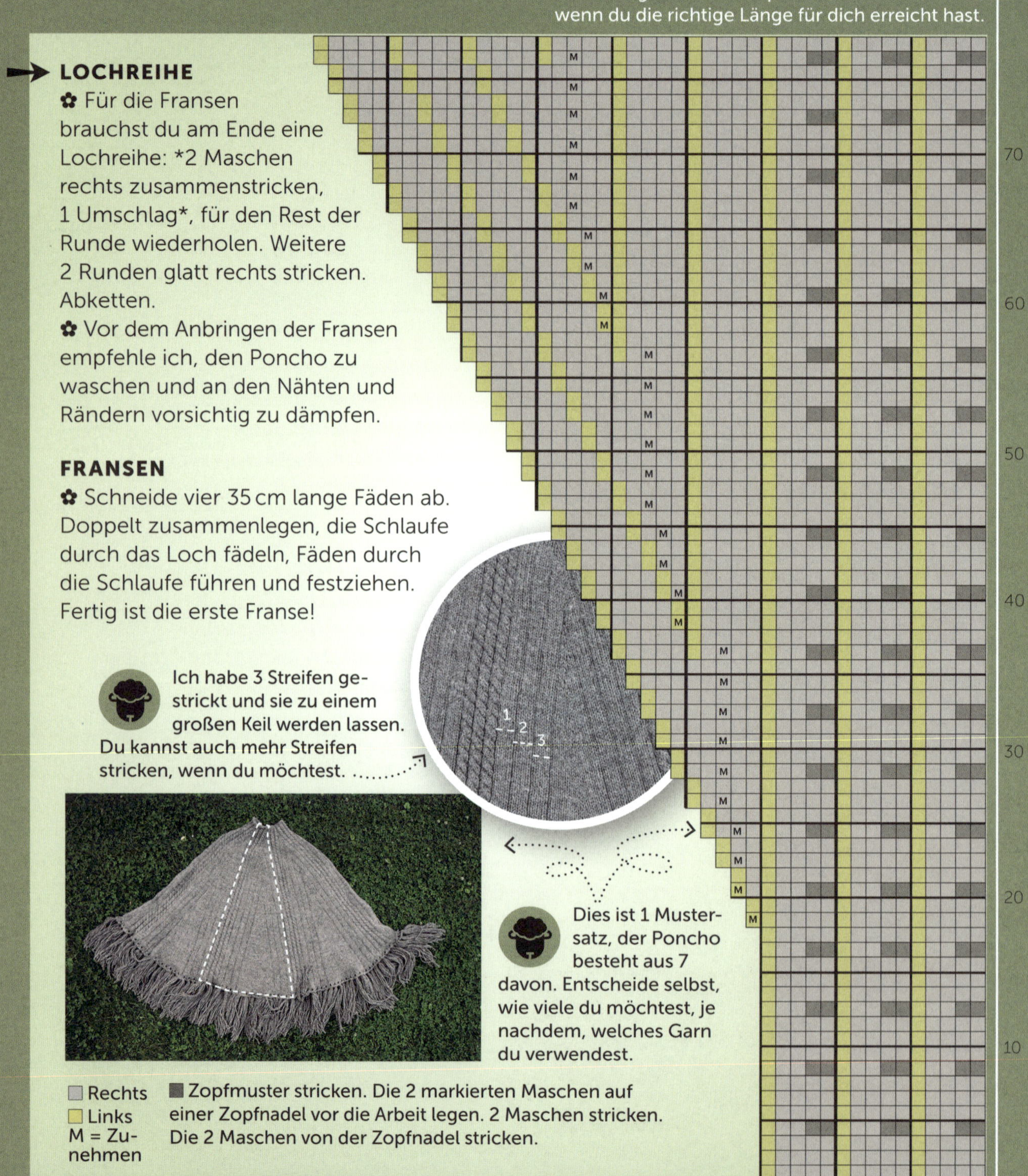

LOCHREIHE

✿ Für die Fransen brauchst du am Ende eine Lochreihe: *2 Maschen rechts zusammenstricken, 1 Umschlag*, für den Rest der Runde wiederholen. Weitere 2 Runden glatt rechts stricken. Abketten.

✿ Vor dem Anbringen der Fransen empfehle ich, den Poncho zu waschen und an den Nähten und Rändern vorsichtig zu dämpfen.

FRANSEN

✿ Schneide vier 35 cm lange Fäden ab. Doppelt zusammenlegen, die Schlaufe durch das Loch fädeln, Fäden durch die Schlaufe führen und festziehen. Fertig ist die erste Franse!

Ich habe 3 Streifen gestrickt und sie zu einem großen Keil werden lassen. Du kannst auch mehr Streifen stricken, wenn du möchtest.

Dies ist 1 Mustersatz, der Poncho besteht aus 7 davon. Entscheide selbst, wie viele du möchtest, je nachdem, welches Garn du verwendest.

Rechts
Links
M = Zunehmen

Zopfmuster stricken. Die 2 markierten Maschen auf einer Zopfnadel vor die Arbeit legen. 2 Maschen stricken. Die 2 Maschen von der Zopfnadel stricken.

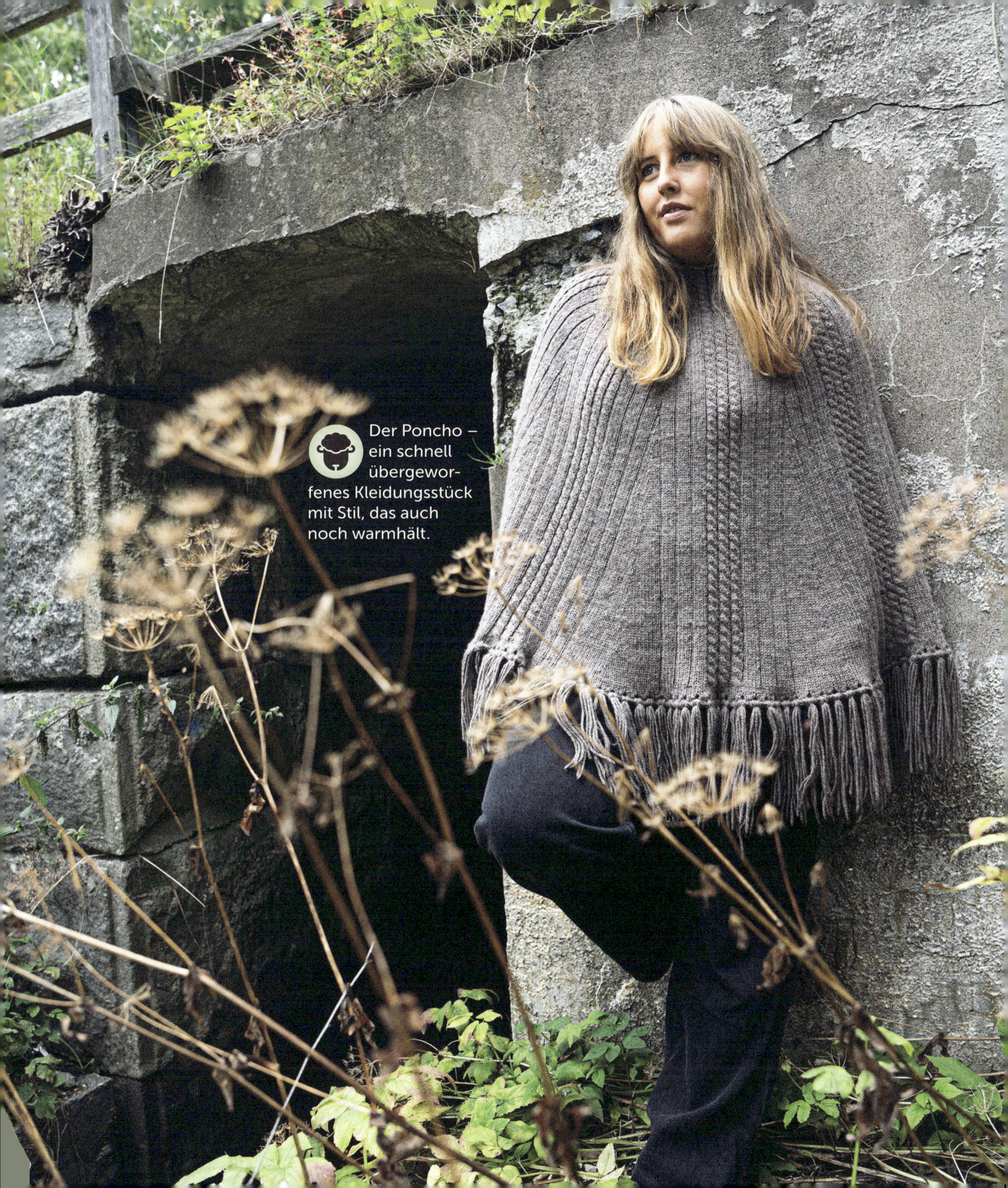

Der Poncho – ein schnell übergeworfenes Kleidungsstück mit Stil, das auch noch warmhält.

Mit diesem Rahmen gekennzeichnete Muster eignen sich gut für das Doubleface-Stricken, sie können aber auch normal gestrickt werden.

Lerne das

Doubleface-Stricken

Rechte und linke Maschen stricken, so einfach ist das. Beim Doubleface-Stricken leistet der Kopf die Arbeit, und sobald das Gehirn den Dreh raus hat, macht das Stricken unglaublich viel Spaß. Außerdem sieht es noch toll aus. Also los geht's!

Unser gemeinsames Projekt. Stricke nach dieser Anleitung und schon bald hast du eine Pfote in Doubleface gestrickt. Nimm beliebiges Garn und beliebige Nadeln.

So wird's gemacht

✿ Beim Doubleface-Stricken werden Vorder- und Rückseite gleichzeitig gestrickt. Das Ergebnis ist wirklich schön, da die Rückseite ebenso schön ist wie die Vorderseite, nur mit umgekehrten Farben.

✿ Nimm dir Garn und passende Nadeln (ich stricke meist mit einer Rundstricknadel) und lass uns zusammen eine Pfote in Doubleface stricken. Wir werden in Reihen stricken.

✿ Schlage doppelt so viele Maschen an, wie im Muster (siehe nächste Seite) angegeben, also 26 Maschen. Kreuzanschlag, abwechselnd erst dunkel, dann hell. Scanne den Code, um zu sehen, wie es gemacht wird.

✿ Regel Nummer eins: Denke immer in Paaren, zwei Maschen (eine von jeder Farbe) sind ein Kästchen.

✿ Regel Nummer zwei: Die erste Masche in jeder Reihe bestimmt, auf welcher Seite du bist. Der Einfachheit halber nennen wir die helle Farbe Hell und die dunkle Farbe Dunkel.

✿ Regel Nummer drei: Die erste Masche in jedem Paar ist immer rechts, die zweite dazugehörige Masche ist immer links. Wenn du eine helle rechte Masche strickst, ist die dazugehörige Masche dunkel und links. Denk daran, dass sie immer paarweise auftreten.

✿ Okay, das waren jetzt eine Menge Regeln und Hinweise, aber es ist nicht so kompliziert, wie es klingt. Die erste Reihe wird also hell rechts, dunkel links gestrickt, alle 13 Paare wiederholen. Das ist gar nicht so schwer. Wenn man die linke Masche strickt (siehe Bild), werden beide Fäden nach vorne gelegt, aber es wird nur der dunkle Faden verstrickt. Scanne den Code, um zu sehen, wie es gemacht wird. Die letzten beiden Maschen in jeder Reihe werden nur abgehoben.

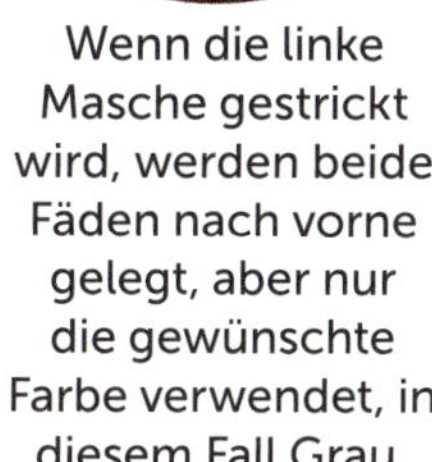

Wenn die linke Masche gestrickt wird, werden beide Fäden nach vorne gelegt, aber nur die gewünschte Farbe verwendet, in diesem Fall Grau.

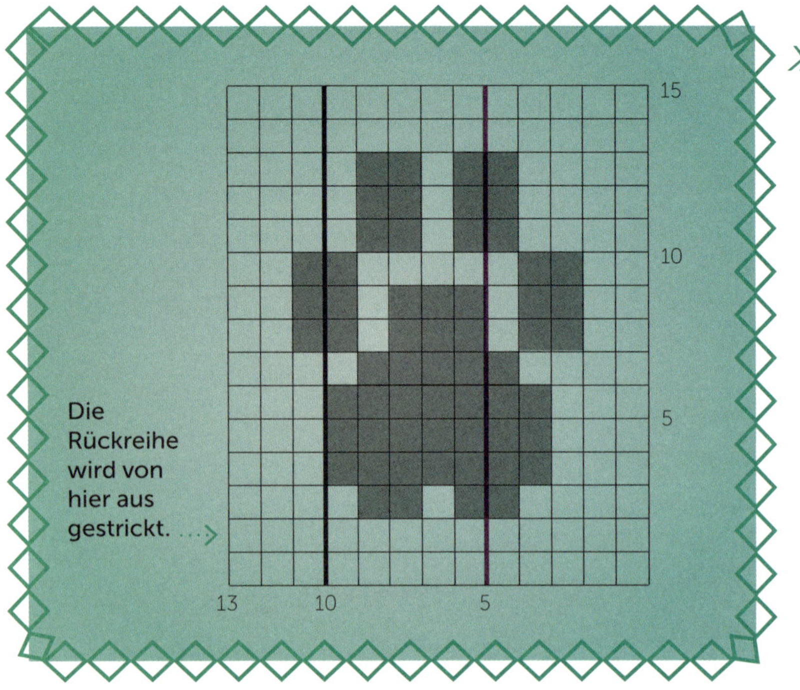

»Das Strickstück besteht nur aus rechten und linken Maschen. Nichts Kompliziertes, aber man muss sich schon konzentrieren.«

Tipp!

Um das Stricken beim Musterstricken zu erleichtern, setze ich meist alle zehn Maschen einen Markierer. So kann ich immer entspannt den Überblick behalten und brauche nicht so viel zu zählen.

✿ Das Strickstück wenden. Du hast nun eine dunkle Masche als Startmasche und bist auf der Rückseite. Stricke dunkel rechts und die dazugehörige Masche umgekehrt, also hell links. Alle 13 Paare wiederholen. Du bist in Gang gekommen, gut!

✿ Stricke weitere Reihen, bis du das Gefühl hast, dass sich dein Kopf an das Doubleface-Stricken gewöhnt hat.

✿ Jetzt beginnen wir mit dem Muster, und zwar in Reihe 3: Du beginnst mit vier Quadraten hell rechts mit dazugehörigen dunklen linken Maschen. Wenn du bei Kästchen 5 und 6 ankommst, strickst du dunkel rechts und die dazugehörigen Maschen andersherum, d. h. hell links. Kästchen 7 hell rechts, dunkel links, Kästchen 8 und 9 dunkel rechts und hell links. Mit vier Kästchen hell rechts und dunkel links enden. Scanne den QR-Code und sieh es dir an.

✿ Wir sind jetzt in Reihe 4 und stricken die Rückseite von links nach rechts. Hier beginnt der knifflige Teil. Unsere erste Masche ist dunkel, was bedeutet, dass wir uns auf der Rückseite befinden. Jetzt müssen wir andersherum denken. Die Kästchen 13–11 werden also dunkel rechts mit dazugehörigen hellen linken Maschen gestrickt. Wenn wir dann zu den Kästchen 10–4 kommen, werden es helle

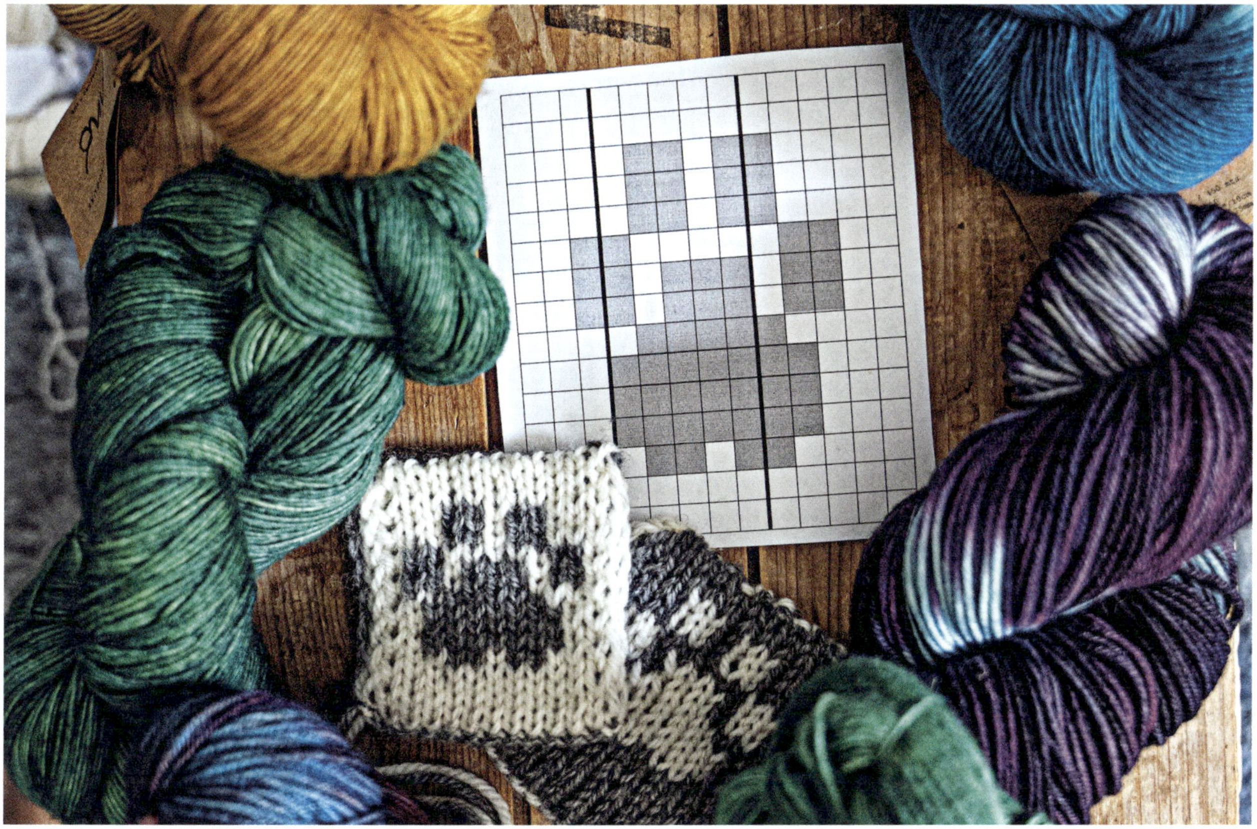

Da man beide Seiten gleichzeitig strickt, wird das Strickstück etwas breiter als das Muster aussieht. Wenn man ein Muster strickt, das nicht für das Doubleface-Stricken gedacht ist (das funktioniert gut), sieht es komprimiert aus, also etwas kürzer und dicker. Das Pfotenmuster ist für das Doubleface-Stricken angepasst und sieht als Muster etwas gedehnt aus. Wird es dann gestrickt, bekommt es genau die richtigen Proportionen, wie man auf dem Bild sehen kann.

rechte mit dazugehörigen dunklen linken Maschen. Zum Schluss noch drei dunkle rechte mit ihren dazugehörigen hellen linken Maschen.

✿ Die Arbeit wenden: Deine erste Masche ist hell, also gerade, und du strickst das Muster wie gewohnt.

✿ Fahre dann genauso fort. Das Strickstück besteht nur aus rechten und linken Maschen. Nichts Kompliziertes. Es ist aber wichtig, sich zu konzentrieren, und vor allem, den Kopf an das spiegelverkehrte Denken zu gewöhnen. Denk daran, dass es nur ein Probestück ist und du Fehler machen darfst. Wenn etwas falsch läuft, stricke ein paar Reihen ohne Muster hin und zurück und versuche es erneut. Gib nicht auf!

✿ Wenn du fertig bist, ist es Zeit für das Abketten. Ich kette meist unsichtbar ab, um einen schönen Abschluss zu erhalten. Scanne den Code und sieh dir an, wie es geht.

✿ Du hast es geschafft! Hat Spaß gemacht, oder?

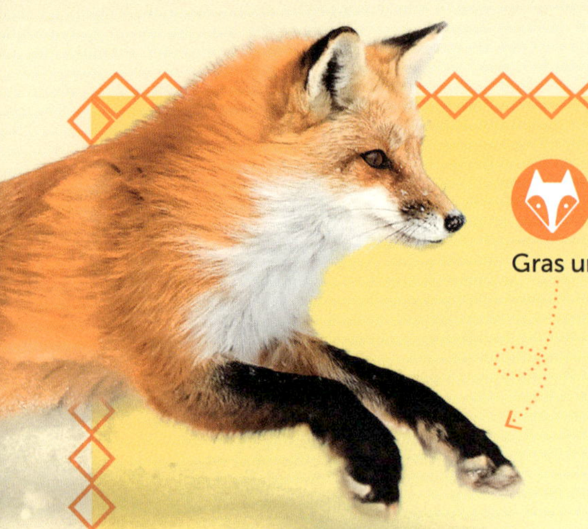

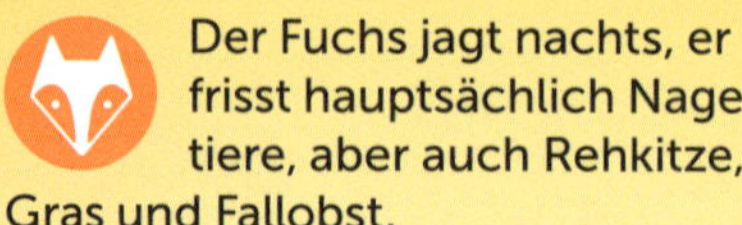

Der Fuchs jagt nachts, er frisst hauptsächlich Nagetiere, aber auch Rehkitze, Gras und Fallobst.

Es gibt etwa 150000 Schmetterlingsarten auf der Welt. Über 3000 allein in Deutschland. Beeindruckend, oder?

DER SCHLAUE FUCHS

Schlau wie ein Fuchs, wo sich Fuchs und Hase gute Nacht sagen, ein alter Fuchs – es gibt viele geflügelte Wörter über ihn, aber er ist ja auch facettenreich.

Der rote Fliegenpilz heißt auf Latein *Amanita muscaria* und *musca* bedeutet Fliege. Er wurde in der Vergangenheit als Insektenschutzmittel verwendet, daher der Name.

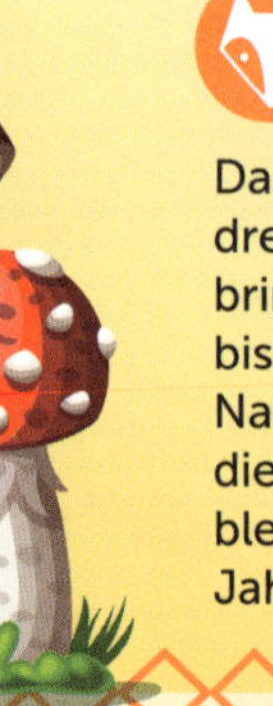

Das Weibchen ist etwa drei Monate trächtig und bringt in der Regel drei bis fünf Junge zur Welt. Nach vier Monaten sind die Jungen selbstständig, bleiben aber bis zu ein Jahr bei der Mutter.

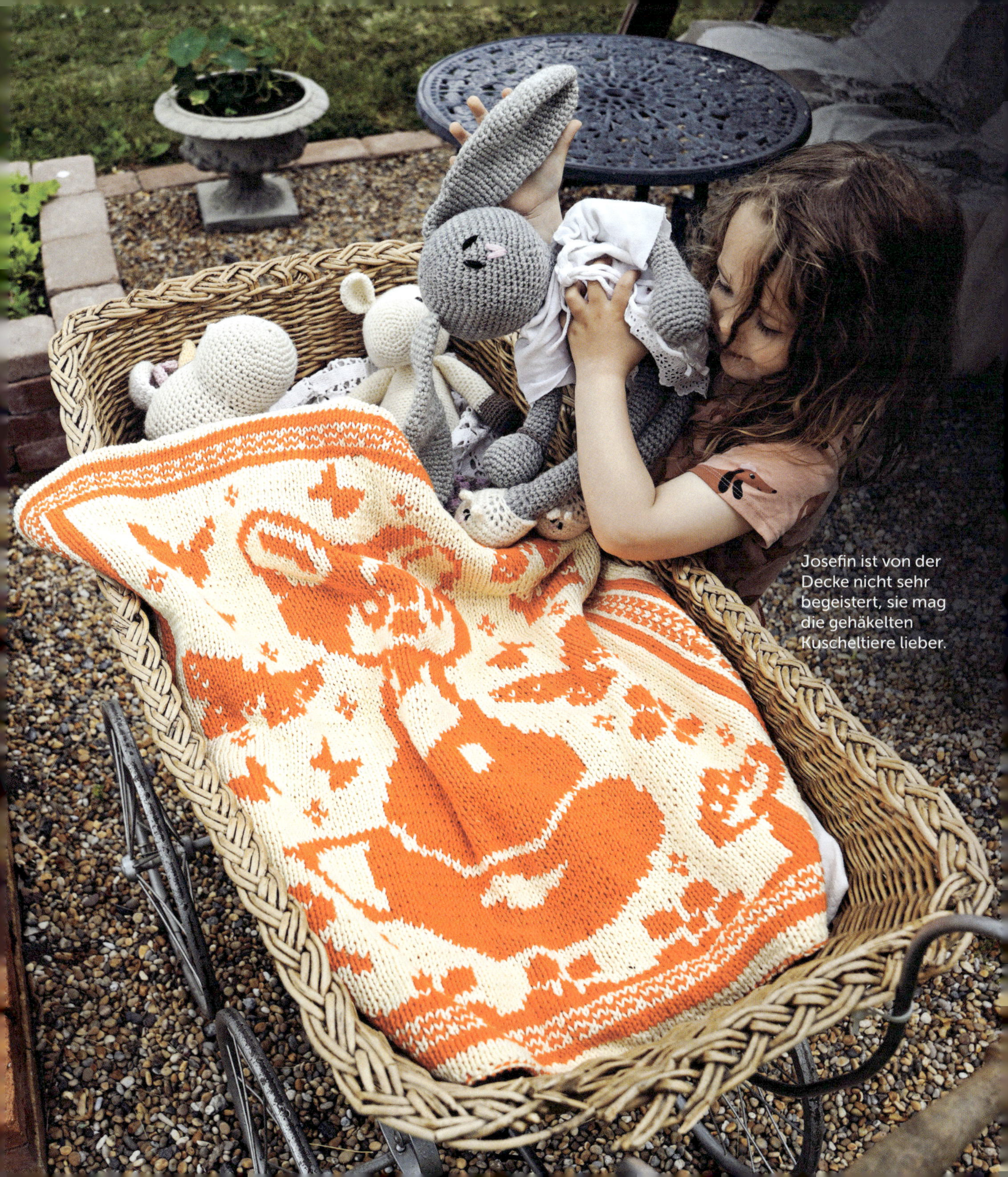

Josefin ist von der Decke nicht sehr begeistert, sie mag die gehäkelten Kuscheltiere lieber.

MASCHENPROBE:
17 Maschen = 10 cm

STRICKNADELN:
Rundstricknadel Stärke 4–5, je nach Maschenprobe

GARNVORSCHLAG:
Drops Paris Farbe 13
Drops Paris Farbe 19
50 g/75 m

GARNVERBRAUCH:
5 Knäuel von jeder Farbe

FERTIGE GRÖSSE:
60 × 70 cm

So wird's gemacht

✿ Das Muster geht über 101 Maschen, ich lege gern einen einfarbigen Rand rundherum an und füge 4 Maschen an jeder Seite hinzu. Deshalb nehme ich 109 Maschenpaare oder besser gesagt 218 Maschen auf. Dann mit 4 einfarbigen Reihen beginnen, der Strickschrift folgen und mit 4 einfarbigen Reihen enden.

✿ Abketten.

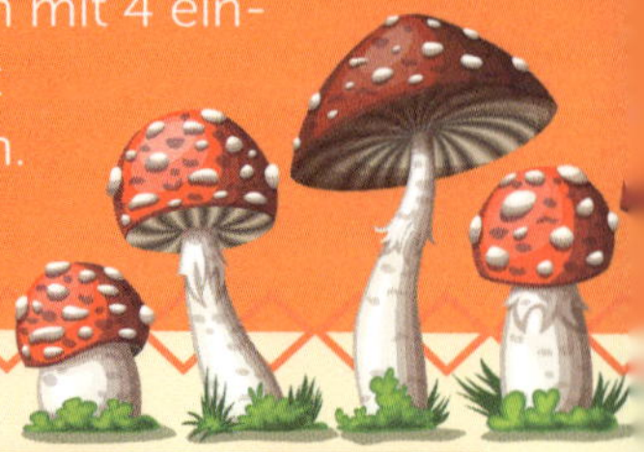

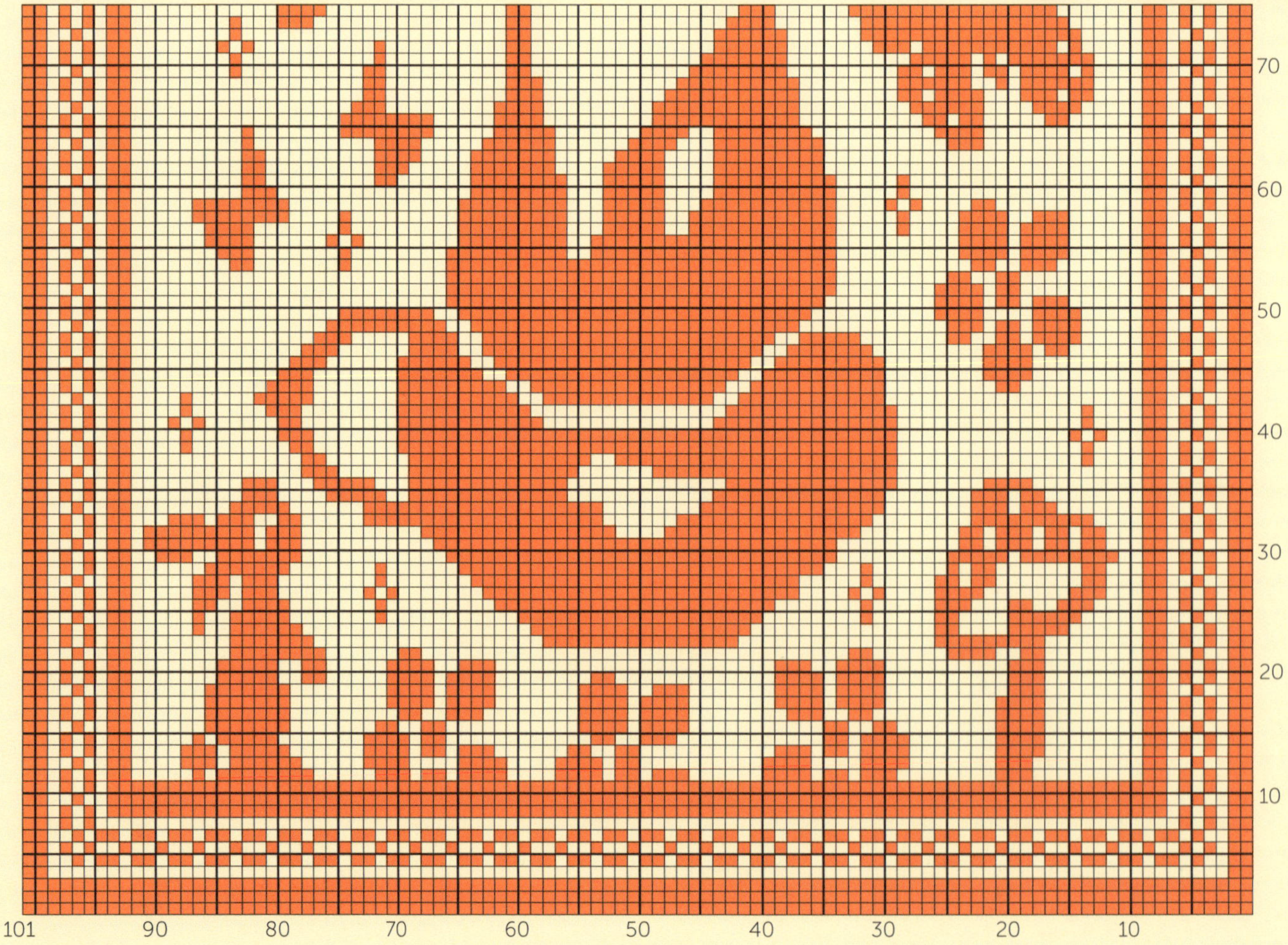

Geflügelte Worte über Füchse

- ✿ Ein schlafender Fuchs fängt kein Huhn.
- ✿ Ein Fuchs tappt nicht zweimal in dieselbe Falle.
- ✿ Alte Leute, alte Ränke – junge Füchse, neue Schwänke.
- ✿ Schlau wie ein Fuchs.
- ✿ Dort sagen sich Fuchs und Hase gute Nacht.
- ✿ Dem Fuchs hängen die Trauben zu hoch.
- ✿ Fuchsteufelswild

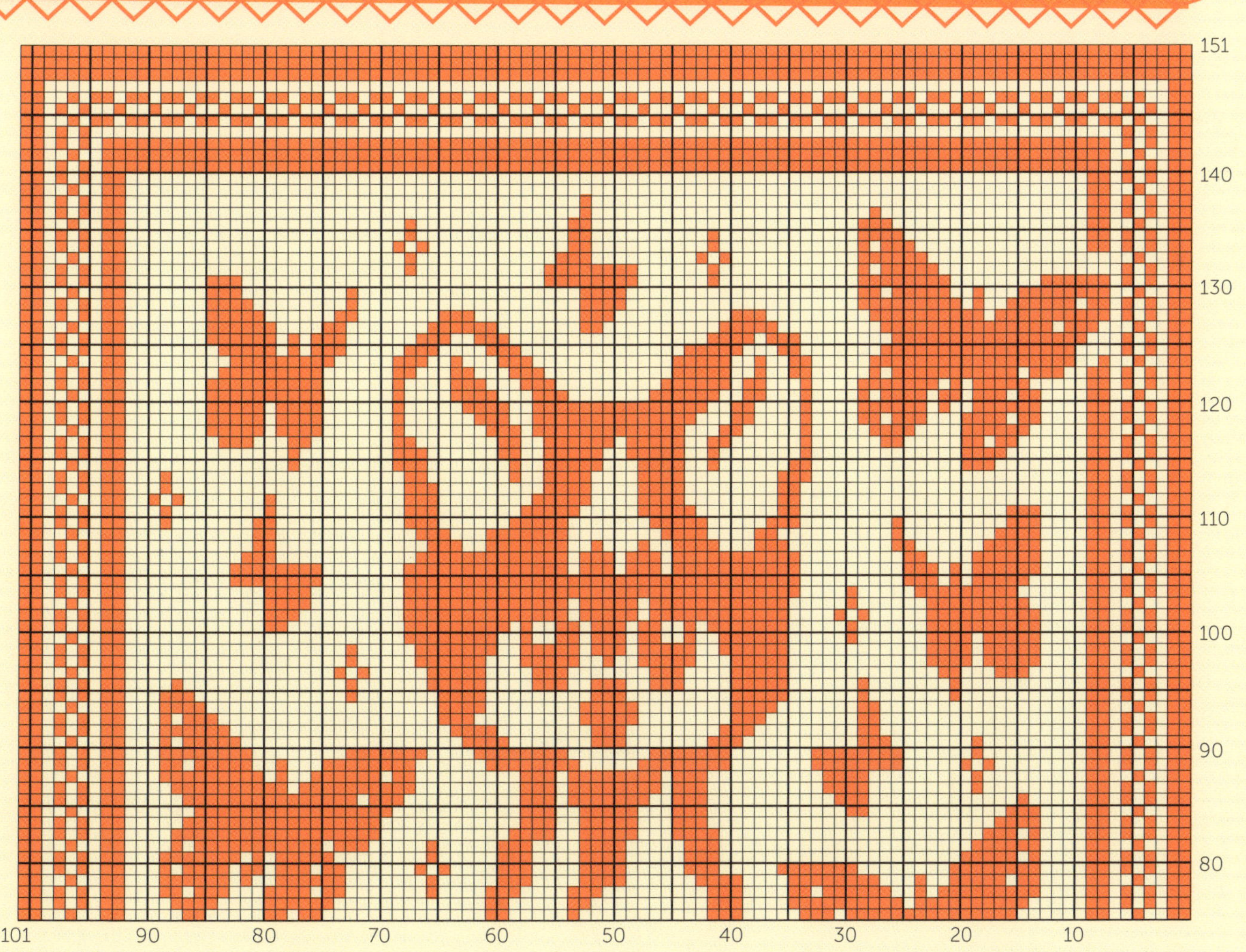

Nicht nur schön, sondern für viele Kulturen auch ein Symbol. Die Wurzeln des Baums sollen uns fest auf dem Boden verankern, und die Äste sorgen dafür, dass wir mit dem Himmel in Kontakt bleiben. Gut so. Lasst uns eine Decke stricken und an der Herrlichkeit teilhaben.

DER BAUM DES LEBENS

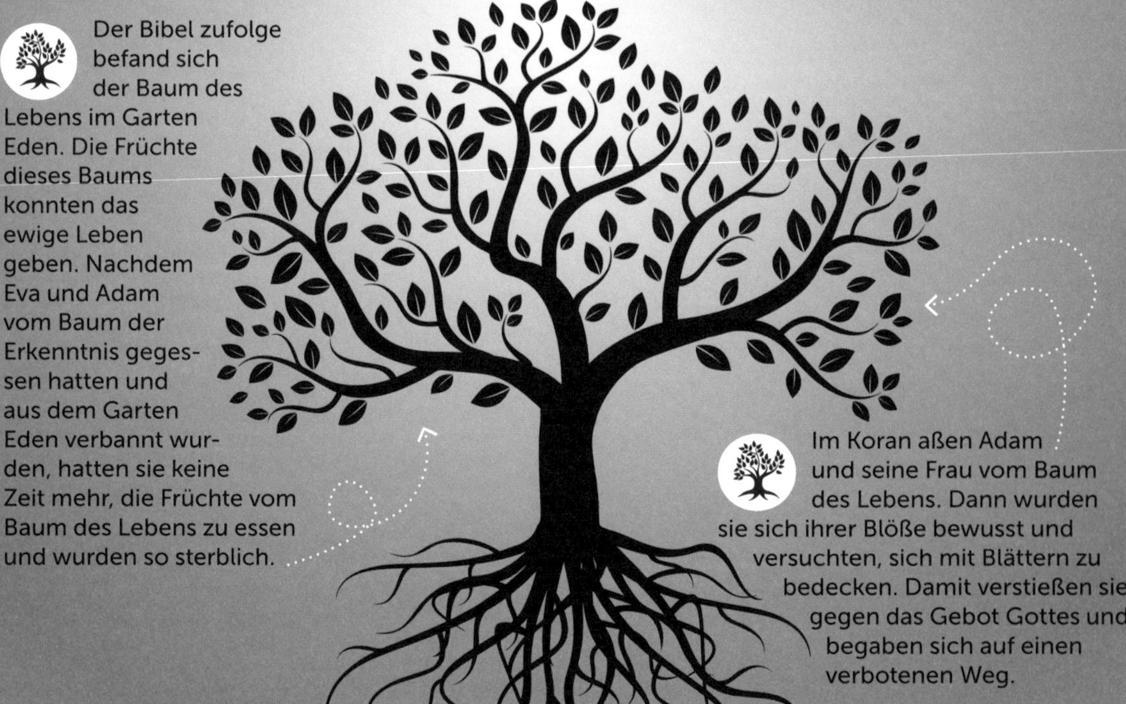

Der Bibel zufolge befand sich der Baum des Lebens im Garten Eden. Die Früchte dieses Baums konnten das ewige Leben geben. Nachdem Eva und Adam vom Baum der Erkenntnis gegessen hatten und aus dem Garten Eden verbannt wurden, hatten sie keine Zeit mehr, die Früchte vom Baum des Lebens zu essen und wurden so sterblich.

Im Koran aßen Adam und seine Frau vom Baum des Lebens. Dann wurden sie sich ihrer Blöße bewusst und versuchten, sich mit Blättern zu bedecken. Damit verstießen sie gegen das Gebot Gottes und begaben sich auf einen verbotenen Weg.

ILLUSTRATION: SHUTTERSTOCK

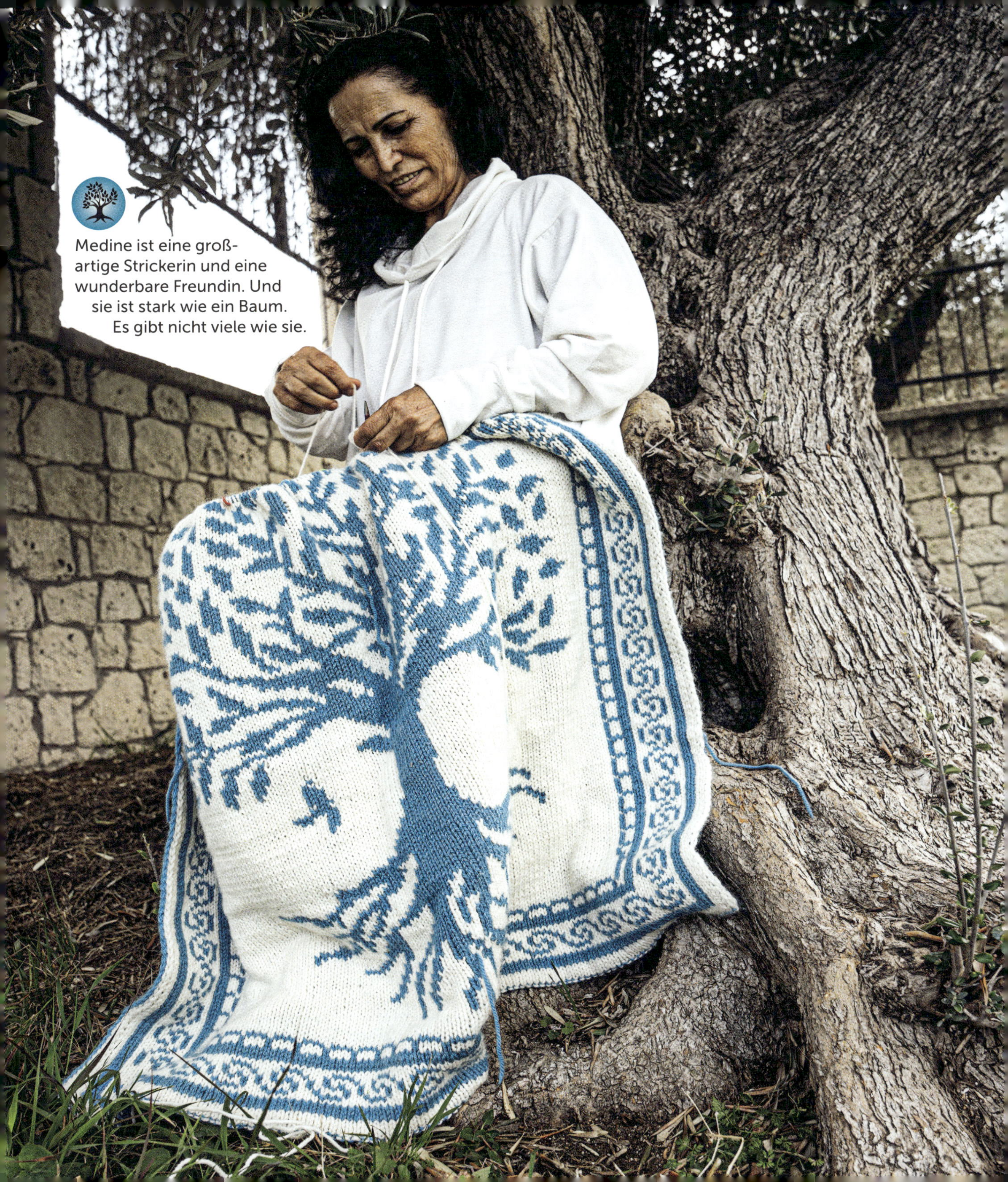

Medine ist eine großartige Strickerin und eine wunderbare Freundin. Und sie ist stark wie ein Baum. Es gibt nicht viele wie sie.

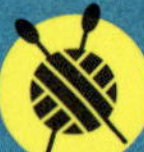

MASCHENPROBE:
18 Maschen = 10 cm

STRICKNADELN:
Rundstricknadel Stärke 5–6, je nach Maschenprobe

GARNVORSCHLAG:
Drops Nepal Farbe 0100
Drops Nepal Farbe 8911
50 g/75 m

GARNVERBRAUCH:
7–8 Knäuel von jeder Farbe

FERTIGE GRÖSSE:
80 × 90 cm

So wird's gemacht

✿ Das Muster geht über 138 Maschen. Ich lege immer noch einen einfarbigen Rand darum und füge dazu an jeder Seite noch 4 Maschen hinzu. Da wir die Decke ja in Doubleface stricken, schlage ich 146 Maschenpaare, also 292 Maschen, an. Beginne dann mit 4 einfarbigen Reihen, folge der Strickschrift und ende mit 4 einfarbigen Reihen.

✿ Abketten.

✿ Herzlichen Glückwunsch, du dürftest dem ewigen Leben nun einen Schritt näher gekommen sein. Halleluja!

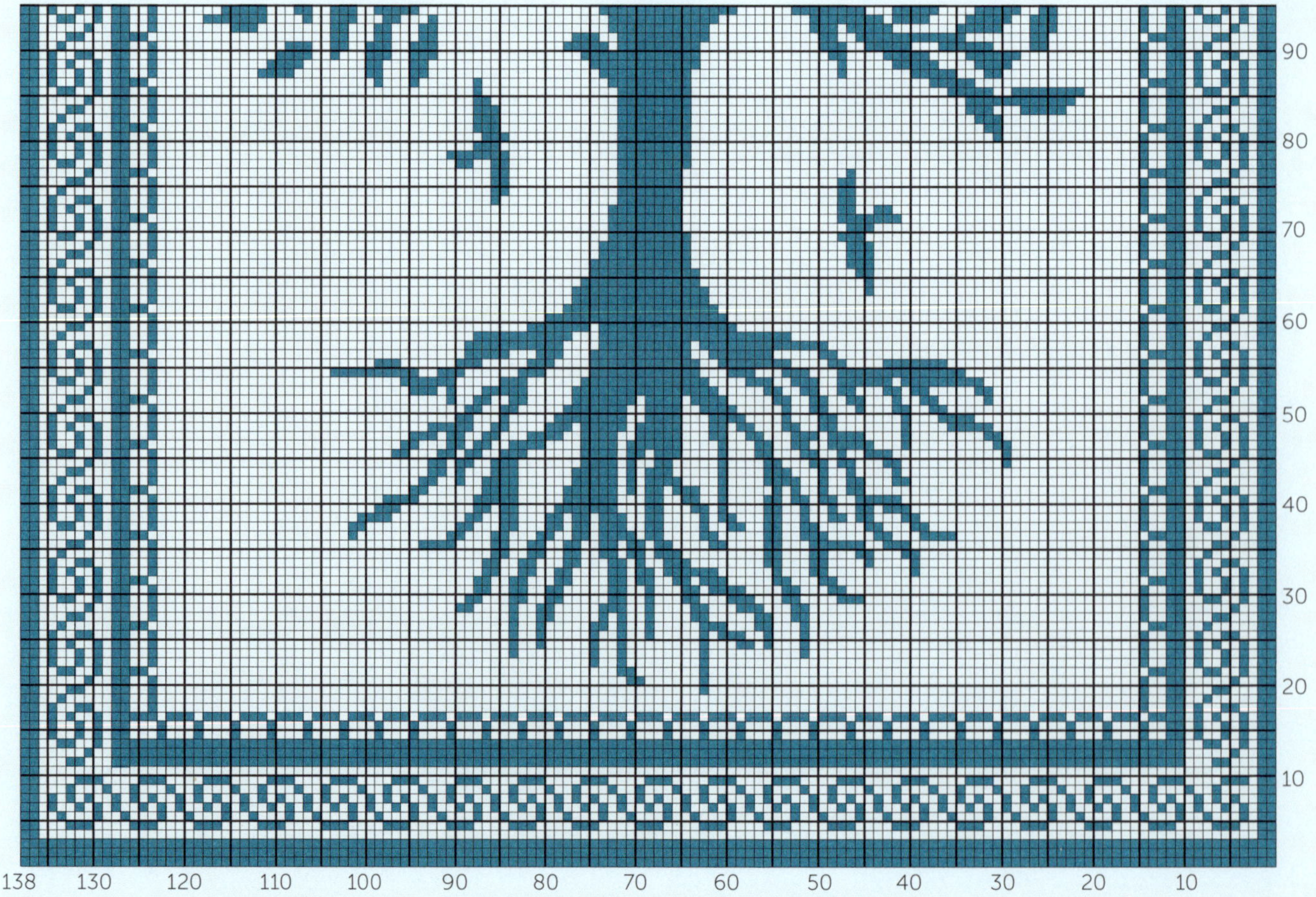

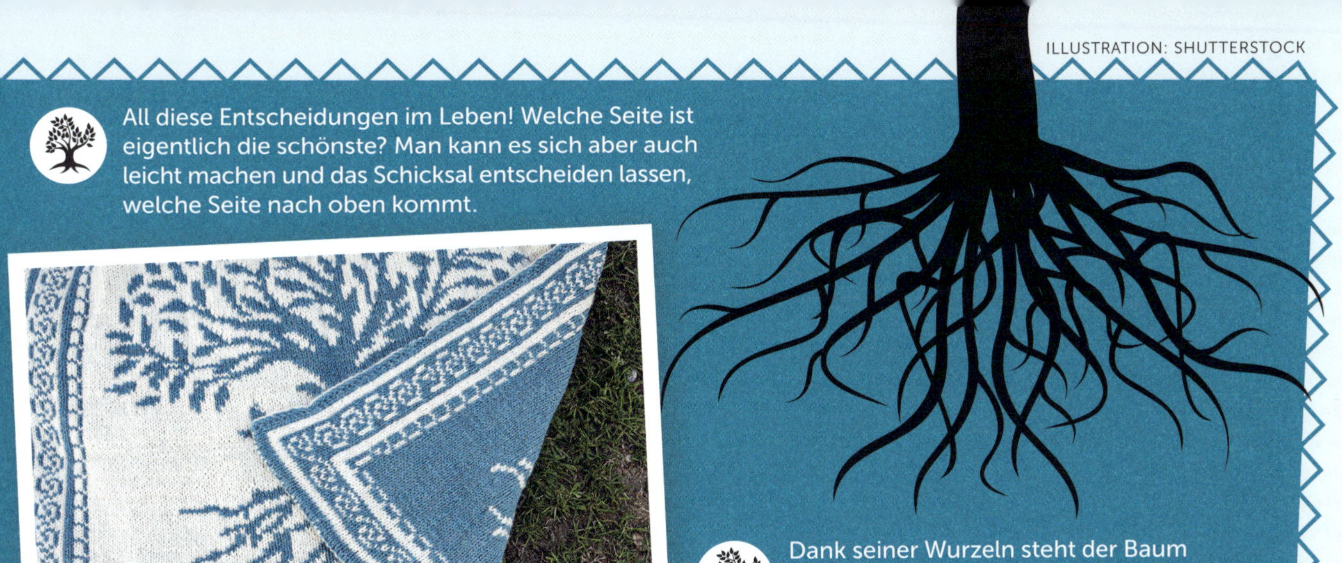

All diese Entscheidungen im Leben! Welche Seite ist eigentlich die schönste? Man kann es sich aber auch leicht machen und das Schicksal entscheiden lassen, welche Seite nach oben kommt.

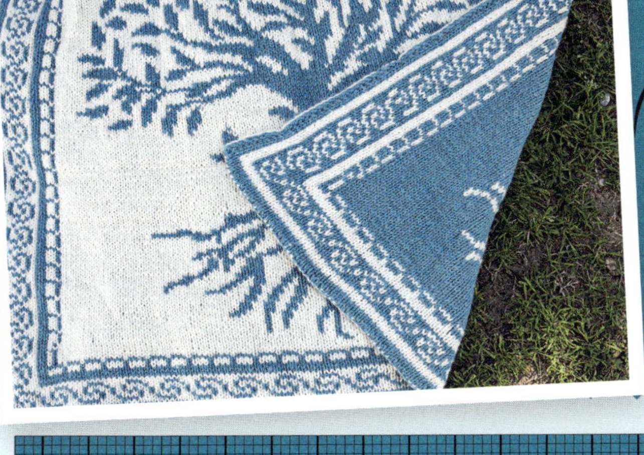

Dank seiner Wurzeln steht der Baum des Lebens fest, trotz aller Widrigkeiten, Stürme und rauen Winde des Lebens.

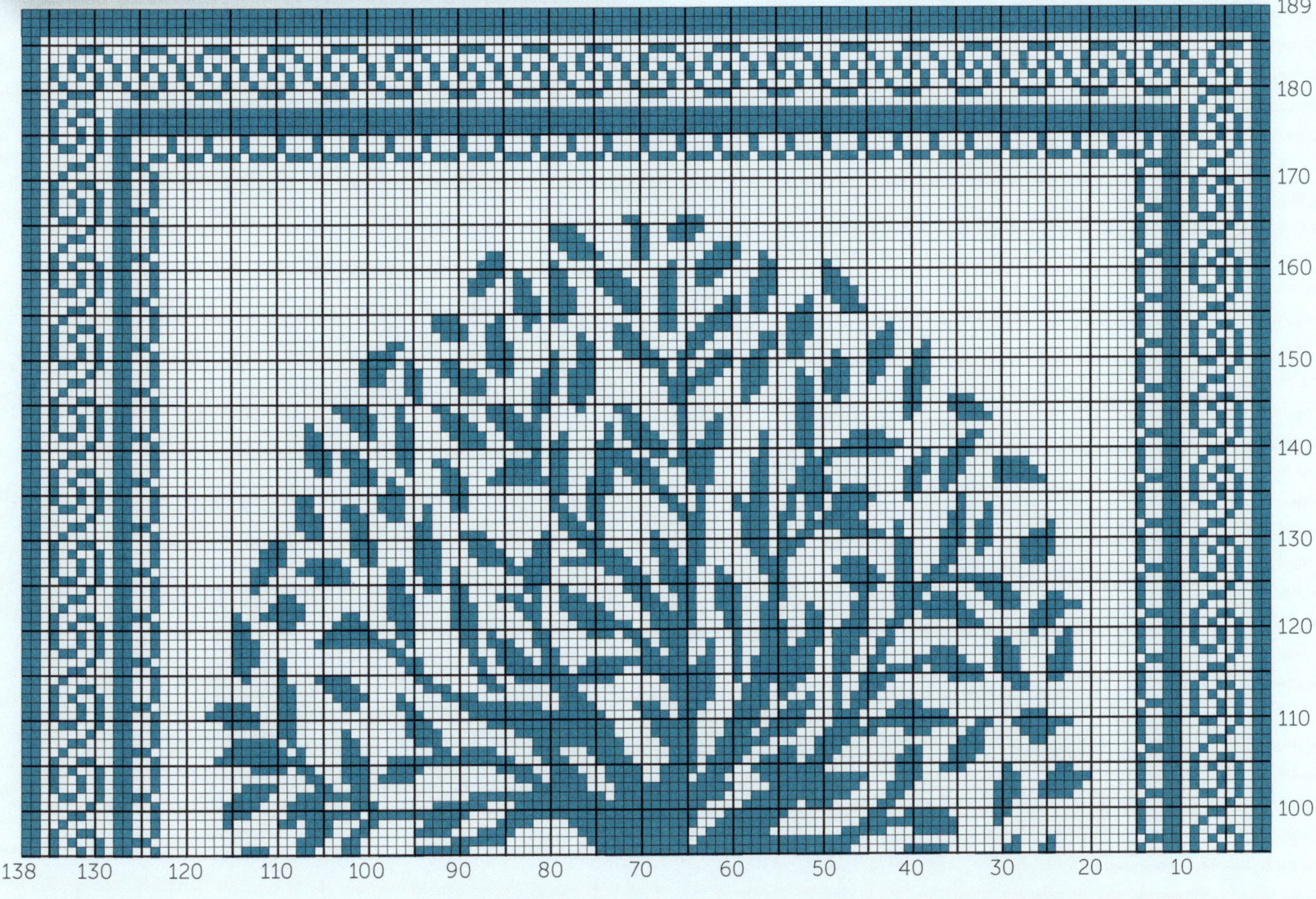

189
180
170
160
150
140
130
120
110
100

138 130 120 110 100 90 80 70 60 50 40 30 20 10

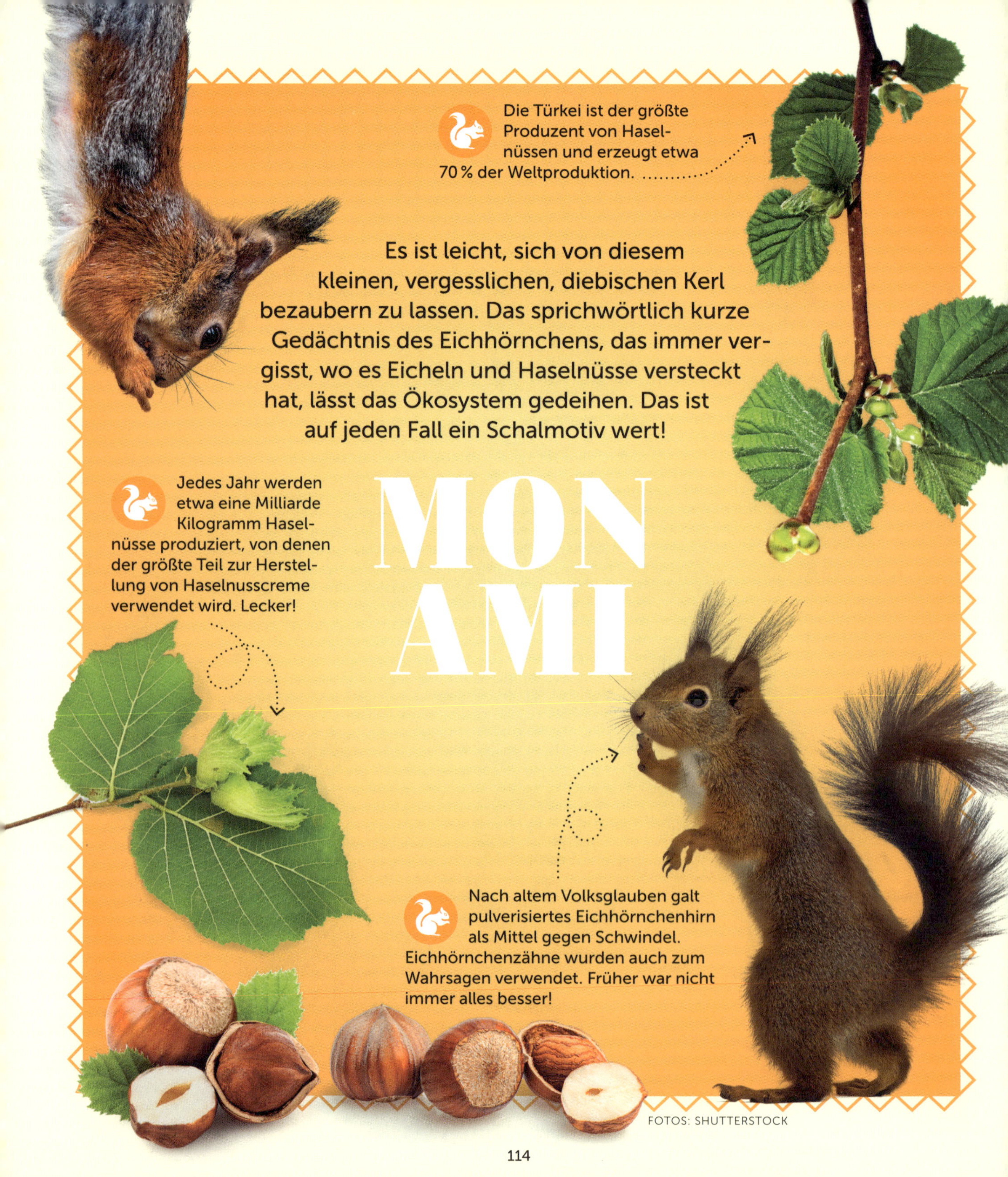

Die Türkei ist der größte Produzent von Haselnüssen und erzeugt etwa 70 % der Weltproduktion.

Es ist leicht, sich von diesem kleinen, vergesslichen, diebischen Kerl bezaubern zu lassen. Das sprichwörtlich kurze Gedächtnis des Eichhörnchens, das immer vergisst, wo es Eicheln und Haselnüsse versteckt hat, lässt das Ökosystem gedeihen. Das ist auf jeden Fall ein Schalmotiv wert!

MON AMI

Jedes Jahr werden etwa eine Milliarde Kilogramm Haselnüsse produziert, von denen der größte Teil zur Herstellung von Haselnusscreme verwendet wird. Lecker!

Nach altem Volksglauben galt pulverisiertes Eichhörnchenhirn als Mittel gegen Schwindel. Eichhörnchenzähne wurden auch zum Wahrsagen verwendet. Früher war nicht immer alles besser!

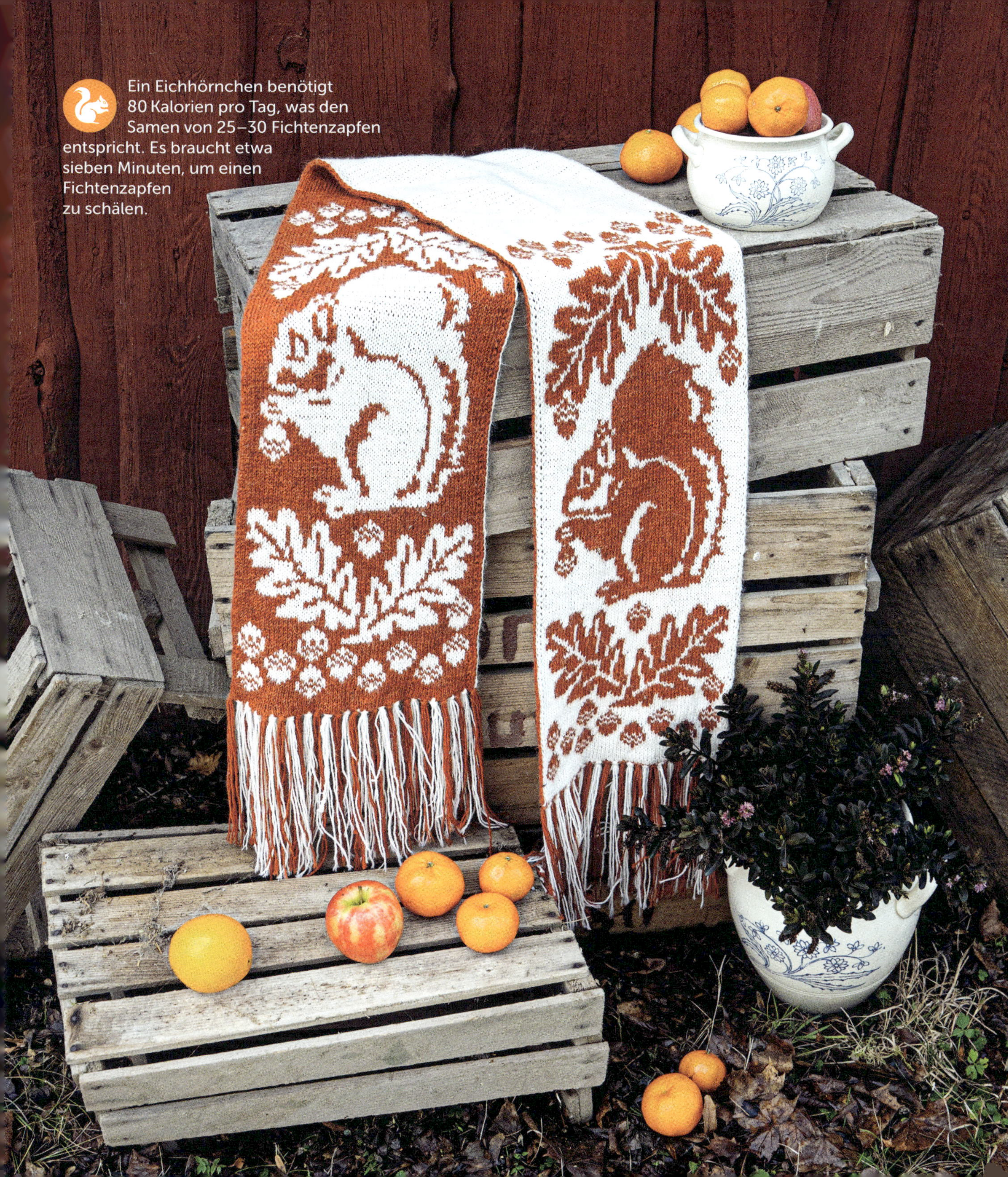

Ein Eichhörnchen benötigt 80 Kalorien pro Tag, was den Samen von 25–30 Fichtenzapfen entspricht. Es braucht etwa sieben Minuten, um einen Fichtenzapfen zu schälen.

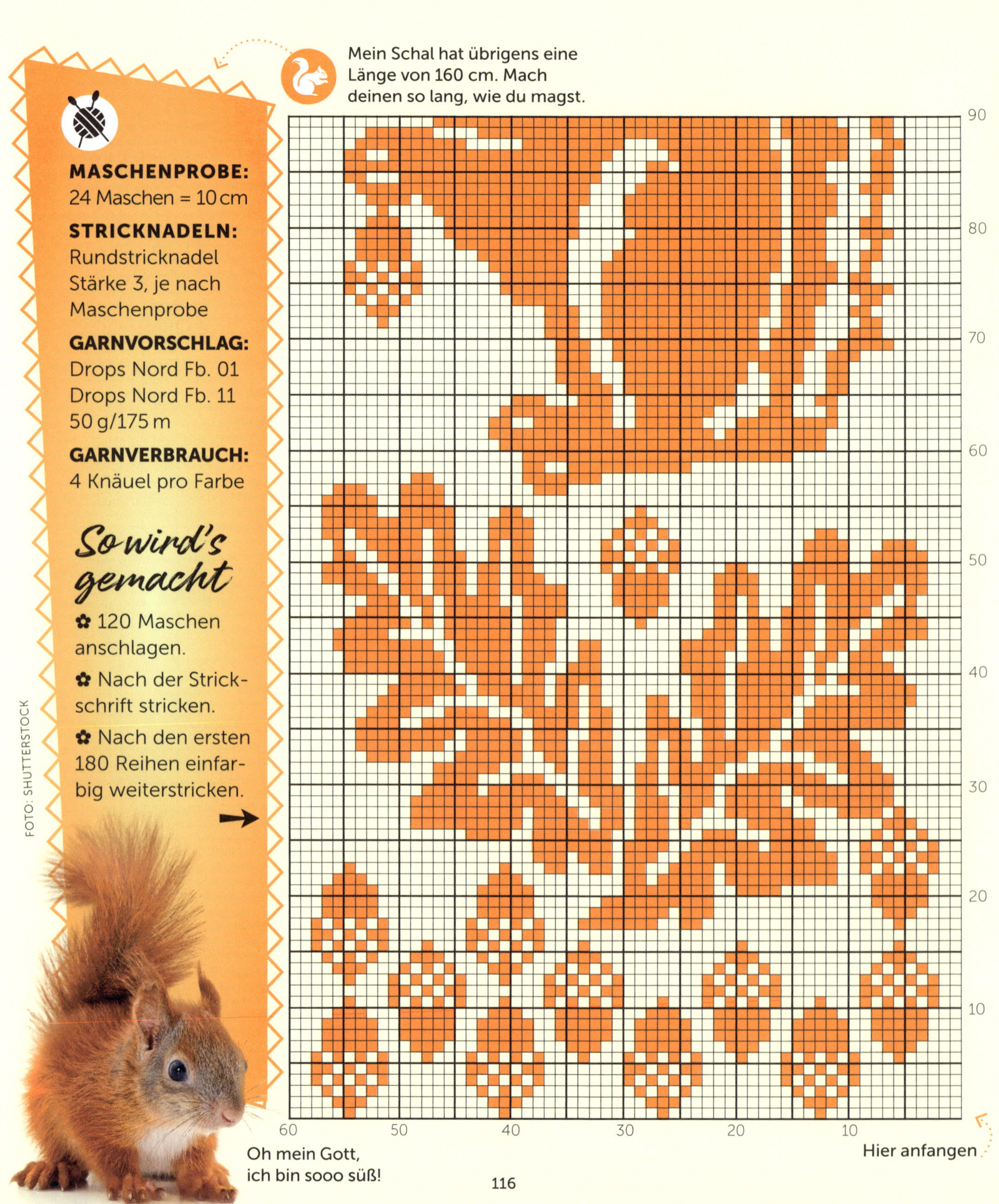
Mein Schal hat übrigens eine Länge von 160 cm. Mach deinen so lang, wie du magst.
MASCHENPROBE:
24 Maschen = 10 cm
STRICKNADELN:
Rundstricknadel Stärke 3, je nach Maschenprobe
GARNVORSCHLAG:
Drops Nord Fb. 01
Drops Nord Fb. 11
50 g/175 m
GARNVERBRAUCH:
4 Knäuel pro Farbe
So wird's gemacht
✿ 120 Maschen anschlagen.
✿ Nach der Strickschrift stricken.
✿ Nach den ersten 180 Reihen einfarbig weiterstricken.
90
80
70
60
50
40
30
20
10
60
50
40
30
20
10
Hier anfangen
Oh mein Gott, ich bin sooo süß!
FOTO: SHUTTERSTOCK

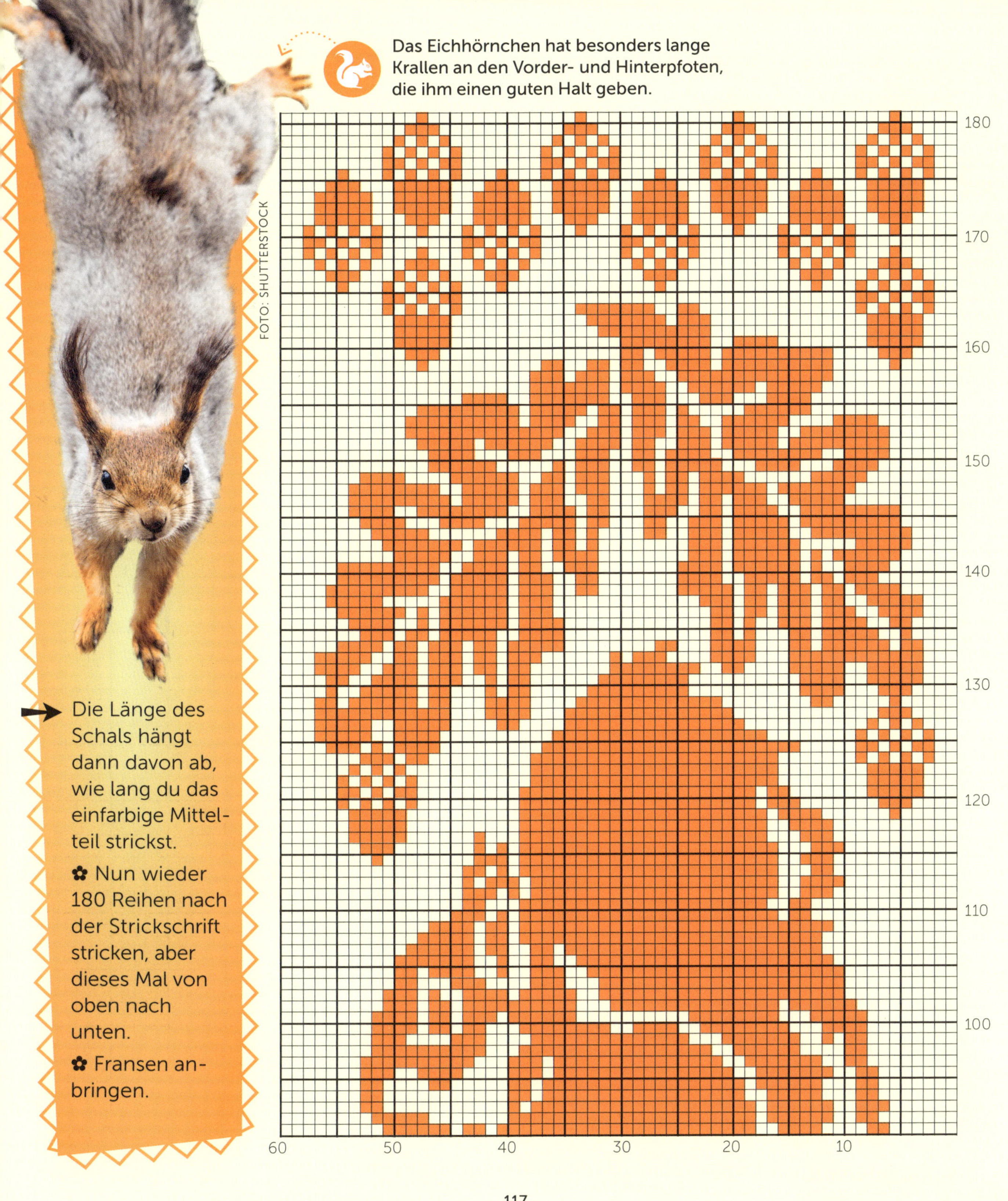

FOTO: SHUTTERSTOCK

Das Eichhörnchen hat besonders lange Krallen an den Vorder- und Hinterpfoten, die ihm einen guten Halt geben.

Die Länge des Schals hängt dann davon ab, wie lang du das einfarbige Mittelteil strickst.

✿ Nun wieder 180 Reihen nach der Strickschrift stricken, aber dieses Mal von oben nach unten.

✿ Fransen anbringen.

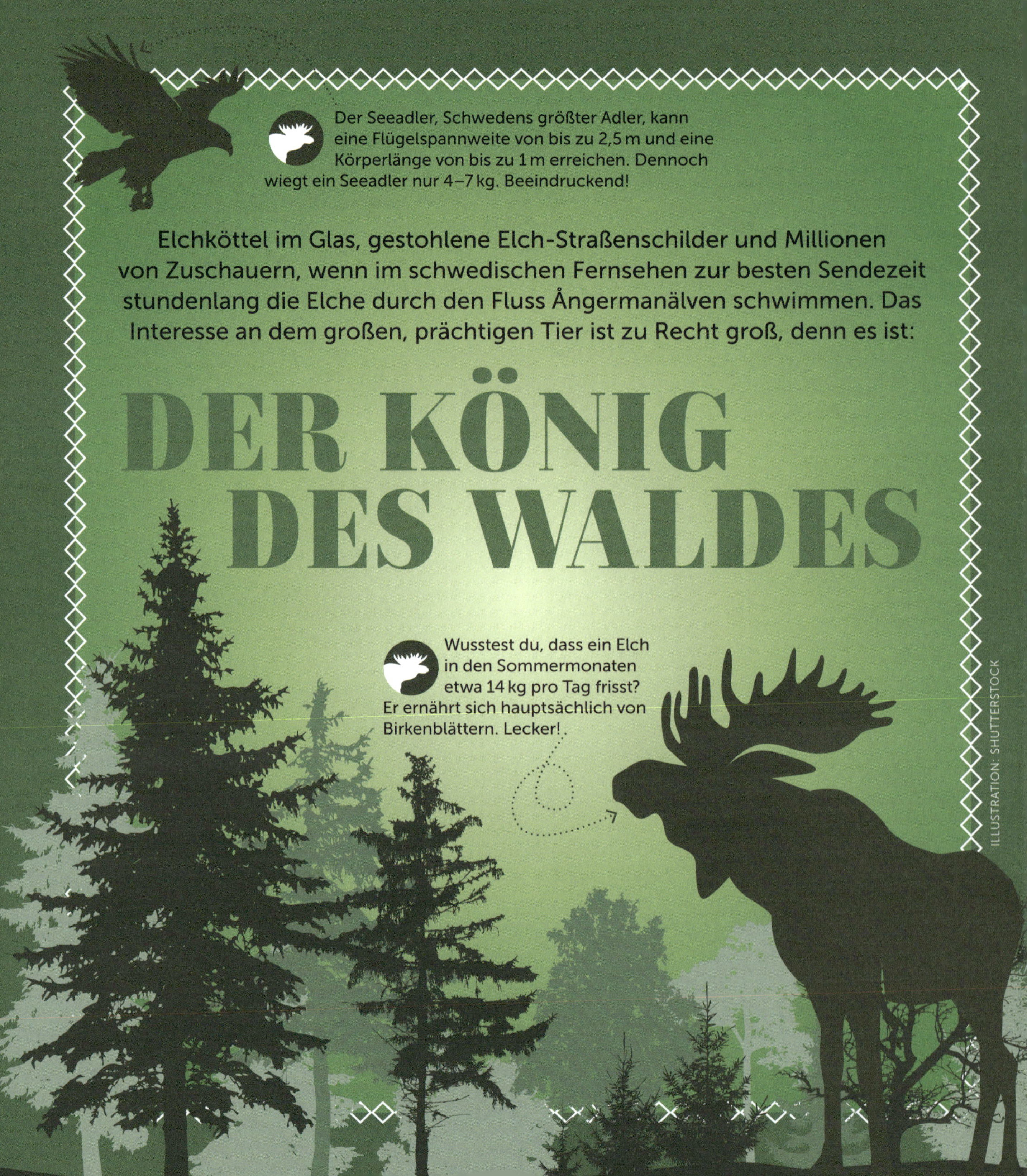
Der Seeadler, Schwedens größter Adler, kann eine Flügelspannweite von bis zu 2,5 m und eine Körperlänge von bis zu 1 m erreichen. Dennoch wiegt ein Seeadler nur 4–7 kg. Beeindruckend!
Elchköttel im Glas, gestohlene Elch-Straßenschilder und Millionen von Zuschauern, wenn im schwedischen Fernsehen zur besten Sendezeit stundenlang die Elche durch den Fluss Ångermanälven schwimmen. Das Interesse an dem großen, prächtigen Tier ist zu Recht groß, denn es ist:
DER KÖNIG DES WALDES
Wusstest du, dass ein Elch in den Sommermonaten etwa 14 kg pro Tag frisst? Er ernährt sich hauptsächlich von Birkenblättern. Lecker!
ILLUSTRATION: SHUTTERSTOCK

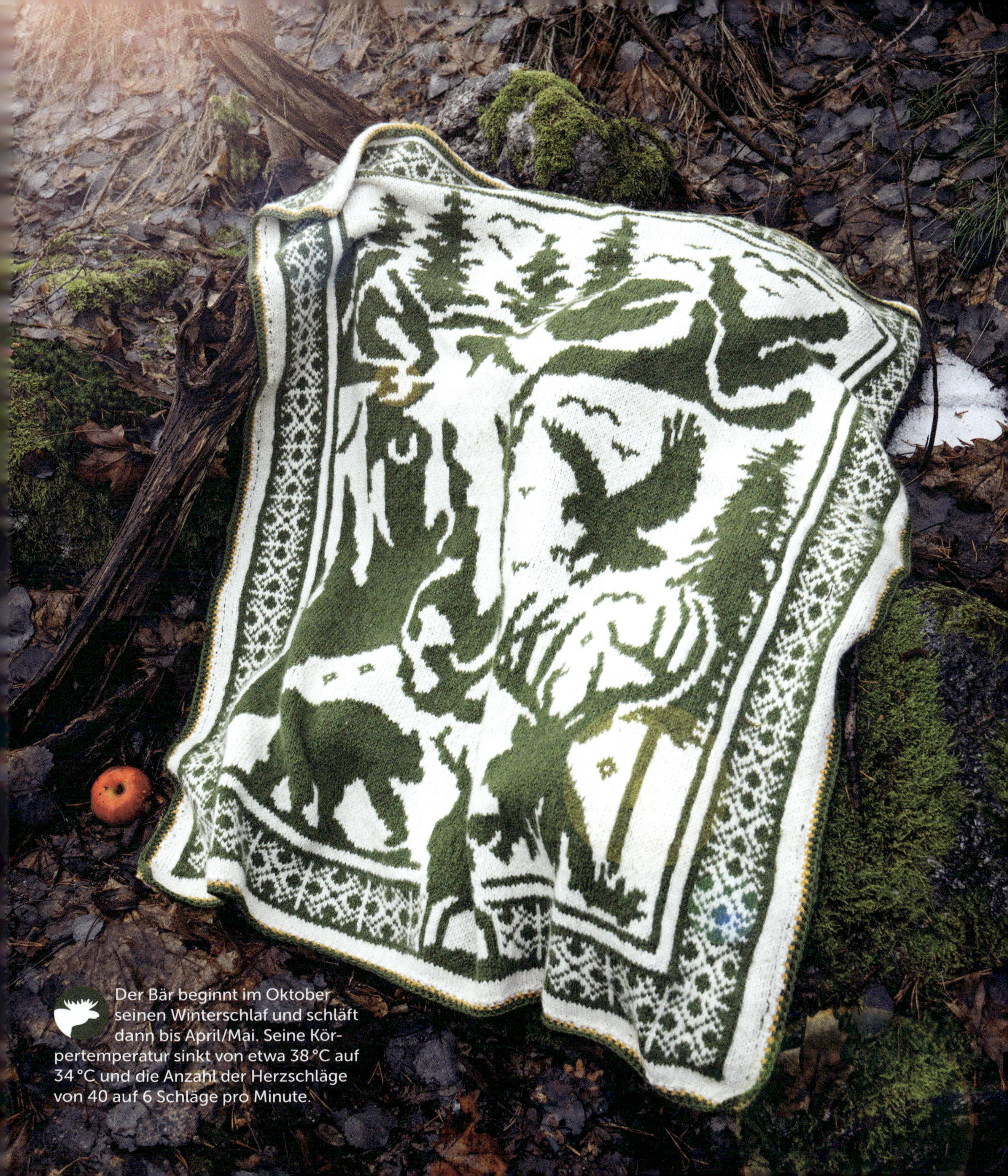

Der Bär beginnt im Oktober seinen Winterschlaf und schläft dann bis April/Mai. Seine Körpertemperatur sinkt von etwa 38 °C auf 34 °C und die Anzahl der Herzschläge von 40 auf 6 Schläge pro Minute.

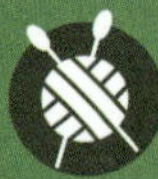

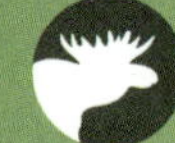

Während der Seeadler unser größter Vogel ist, ist das Wintergoldhähnchen mit einem Gewicht von etwa 5 g der kleinste.

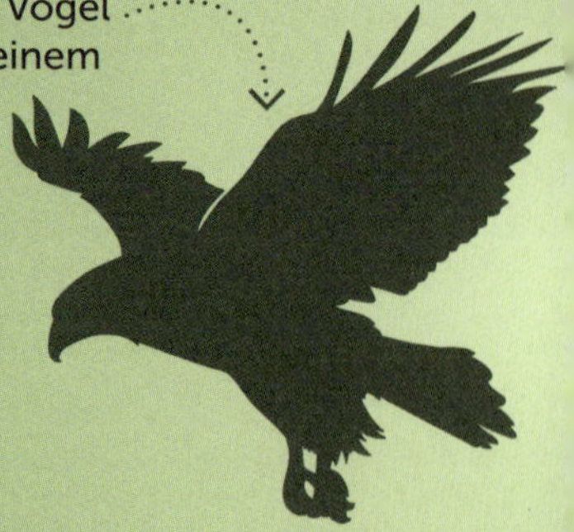

MASCHENPROBE:
18 Maschen = 10 cm

GARNVORSCHLAG:
Drops Nepal Farbe 0100
Drops Nepal Farbe 7238

STRICKNADELN:
Rundstricknadel Stärke 5–6, je nach Maschenprobe, 100–120 cm lang

GARNVERBRAUCH:
Etwa 17 Knäuel von der Hintergrundfarbe und 11 Knäuel Musterfarbe. Wenn du im Doubleface strickst, brauchst du von jeder Farbe mindestens 17 Knäuel.

FERTIGE GRÖSSE:
Etwa 130 × 140 cm. Wenn du die Decke größer oder kleiner möchtest, kannst du das mit dickerem/dünneren Garn und entsprechenden Stricknadeln regulieren.

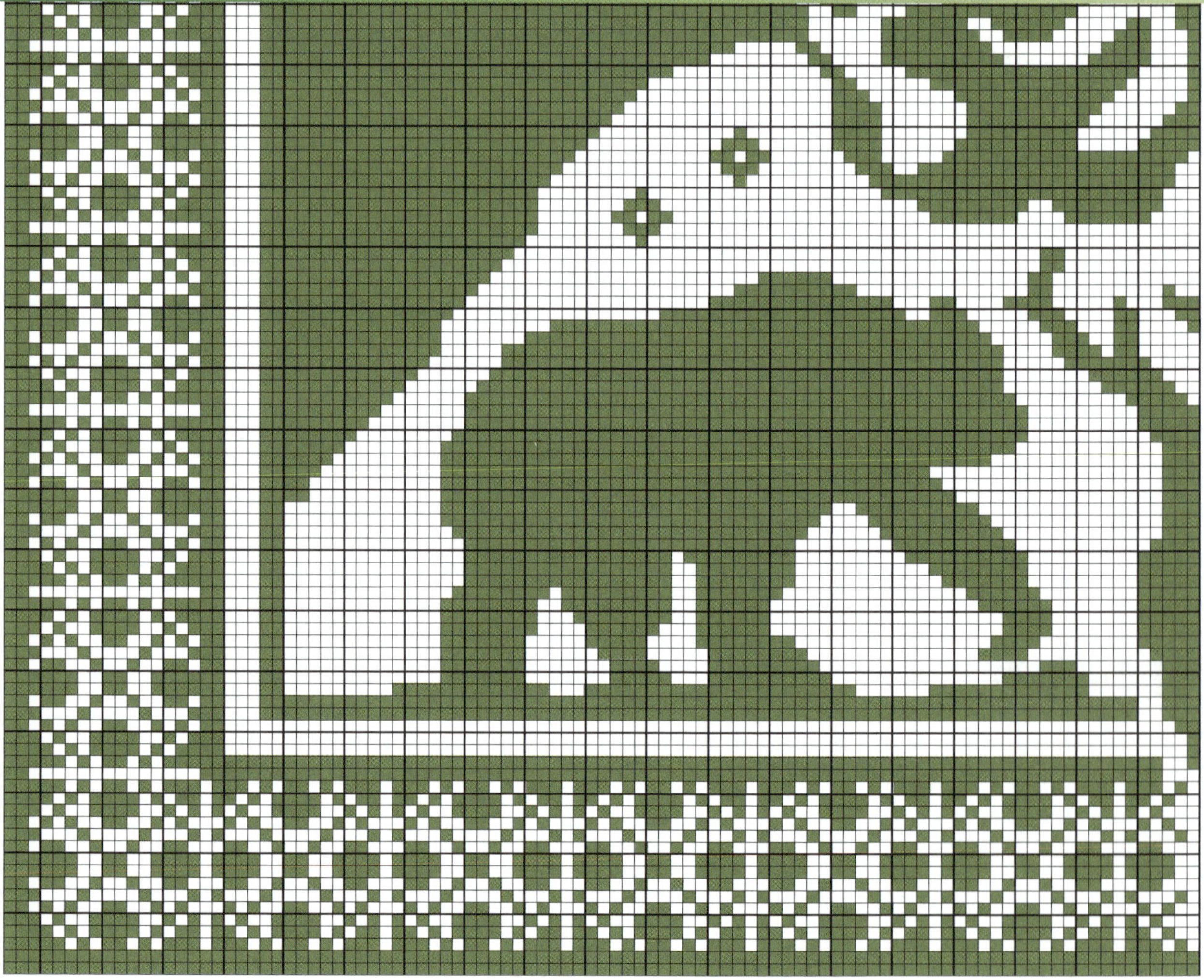

198 190 180 170 160 150 140 130 120 110

2

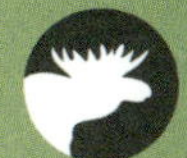

In Schweden gibt es etwa 87 Milliarden Bäume. Die Fichte ist die häufigste Baumart, dicht gefolgt von der Kiefer.

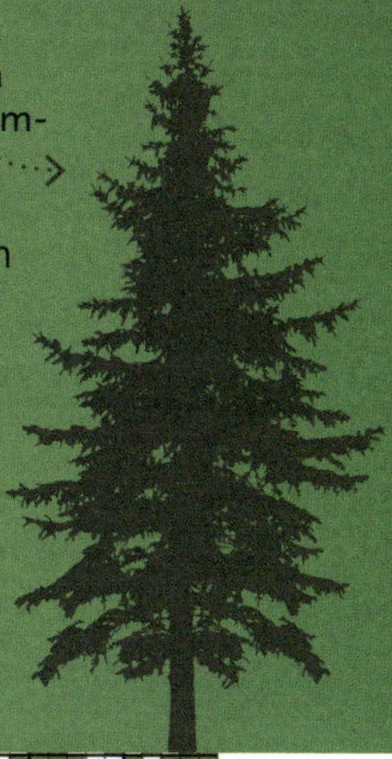

Hast du schon einmal einen Hirsch gestrickt? Vermutlich nicht. Dann wird es jetzt also Zeit! Die Decke kann auf verschiedene Arten gestrickt werden, und wie immer wählst du die Art, die zu dir passt. Ich stricke in Reihen, weil ich es nicht besonders schön finde, etwas zu stricken und es dann aufzuschneiden. Meine talentierte Schwester hingegen strickt in Runden. Diese Decke eignet sich übrigens auch perfekt zum Doubleface-Stricken.

Die Beschreibung zeigt das Rundstricken, und du lernst auch den etwas beängstigenden Prozess des Aufschneidens deines Strickstücks kennen. Wir nennen es Steeken. Und los geht's.

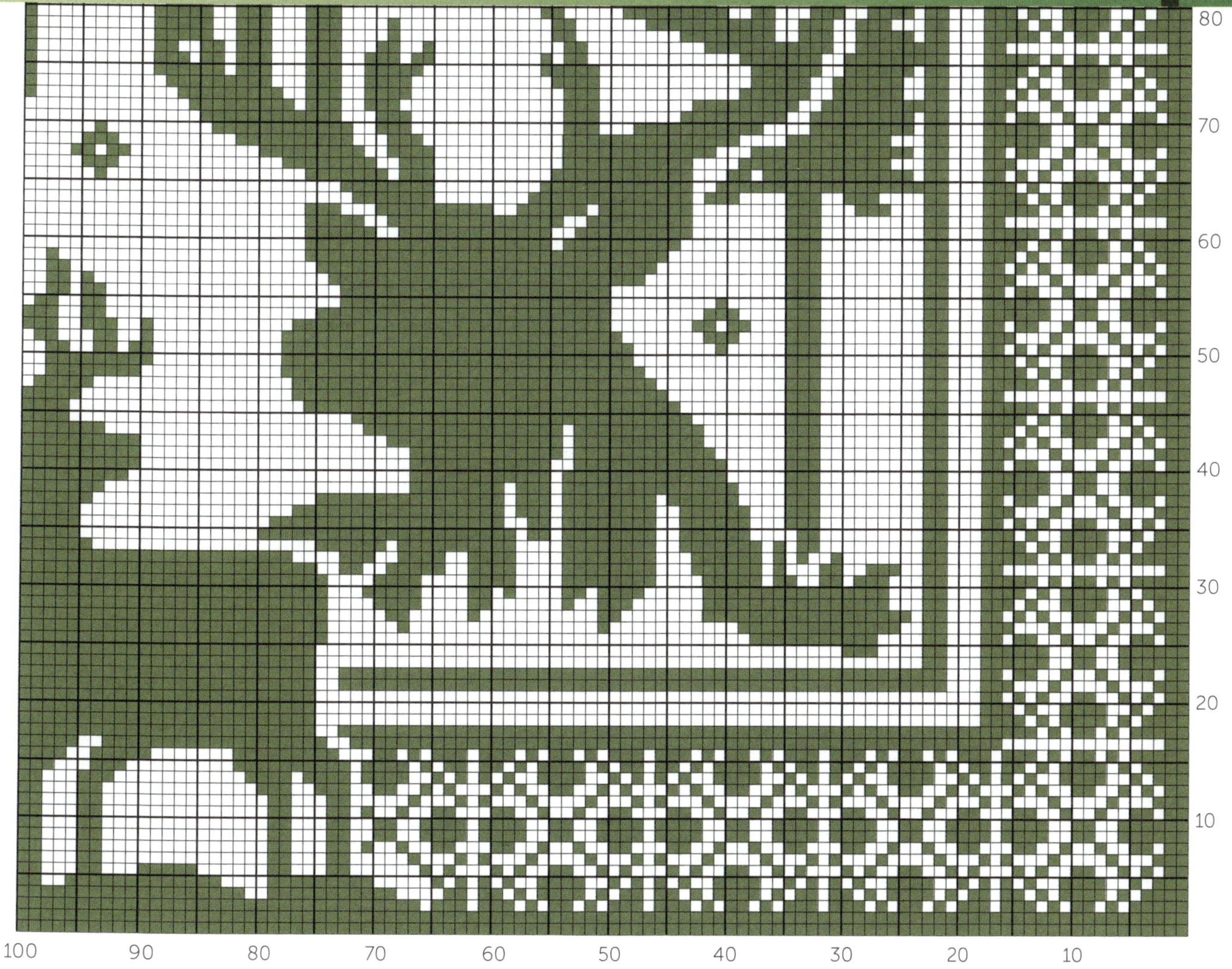

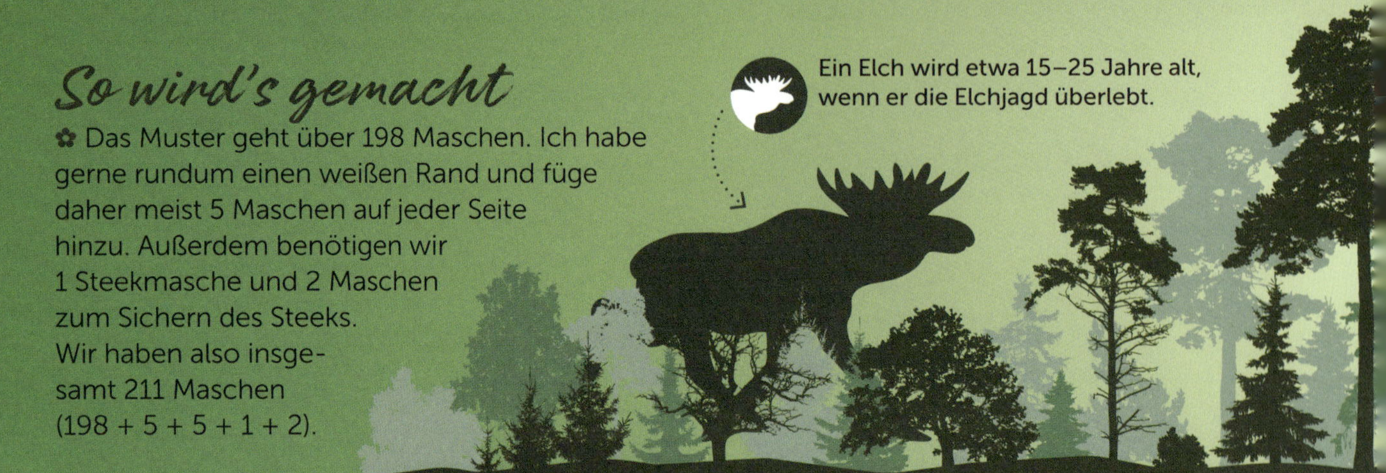

So wird's gemacht

✿ Das Muster geht über 198 Maschen. Ich habe gerne rundum einen weißen Rand und füge daher meist 5 Maschen auf jeder Seite hinzu. Außerdem benötigen wir 1 Steekmasche und 2 Maschen zum Sichern des Steeks. Wir haben also insgesamt 211 Maschen (198 + 5 + 5 + 1 + 2).

Ein Elch wird etwa 15–25 Jahre alt, wenn er die Elchjagd überlebt.

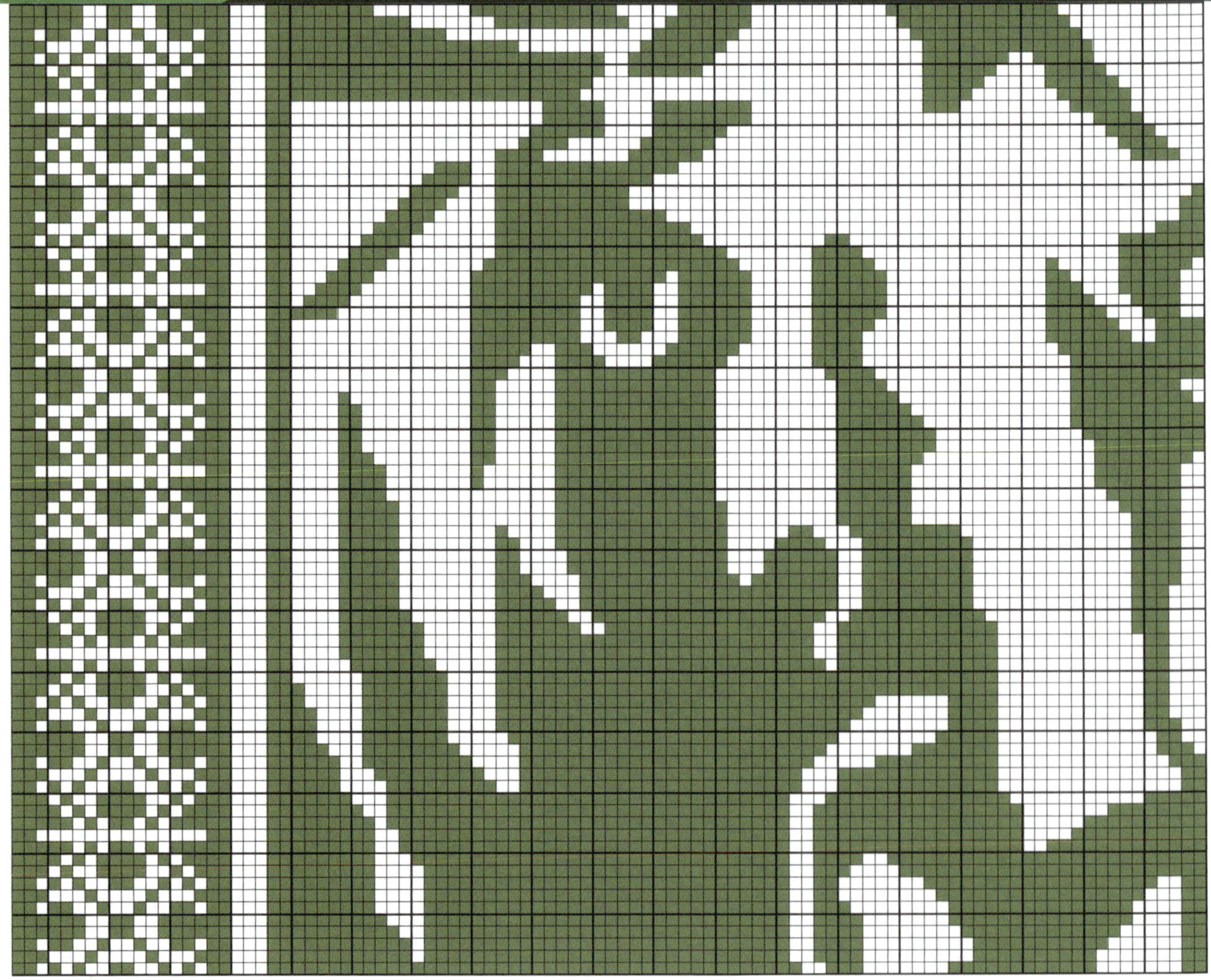

198 190 180 170 160 150 140 130 120 110

4

✿ Die erste Runde rechts verschränkt stricken, um eine schönere Kante zu erhalten. Die erste Masche jeder Runde wird links gestrickt. Das wird unsere Steekmasche. Nun mit 5 Runden in der Hintergrundfarbe fortfahren.

✿ In der ersten Musterrunde 1 Masche links und 6 Maschen weiß stricken. Nach der Strickschrift stricken und mit 6 Maschen weiß enden. Du hast nun 13 weiße Maschen zwischen dem Muster, wobei die mittlere Masche die Steekmasche (aufschneiden) ist. Sie hat auf jeder Seite eine Nahtmasche.

✿ Nun wird einfach so weitergestrickt. Viel Spaß!

✿ Fertig? Dann brauchst du nur noch abzuketten.

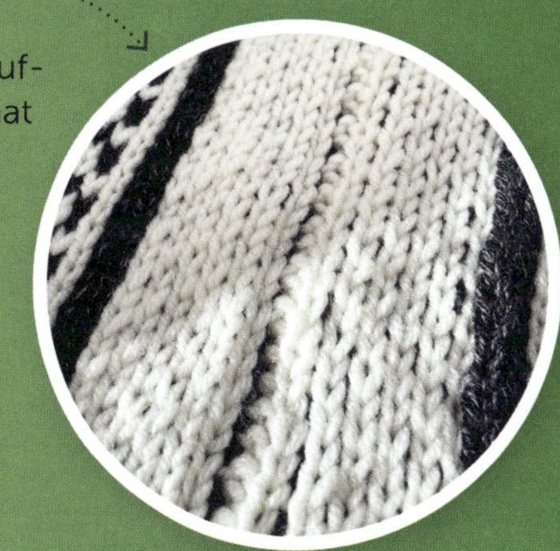

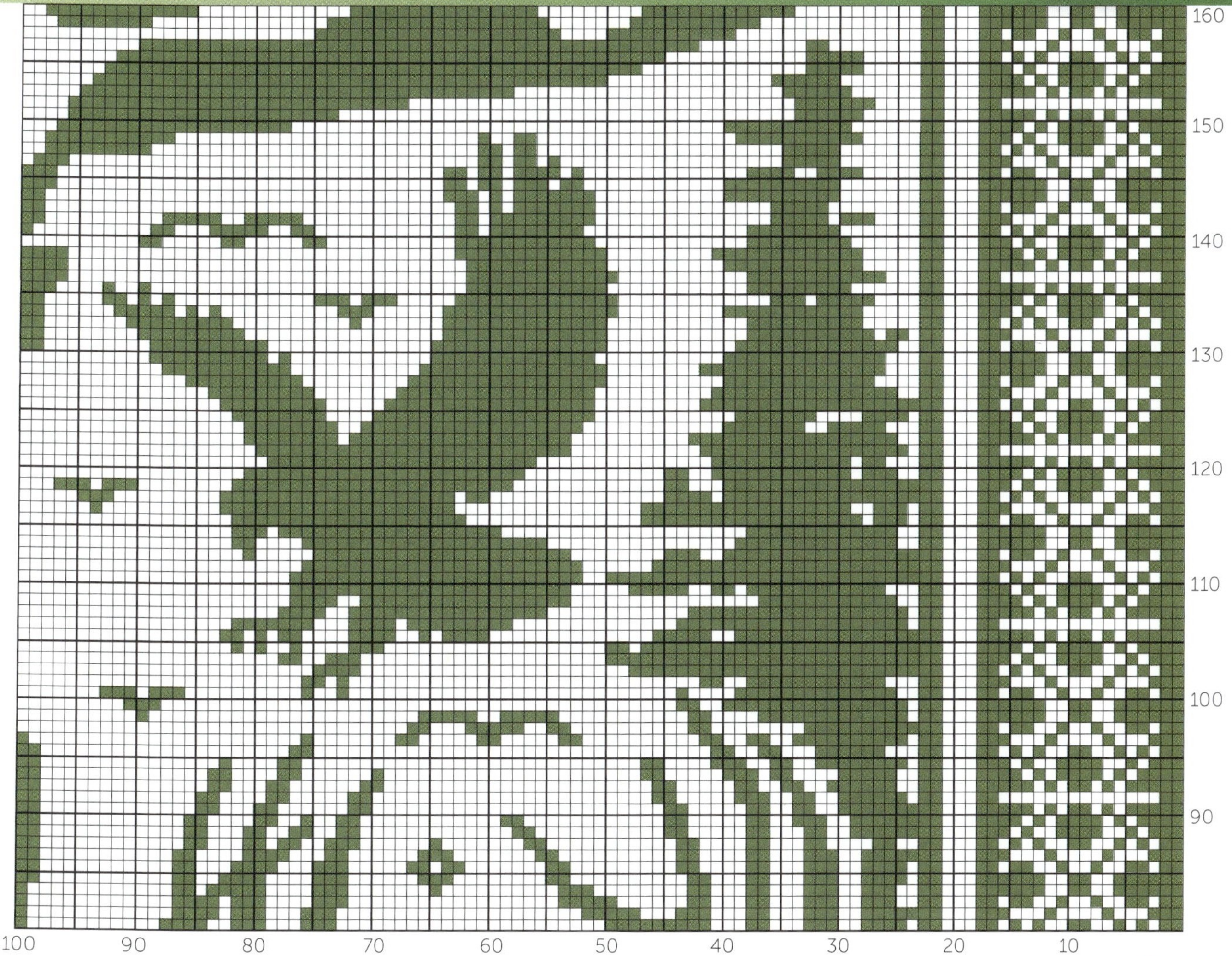

✿ Jetzt kommen wir zu dem beängstigenden Teil, der aber eigentlich gar nicht so schlimm ist, wenn man es einmal gemacht hat. Das ist eine Arbeit für die Nähmaschine. Auf jeder Seite der Steekmasche nähst du nun mit einem verstärkten Geradstich. Diese Naht geht ein wenig vor und zurück und wird sowohl fest als auch elastisch.

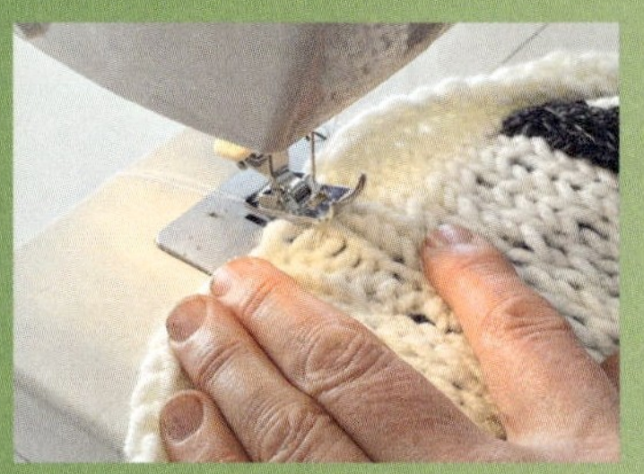

Nähe erst im verstärkten Geradstich, dann im Zickzackstich.

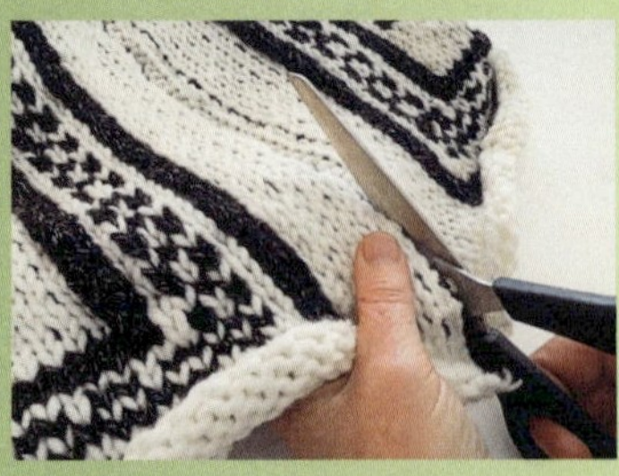

Aufschneiden! Beängstigend, ich weiß, aber ziemlich spannend, wenn man es einmal gemacht hat.

198 190 180 170 160 150 140 130 120 110

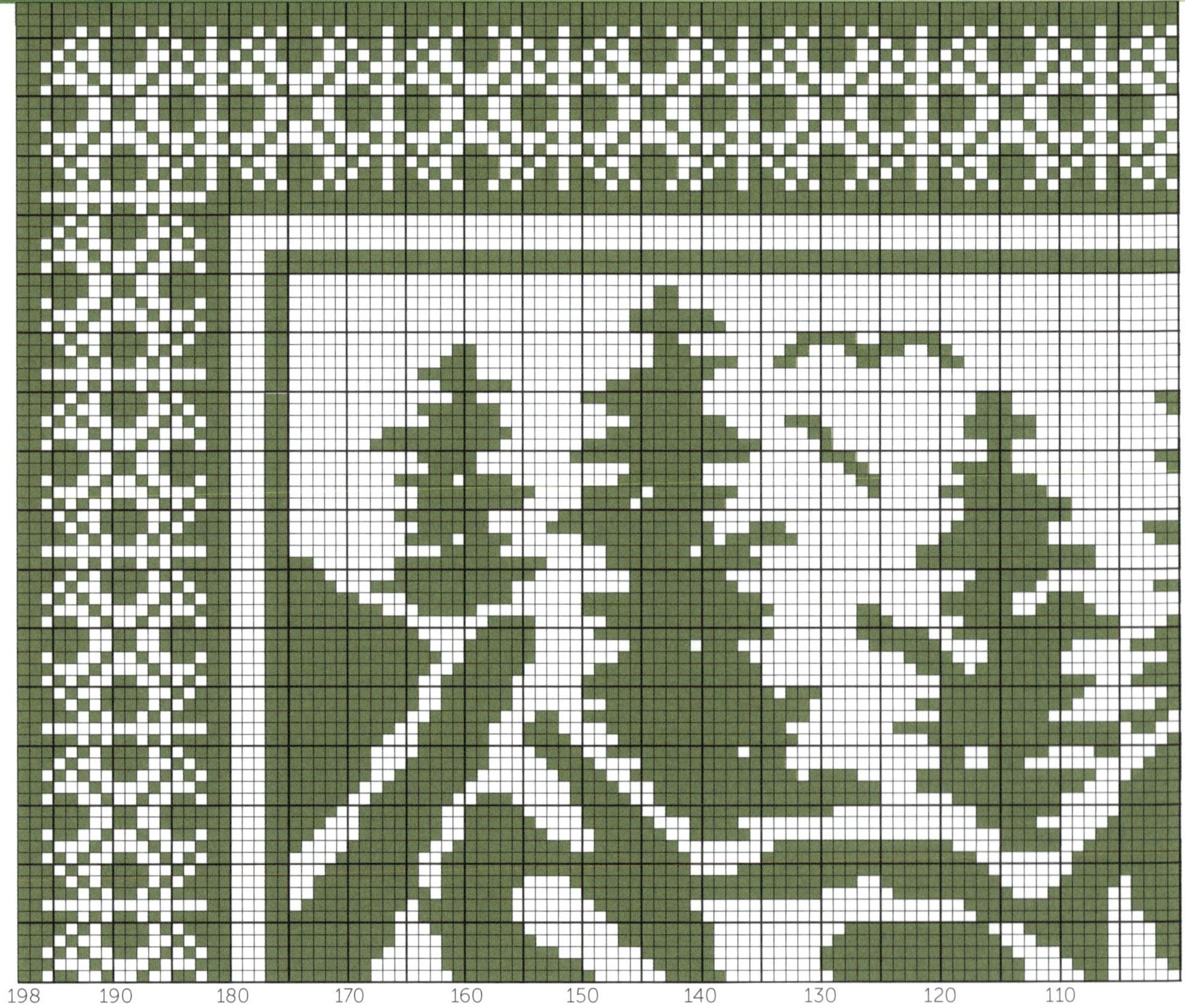

6

Danach nähe ich noch einmal im Zickzack darüber, um wirklich sicher zu sein, dass es hält.

✿ Jetzt kommt der spannende Teil. Hol die Schere raus und schneide durch die linke Maschenreihe los. Es wird funktionieren, versprochen.

Viel Spaß mit deiner neuen Decke!

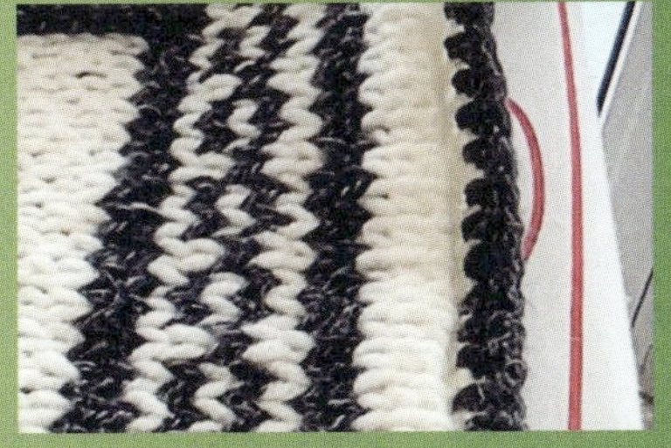

Häkle oder stricke eine Kante, mach sie so breit, wie du möchtest.

Scanne den QR-Code, dann kommst du zu einem Videoclip, in dem ich dir zeige, wie ich steeke.

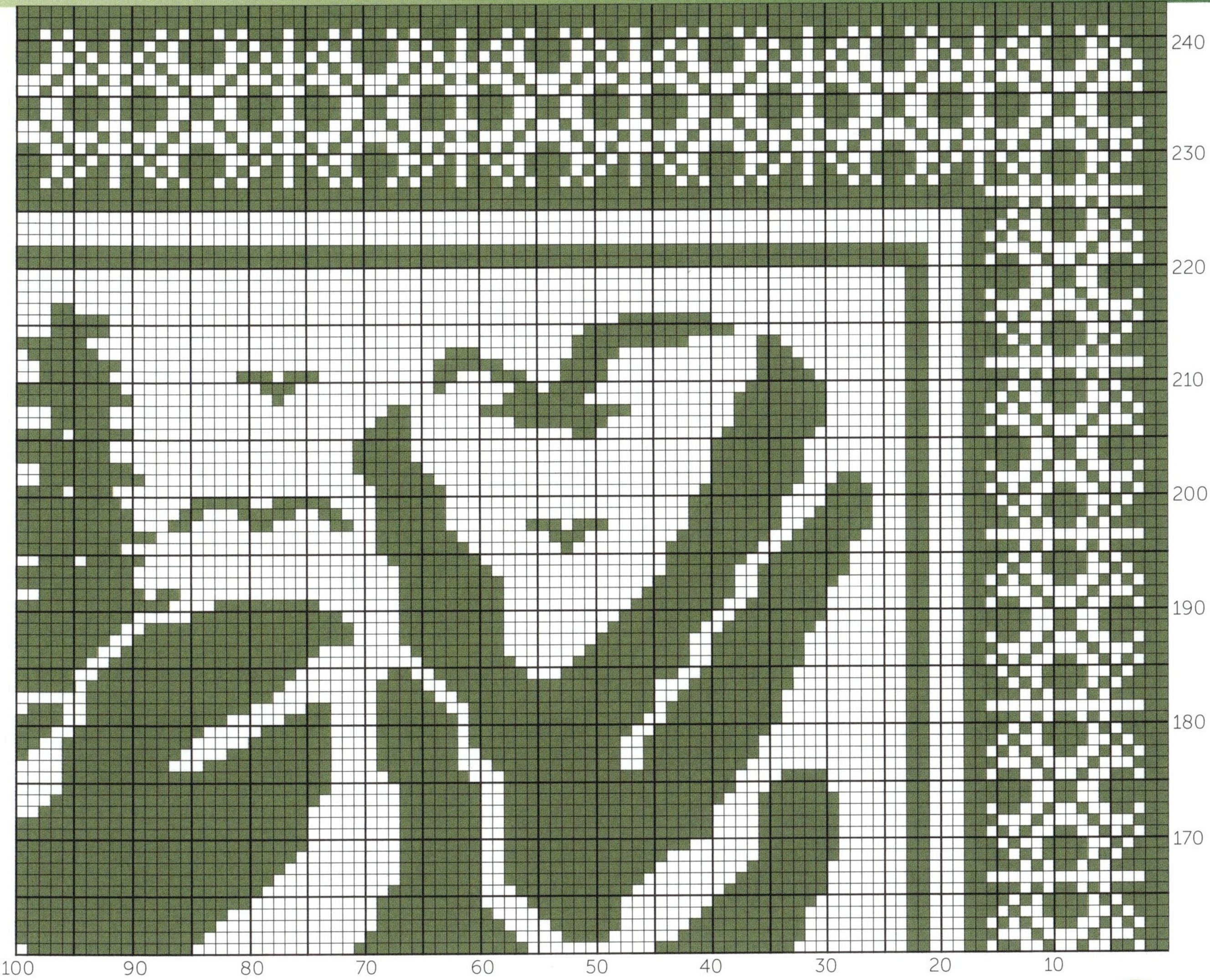

5

Jetzt ist es doch wirklich mein drittes Buch geworden! Ideen zu entwickeln, Hunde der richtigen Rasse zu suchen, einen großen Pinguin zu finden, Models zu buchen, Bilder zu komponieren, Texte zu schreiben und dann alles in einem Buch zusammenzufassen, das, meine Freunde, ist Glück! Schaut euch das an.

Hinter den Kulissen

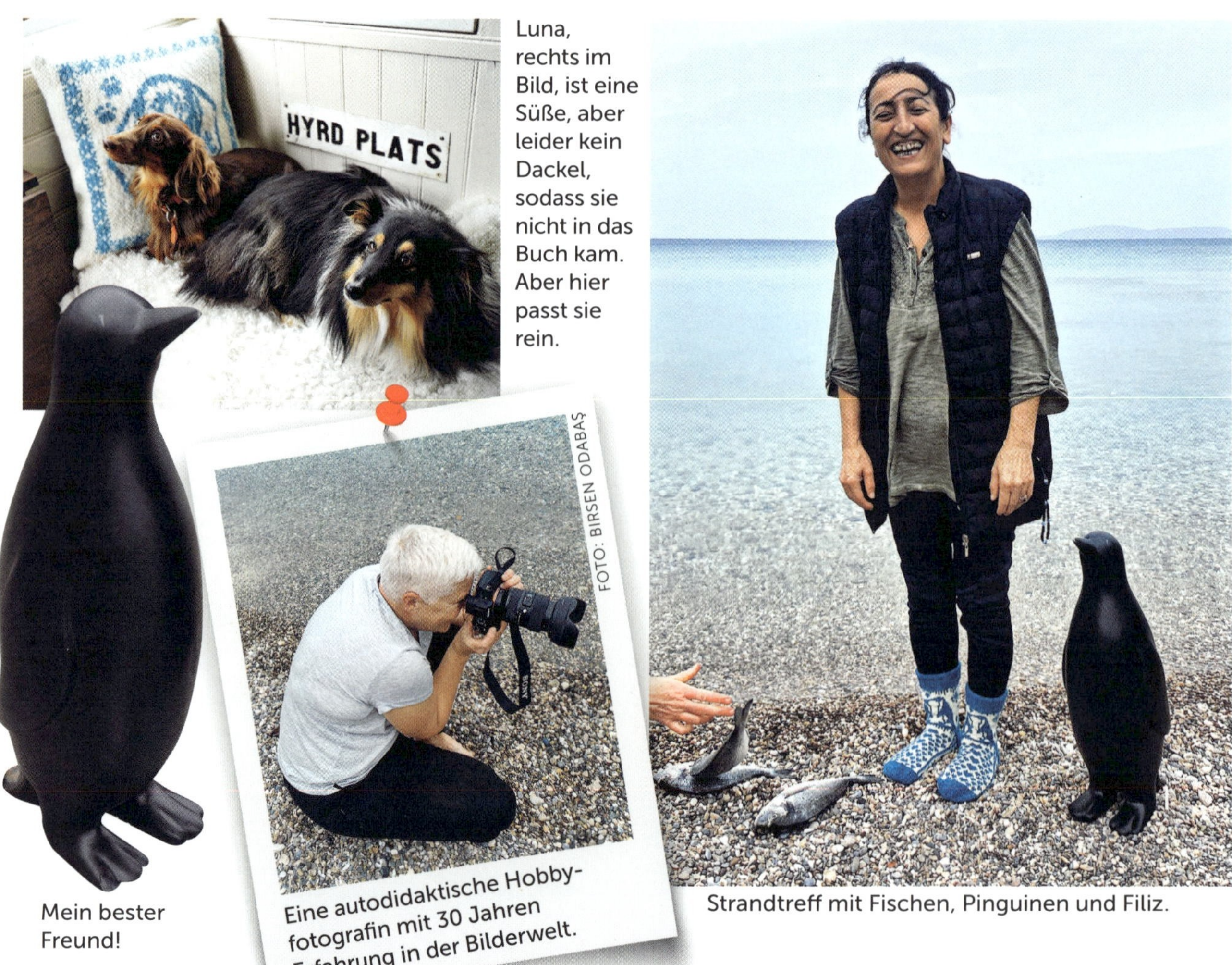

Luna, rechts im Bild, ist eine Süße, aber leider kein Dackel, sodass sie nicht in das Buch kam. Aber hier passt sie rein.

FOTO: BIRSEN ODABAŞ

Eine autodidaktische Hobbyfotografin mit 30 Jahren Erfahrung in der Bilderwelt.

Mein bester Freund!

FOTO: BIRSEN ODABAŞ

Strandtreff mit Fischen, Pinguinen und Filiz.